www.tredition.de

AF196024

Wer nicht zurückblickt
vergisst woher er kommt.
Seine Zukunft führt ins Nichts.
Er existiert allein im Augenblick;
sein Leben ist nur eine Existenz.

Wolf von Fichtenberg

Wolf von Fichtenberg

Der *Zeit*Bogen

Eine Reise durch die Vergangenheit

Aufsätze und Betrachtungen

www.tredition.de

© 2019 Wolf von Fichtenberg
Erste Auflage

Umschlaggestaltung, Illustration: Wolf von Fichtenberg

Verlag: tredition GmbH
978-3-7497-8524-7 (Paperback)
978-3-7497-8525-4 (Hardcover)
978-3-7497-8526-1 (e-Book)

Bibliografische Information der Deutschen Nationalbibliothek:
Die Deutsche Nationalbibliothek verzeichnet diese Publikation in der Deutschen Nationalbibliografie; detaillierte bibliografische Daten sind im Internet über http://dnb.d-nb.de abrufbar.

Ein **Vorwort,**
welches gar kein Vorwort ist.

Wie beginnt man es?

„Es"?

Was soll das sein, dieses „Es"?

Nun, ich meine die Schrift, die Sie gerade jetzt in den Händen halten.
Ich nenne die Schrift „Der *Zeit*Bogen", denn „Aufsätze und Betrachtungen zu geschichtlichen Ereignissen und gedankliche Konstrukte - in Handlungsformen – um die jeweilige Zeit besser zu beschreiben" klingt sehr sperrig und möglicherweise würde Sie dieser Titel auch abschrecken.

Dennoch, es ist eine Sammlung von Aufsätzen, Gedanken, Betrachtungen und Einschätzungen, wobei ich mich hier einer kurzweiligen Sprache bediene. Auch komplexe Zusammenhänge kann man mit einfachen Worten beschreiben, vielleicht werden sie dadurch auch verständlicher und zugleich entzaubert.

Also, wie beginnt man?

Vielleicht mit einer Frage?

Eine Frage, die Sie sich vielleicht schon einmal gestellt haben, wenn Sie ein historisches Gebäude sahen oder einen Artikel über eine vergangene Epoche lasen.

Möglicherweise ergingen Sie sich dabei in dem Gedanken, ob es nicht interessant sei, selbst in einer anderen Zeit gelebt zu haben, Teil einer Historie zu sein, die wir – der „Jetztmensch" - nur aus der zeitlichen Entfernung „sehen" können.

Unsere Informationslage ist spärlich, wir müssen uns auf das Überlieferte verlassen und so schafft sich jeder Mensch seine eigene Sicht durch die vorhandenen Informationen, aber auch seine eigene Bewertung dessen, was vergangen ist.

Möchten Sie nicht manchmal auch ein Augenzeuge gewesen sein?

Wünschen Sie sich möglicherweise auch, mit dieser oder jener Person selbst gesprochen zu haben?
Was regt uns dazu an?
Zumeist sind es Ereignisse, Begebenheiten, verknüpft mit Namen oder Jahreszahlen.
Und dann kommt vielleicht dieser Gedanke auf: „Oh, ich hätte gerne in dieser Zeit gelebt".

Kann ich es für mich selbst beantworten?
Können Sie es für sich selbst beantworten?

Jeder Mensch sieht die Historie, die Vergangenheit und jedes Ereignis von seinem eigenen Standpunkt aus, ja quasi durch seine subjektive Brille.
Diese rückwärtige Sicht auf die vergangenen Zeiten und Geschehnis ist auch eingefärbt durch die persönlichen Erlebnisse, aber auch durch die Literatur, die gelesen wurde oder andere prägende Ereignisse.
Einigen Dingen im historischen Ablauf wird man zustimmen, andere Sachverhalte jedoch ablehnen.

In der heutigen Zeit prägt aber besonders die Medienwelt die Sicht auf das Jetzt, das Vergangene und das Kommende.
Aus historischen Ereignissen wird allzu oft ein Spektakel hergestellt, Verfilmungen, die allein dem Gewinngedanken unterworfen sind, reißerische Bilder, welche die Geschichtssicht prägen.
Derartige Machwerke – ich verwende dieses Wort bewusst – sind für mich, (nur ein Beispiel) oftmals die Verfilmungen aus der Illias, zumeist unter dem Titel „Troja" bekannt. Diese haben mit den Werken Homers nur sehr, sehr wenig zu tun, bedienen sich nur des verfassten Kerninhalts. Ach, ich schweife schon ein wenig ab. Gewähren Sie mir bitte etwas Nachsicht.

Diese Schrift besteht – wie bereits erwähnt - aus Aufsätzen. Texte, die sich mit historischen Begebenheiten befassen und Ihnen zugleich auch verschiedene Menschen vorstellen. Diese Menschen haben gelebt und die Ereignisse fanden statt. Ich erzähle Ihnen wie ich es sehe.

Lassen Sie uns nun das imaginäre Glas in dem Fenster zur Vergangenheit hin anhauchen und das bunte Eis ein wenig verreiben, so dass es klarer wird.
Kommen Sie näher heran und schauen Sie hindurch.
Blicken wir zurück, zurück in die Vergangenheit...

...in jene Zeit in der wir selbst nicht lebten, jedoch unsere Vorfahren.
Menschen ohne die wir nicht wären.
Sie, werter Leser nicht und auch ich nicht...

Die erste Geschichte wird vielleicht etwas sperrig daher kommen(sagt man es so?), aber ich beginne bewusst damit, denn sie soll nur zeigen, dass das, was man so kennt, nicht unbedingt die absolute Wahrheit ist. Eine Wahrheit die man als unumstößlich ansieht, weil man eben andere Sichtweisen oder archäologisch gefundene Belege (noch) nicht kennt.
Sie können dieses Kapitel zu Hammurapi natürlich auch überblättern, um mit dem eigentlichen Buch zu beginnen, aber vielleicht berauben Sie sich ja dadurch des...
Na, Sie überblättern, also erfahren Sie es nicht....

Hammurapi
Oder: Wer schrieb ab?

Der König von Babylon, Hammurapi (zum Teil auch mit „b" geschrieben, „Hammurabi") lebte etwa bis 1750 vor der Zeitwende und von ihm kennen wir eine der ältesten Fassungen einer Rechtsordnung aus dem sich die Gesetze entwickelten. Diese Gesetze sind auf einer Stele zu finden. Bekannt als „Kodex Hammurapi".

Wer sich mit der Geschichte befasst, der wandert auch zugleich durch die Zeiten und stolpert über Ähnlichkeiten. Dann setzt das Nachforschen ein und heraus kommt manchmal Interessantes. So auch hier.
Der „Codex Hammurapi" ist einer der Texte, welcher zu den Urgesetzen gezählt werden kann; Urgesetze, welche die gültigen Rechtssysteme begründeten.
Oft wird die Bibel als Grundlage genannt, besonders Moses wird als Gesetzgeber bezeichnet. Doch ist es so?

Moses wird in die Zeit um 1400/1300 (vor der Zeitwende) verortet. Durch die Verbindung von Kanaan zu Babylon ist davon auszugehen, dass es auch einen Wissensaustausch zwischen diesen Gebieten gab, denn das Neubabylonische Reich (Übergänge zu Sumer und Akkad sind fließend) dehnte sich vom persischen Golf bis zum Mittelmeer aus und auch Teile der heutigen Südtürkei gehörten dazu.

Beim Vergleichen der textlichen Inhalte kommt man zu einem Schluss:
Die dem Moses zugeschriebenen Texte sind abgeschrieben worden oder man hat die Gesetzesvorschriften der Babylonier übernommen. Zumindest ist das Gedankengerüst erstaunlich ähnlich. Aussagen sind inhaltlich deckungsgleich.

Alles nur ein Plagiat, welches als Eingebung geheiligt und dargeboten wurde?
Entscheiden Sie selbst.
Hier die direkten Vergleiche:

☐ Stele des Hammurabi, Zeile 195
Gesetzt, ein Kind hat seinen Vater geschlagen, so wird man ihm die Hände abschneiden.
o 2. Mos. 21,15
Wer Vater oder Mutter schlägt, der soll des Todes sterben.

☐ Stele des Hammurabi, Zeile 14
Gesetzt, ein Mann hat einen minderjährigen Freigeborenen gestohlen, so wird er getötet.
o 2. Mos. 21,16
Wer einen Menschen raubt, sei es, dass er ihn verkauft, sei es, dass man ihn bei ihm findet, der soll des Todes sterben.

☐ Stele des Hammurabi, Zeile 206
Gesetzt, ein Mann hat bei einer Schlägerei einen anderen geschlagen und ihm eine Verwundung beigebracht, so wird selbiger Mann schwören: "Ich habe ihn nicht mit Absicht geschlagen" und wird den Arzt bezahlen.
o 2. Mos. 21,18-19
Wenn Männer miteinander streiten und einer schlägt den anderen mit einem Stein oder mit der Faust, dass er nicht stirbt, sondern zu

Bett liegen muss und wieder aufkommt und ausgehen kann an seinem Stock, so soll der, der ihn schlug, nicht bestraft werden, er soll ihm aber bezahlen, was er versäumt hat, und das Arztgeld geben.

☐   Stele des Hammurabi, Zeile 209-210
Gesetzt, ein Mann hat eine Freigeborene geschlagen und hat bei ihr eine Fehlgeburt veranlasst, so wird er zehn Sequel Silber für den Fötus zahlen. Gesetzt, selbige Frau ist gestorben, so wird man seine Tochter töten.
o   2. Mos. 21,22-25
Wenn Männer miteinander streiten und stoßen dabei eine schwangere Frau, so dass ihr die Frucht abgeht, ihr aber sonst kein Schaden widerfährt, so soll man ihn um Geld strafen, wieviel ihr Ehemann ihm auferlegt, und er soll es geben durch die Hand der Richter. Entsteht ein dauernder Schaden, so sollst du geben Leben um Leben, Auge um Auge, Zahn um Zahn, Hand um Hand, Fuß um Fuß, Brandmal um Brandmal, Beule um Beule, Wunde um Wunde.

☐   Stele des Hammurabi, Zeile 196-197, 200
Gesetzt, ein Mann hat das Auge eines Freigeborenen zerstört, so wird man sein Auge zerstören. Gesetzt, er hat einem anderen einen Knochen zerbrochen, so wird man seinen Knochen zerbrechen. Gesetzt, ein Mann hat einem anderen ihm gleichstellenden Manne einen Zahn ausgeschlagen, so wird man ihm einen Zahn ausschlagen.
o   2. Mos. 21,24
Auge um Auge, Zahn um Zahn, Hand um Hand, Fuß um Fuß.

☐   Stele des Hammurabi, Zeile 250-251
Gesetzt, ein Rind hat, als es auf der Straße ging, einen Mann gestoßen und getötet, so entstehen aus diesem Rechtsstreit keine Ansprüche. Gesetzt, das Rind eines Mannes ist stößig und hat demgemäß, dass es stößig ist, ihm seinen Fehler gezeigt, er aber hat seine Hörner nicht gestutzt, sein Rind nicht angebunden, selbiges Rind hat einen Freigeborenen gestoßen und getötet, so wird er eine halbe Mine Silber geben.

o   2. Mos. 21,28-32

Wenn ein Rind einen Mann oder eine Frau stößt, dass sie sterben, so soll man das Rind steinigen und sein Fleisch nicht essen; aber der Besitzer des Rindes soll nicht bestraft werden. Ist aber das Rind zuvor stößig gewesen und seinem Besitzer war's bekannt und er hat das Rind nicht verwahrt und es tötet nun einen Mann oder eine Frau, so soll man das Rind steinigen, und sein Besitzer soll sterben. Will man ihm aber ein Lösegeld auferlegen, so soll er geben, was man ihm auferlegt, um sein Leben auszulösen. Ebenso soll man mit ihm verfahren, wenn das Rind einen Sohn oder eine Tochter stößt. Stößt es aber einen Sklaven oder eine Sklavin, so soll der Besitzer ihrem Herrn dreißig Lot Silber geben, und das Rind soll man steinigen.

Doch es geht noch weiter:

☐   Stele des Hammurabi, Zeile 8, 22

Gesetzt, ein Mann hat entweder ein Rind oder ein Schaf oder einen Esel oder ein Schiff gestohlen, gesetzt, es ist das Eigentum Gottes oder des Palastes, so wird er es dreißigfach geben. Gesetzt, es ist das Eigentum eines Muskenu (Abhängigen), so wird er es zehnfach ersetzen. Gesetzt, der Dieb hat nichts zu geben, so wird er getötet. Gesetzt, ein Mann hat geraubt und ist dabei gefasst worden, so wird selbiger Mann getötet.

o   2. Mos. 21,37-22,3

Wenn jemand ein Rind oder ein Schaf stiehlt und schlachtet's oder verkauft's, so soll er fünf Rinder für ein Rind wiedergeben und vier Schafe für ein Schaf. Wenn ein Dieb ergriffen wird beim Einbruch und wird dabei geschlagen, dass er stirbt, so liegt keine Blutschuld vor. War aber schon die Sonne aufgegangen, so liegt Blutschuld vor. Es soll aber ein Dieb wiedererstatten; hat er nichts, so verkaufe man ihn um den Wert des Gestohlenen. Findet man bei ihm das Gestohlene lebendig, sei es Rind, Esel oder Schaf, so soll er's zweifach erstatten.

☐　Stele des Hammurabi, Zeile 53

Wenn ein Ochse einen anderen Ochsen durchbohrt hat, so dass er stirbt, sollen die Besitzer der Ochsen den Wert des lebenden Ochsen und den Körper des toten Ochsen zwischen sich teilen.

o　2. Mos. 21,35

Wenn jemandes Rind eines anderen Rind stößt, dass es stirbt, so sollen sie das lebendige Rind verkaufen und das Geld teilen und das tote Tier auch teilen.

Soweit ein kurzer Vergleich.
Nun?
Was sagen Sie?
Vielleicht möchten Sie ein wenig darüber nachdenken. Ich lasse sie dann einmal allein.
Ansonsten?

Na, dann folgen Sie mir bitte zu den Texten des eigentlichen Buches. Denn es beginnt erst jetzt.
Genauer gesagt: Auf der nächsten Seite. ...→
Atmen Sie durch, denn es beginnt blutig...

Spartacus
Chancenlos gegen das Imperium

Ein historisches Ereignis (dessen man sich gerne annimmt und es verfilmt) ist der Aufstand des Spartacus. Gerade dieses manifestierte Bild möchte ich ein wenig anders darstellen. Eben dieser Spartacus ist es, der uns in die Gedankenwelt dieses Buches richtig eintauchen lässt. Das zuvor Gelesene war nur ein kleines „Vorgeplänkel".

Man sollte Respekt vor diesem Menschen haben und Verachtung für die ausbeutenden Sklavenhalter, außer eben, man hält sie sich selbst...die Sklaven... Aber dann habe ich keinen Respekt vor Ihnen. Stört es Sie? Gewiss nicht. Arroganz ist unempfindlich für das Empfinden all jener Menschen, über die man sich erhöht stehend fühlt.
Natürlich ist das Nachfolgende auch durch eigene Ansichten gefärbt, wie es das stets ist, wenn man sich positioniert.
Persönliche Ansichten, wie viele Dinge, die auf den folgenden Seiten zu lesen sind.
Nur subjektiv, nie objektiv?
Dieses entscheiden Sie, der Leser für sich, denn vielleicht stehe ich mit diesen Ansichten nicht allein....

Spartacus, - aber auch Spartakus mit „k" geschrieben - wird in den Briefen von Karl Marx an Friedrich Engels quasi in das Gedankenkonstrukt hinein „adoptiert":

Marx schrieb:
„Spartakus erscheint als der famoseste Kerl, den die ganze antike Geschichte aufzuweisen hat. Grosser General..., nobler Charakter, real representative des antiken Proletariats."
(Am 27. Februar 1861, „representativ" damals noch in dieser Schreibweise). Mit diesem sperrigen Ausdruck belegt Marx den Gladiator, der für ihn das Sinnbild des aufbegehrenden Arbeiters war

und schuf so einen Mythos der bis heute anhält. War er das? War er der aufbegehrende Klassenkämpfer?

Rom war ein Staat, der sich nach und nach zum größten Sklavenhalter der Antike entwickelt hatte. Mit der wachsenden Ausdehnung des Landes wuchs zugleich auch die Zahl der benötigten Arbeitskräfte, um die Infrastruktur und Versorgung des Landes zu sichern. Zeitüblich – und somit billig und praktisch - bediente man sich hierfür der Arbeitssklaven. Letztendlich ging die Entwicklung soweit, dass das Land ohne sie, die Sklaven, nicht mehr lebensfähig gewesen wäre. Im Grunde war Rom eine Sklavenrepublik, nur dieses war den Sklaven selbst nicht bewusst.

Was wir heute über die Lebensumstände der Sklaven Roms wissen, ist erschütternd.

Ich spreche nicht von jenen „Vorzeigesklaven", die als Hauslehrer oder Bedienstete „verwendet" wurden, sondern von jenen Mitleid erregenden Geschöpfen, die als „menschliche Maschine" zur Produktion der Güter ihren Dienst taten oder zur Belustigung der Massen als Gladiator verrecken mussten.

Bereits vor Spartacus gab es Aufstände jener Bedauernswerten; dieses ist oft kaum bekannt. Schon etwa im Jahr 200 vor der Zeitwende (v.d.Ztw.) kam es zu einzelnen Aufständen, die immer blutig niedergeschlagen wurden.

Im Jahr 137 v.d.Ztw. erhoben sich auf der Insel Sizilien die Sklaven, eine Massenbewegung, der sich fast zweihunderttausend Menschen anschlossen. Erfolgreich anschlossen!
Sie eroberten einige Städte auf der Insel und gründeten ihren eigenen Staat, ein Umstand, der nur in sehr wenigen Geschichtsbüchern zu finden ist.
Ist das Schicksal jener Menschen nicht berichtenswert? Es ist zu schamhaft für das mächtige Rom?
Zu belanglos für verschiedene Historiker, auch heute noch?

Dieser Staat der Sklaven konnte sich fast fünf Jahre lang gegen die Übermacht Roms halten und wurde erst durch eine, von Rom direkt entsandte, Armee vernichtet. Hierbei ist das „Vernichten" sehr wörtlich zu nehmen, denn Rom ging mit seinen Feinden nicht zimperlich um.
Das Staatsgebilde war zerstört, aber der Gedanke an Freiheit nicht. Er hatte sich in den Köpfen der Menschen festgesetzt.

Im Jahr 104 v.d.Ztw. kam es erneut auf der Insel Sizilien zu einem Aufstand.
Ein Aufstand, welcher die römische Armee vier Jahre lang beschäftigte, bevor er ebenfalls blutig niedergeschlagen wurde.
Etwa dreißig Jahre später, genauer gesagt im Jahr 73 v.d.Ztw., kam es zu dem Aufstand, der als „Spartacusaufstand" in die Geschichte einging und auch Jenen namentlich bekannt sein dürfte, die in der historischen Entwicklung wenig bewandert sind.
Hierüber will ich berichten:

Spartacus war einer jener Männer, die in den Gladiatorenschulen auf das Töten und getötet werden vorbereitet wurden. Ihr Schicksal war besiegelt, denn letztendlich wartete der Tod auf sie. Es war für sie nur eine Frage der Zeit.

Die „glorreichen" Gladiatoren, welche sich durch ihre Kämpfe das „hölzerne Schwert" erringen konnten - ein symbolisches Zeichen, frei zu sein und nicht mehr kämpfen zu müssen (Es musste stets bei sich getragen werden) - gab es zu dieser Zeit noch nicht.
Es gab nur die Gewissheit auf Wunden, Blut, Erniedrigung und Tod. Filmregisseure, die das Schwertsymbol in die Szenerie einführen nehmen es mit der historischen Wahrheit nicht sehr genau.

Spartacus trainierte in Capua, in der Gladiatorenschule des Gnaeus Cornelius Lentulus Batiatus. Es war jene Gladiatorenschule, die den Ruf hatte, die „beste Schule des Landes" zu sein. Die Nahrung der Gladiatoren bestand hauptsächlich aus Bohnen und Fleisch, Milch

und Obst. Es wurde darauf geachtet, dass die Todgeweihten nicht krank wurden, denn sie waren eine Kapitalanlage. Jedermann konnte in sie – wie heutzutage in Aktien oder Rennpferde – investieren.
Man sah sie nicht als Menschen, sondern als Objekte, blutige Spielzeuge und letztendlich als lukrative Möglichkeit, eigenes Geld zu vermehren. Die Seelen sah man nicht, nur Männer mit gestählten Körpern, die in den Arenen als eine Art kämpfende Tiere bejubelt – oder verspottet - wurden.

Genau zweihundert Sklaven überwältigten, mit Spartacus zusammen, die Wachen der Gladiatorenschule und flüchteten.
Einhundertzweiundzwanzig von ihnen wurden rasch ergriffen, der Rest konnte entkommen, darunter Spartacus.
So nennen wir ihn heute, denn sein eigentlicher Name ist immer noch unbekannt.
Er war Thraker, ein vermutlich zu den Kelten zählendes Volk, aus einem Gebiet, welches heute im Süden Bulgariens, im Nordosten Griechenlands und dem europäischen Teil der Türkei liegt. Dort lebte ein Volk dessen Sprache (Dako-Trakish genannt) ausgestorben ist. Der im 1. Jhd. n.d. Ztw. lebende Arzt Dioskurides hat uns eine Liste mit Heilkräutern in dieser Sprache hinterlassen. Aus dem dritten Jahrhundert stammt eine weitere Liste mit Pflanzennamen. Beispiel: Mantua (Brombeere) oder Dyn (Nessel). Sich selbst nannten sie sich Δᾶοι, wie uns der griechische Geschichtsschreiber Strabon von Amaseia überlieferte, der um die Zeitwende lebte. Δᾶοι bedeutet in etwa „hey" oder auch „hallo", also beschreibt einen freundlicher Anruf.

Auch, wann Spartacus geboren wurde, ist unbekannt, ebenso, wie er nach Capua kam. Filmische Darstellungen sind reine Fiktionen.
Es wurde eine Legende daraus und man erfand eine jeweils passende Vorgeschichte.
Erfunden.
Historische Belege gibt es nicht.

Er war ein Sklave, nicht wert, ihm eine Zeile zu widmen. Rom hatte wichtigere Dinge zu tun, wie es den Römern selbst schien.
Erst mit dem Ausbruch aus Capua tritt Spartacus in das Bewusstsein der Menschen.
Irgendetwas Autoritäres und Respekt Gebietendes muss er gehabt haben, denn er wird von allen als Führer anerkannt. Einen Neben-buhler gab es zu der Zeit noch nicht.

Der Senat in Rom registrierte die Flucht der achtundsiebzig Männer, aber dieser geringen Zahl wurde keinerlei Bedeutung beigemessen.
Frauen gab es unter den Geflüchteten nicht.
Wer und was bedeutete das schon?
Dieses Ereignis sollte man ernst nehmen?
Achtundsiebzig Sklaven? Lächerlich. Es war doch nur eine zusam-men gepferchte Schiffsladung voll Material. Jederzeit ersetzbar.
Nicht einmal einhundert Menschen gegen das aufstrebende Welt-reich?

Man grinste und ging seinen Tagesgeschäften weiter nach oder be-lustigte sich in Arenen (oft nur ein Kreis aus hölzernen Palisaden) daran, wie eben jene Gladiatoren sich gegenseitig töteten oder es zu-mindest versuchten. Manchmal hetzte man auch ausgehungerte Tiere dazu und ergötzte sich an den Todesschreien.
Aber diese Geflohenen? Ach, nur eine Belanglosigkeit, denn die Probleme der Feldzüge in Spanien oder Kleinasien bereiteten dem römischen Senat wesentlich größere Sorgen.
Es war ein Denkfehler, wie sich alsbald herausstellen sollte.

Die Flüchtlinge um Spartacus bekamen weiteren Zulauf.
Es waren nicht nur Sklaven, die sich ihnen anschlossen, sondern auch Kleinbauern aus Kampanien, dem ländlichen Gebiet, welches außerhalb der Stadt Neapel lag. Jene Kleinbauern die durch Groß-grundbesitzer um ihre Heimat gebracht worden waren, Spekulan-ten, welche die Felder nun durch billige Sklaven bewirtschaften lie-ßen.

Auch Handwerker, die ihre Familien kaum mehr ernähren konnten, vergrößerten den Zug.
Die Menge um Spartacus wuchs und erst als es etwa Zehntausend waren, die quasi eine Armee bildeten, reagierte der Senat Roms.

Spartacus hatte die Menschen zum Berg Vesuv geführt und dort Be-Befestigungen schaffen lassen.
Das Heer der Römer umzingelte diese Verteidigungsanlagen, ließ aber die Steilhänge unbewacht. Die Menschen um Spartacus flochten Seile aus Weinreben und ließen sich eben an diesen Steilhänge hinab.
Als es die Römer bemerkten, war es zu spät.
Vor ihnen lagen die Befestigungen am Abhang des Vesuvs, hinter ihnen stand das Heer des Spartacus, welches die Armee der Römer vernichtete.
Dieser Sieg ließ den Zulauf zu ihm weiter anwachsen.
Die geknechteten Menschen sahen Hoffnung und als er ein weiteres römisches Heer schlug, wuchs die Menge auf etwa einhundertzwanzigtausend Sklaven an, die hier ihre Freiheit erkämpfen wollten. Und wieder waren es nicht nur Sklaven. Erneut schlossen sich ihnen Kleinbauern und Handwerker an, aber auch übergelaufene Soldaten. Diese Menschen bildeten nun die Armee, wie antike Historiker berichten.
Es war eine gewaltige Streitmacht, doch es waren auch Frauen und Kinder dabei. Aber eine derartige große Menschenmenge muss auch ernährt werden und so ist auch die ständige Bewegung zu erklären: ein Herumziehen ohne direktes Ziel, allein bestimmt durch das Ausweichen vor den Römern oder aber den Angriffen auf befestigte Stellungen der Verfolger.

Spartacus selbst - so berichten es auch die historischen Quellen – hatte kein politisches Ziel. Es schien ihm nur um die Entrinnung aus der Sklaverei gegangen zu sein und man verfolgte allgemein das Ziel, in die Heimat zu gelangen, um in Frieden zu leben.
Ein Unding, wenn man die Entwicklung Roms betrachtet.

Doch man sah diese Entwicklung nicht und auch Spartacus sah sie nicht. Er führte die Menschen weiter nach Norden und wollte, im Schutz der Alpen, seine Heimat erreichen.

Genau dieses Vorhaben spaltete das Heer. Nicht jeder wollte nach Gallien oder auf den Balkan.

Viele Menschen kamen aus den Gebieten Italiens und das Vorhaben, sowie diese Länder waren ihnen fremd.

Verschiedene Gruppen wandten sich ab, aber wegen der geringen Zahl wurden sie von den römischen Heeren vernichtet. Niemand wurde am Leben gelassen, es sollte ein Fanal sein. Gefangene machte Rom nicht.

Der größte Teil der Menschenmenge blieb jedoch bei Spartacus, der im Jahr 72 v.d.Ztw. die Römer nach Belieben schlug. Das brutale Vorgehen der Römer brachte ihm erneuten Zulauf. Rom selbst sah es nicht - ja, ich glaube, sie verstanden es nicht einmal, dass es das eigene Verhalten war, welches die Menschen, die am Rand der Gesellschaft standen, zu Spartacus trieb.

Spartacus zog nach Gallia Cisalpina (Das Gebiet Norditaliens und Istriens, damals eine römische Verwaltungsprovinz), besiegte dort erneut eine römische Streitmacht…und änderte plötzlich den gefassten Plan, die Alpen zu überqueren.

Die historischen Quellen schweigen sich darüber aus.

Warum er es tat, wissen wir nicht.

Dachte er an die Gefahren der Berge, an die Strapazen, die er Alten, Frauen und Kindern zumutete?

Verweigerten ihm Jene die Gefolgschaft, deren Heimat an den Füßen des Apennins lag, Menschen die aus dem Süden des Landes gekommen waren?

Die Antwort bleibt ungewiss.

Vielleicht plante er auch, Rom direkt anzugreifen.

Auch das wissen wir nicht.

Spartacus wandte sich erneut nach Süden.

Die Römer sahen es als direkte Bedrohung der Stadt Rom an und als auch das Heer (acht Legionen, somit etwa vierzig-bis fünfundvierzigtausend Berufssoldaten, je nach Ausstattung) unter Marcus Licinius Crassus immer wieder Niederlagen hinnehmen musste, wurden die beiden beste Strategen der damaligen Zeit herbeigeordert - Gnaeus Pompeus aus Spanien und Lucius Licinius Lucullus aus Makedonien (heute in etwa das nördliches Griechenland).

Spartacus erkannte die nun entstehende Gefahr und plante von Süditalien aus nach Sizilien überzusetzen.
Dass es dort dereinst einen Staat der Sklaven gegeben hatte, dürfte ihm durch Erzählungen bekannt gewesen sein. Allzu lange Zeit lag dieses nicht zurück.
Mit den Piraten, welche zu der damaligen Zeit die Küsten unsicher machten, hatte er vereinbart, dass sie die Schiffe zur Überfahrt bereitstellen sollten. Diese jedoch hintergingen ihn und verglichen sich mit den Römern.
Spartacus mit seinem Heer stand vergeblich wartend am Strand. Ausschauend, aber es kamen keine Schiffe.
In ihrer Verzweiflung begannen sie Flöße zu bauen, um nach Sizilien überzusetzen, als die vereinten Heere des Pompeuis und Lucullus eintrafen.

Spartacus blieben zwei Handlungsmöglichkeiten:
Nach Süden zu ziehen und bei der Meerenge (an der Straße nach Messina) eine Verteidigungsstellung aufzubauen oder nach Norden zu gehen und durch das römischen Heer durchzubrechen. Er entschied sich für Letzteres.
Ein ungewisser Versuch.
Zu beiden Seiten lag das Meer und vor ihnen standen die römischen Legionen, die zusätzlich einen breiten Graben ausgehoben hatten, der den Weg absperrte. Das Schlachten begann.
In ihrer Verzweiflung füllten die Menschen um Spartacus an einer etwas schwächer bewachten Stelle des Grabens eben diesen mit

Pferdeleichen und den Körpern der Toten. Der Versuch gelang und große Teile seines Heeres brachen durch.

Auf der Strecke blieben Frauen, Kinder, Alte. Ein verzweifelter Kampf. Über diesen grausigen Weg schlugen sie sich durch das römische Heer und flohen zur Küste des Adriatischen Meeres. Erneut wollte man von dort über das Wasser setzen. Das Ziel schien Griechenland gewesen zu sein. Aber es kam erneut zu Streit um dieses Ziel und wieder lösten sich einzelne Gruppen von Spartacus.

Inzwischen war auch Crassus mit seinen Legionen eingetroffen und verfolgte die Hauptgruppe um Spartacus. Er wartete nicht auf Pompeius und griff das Heer des Spartacus in Apulien an (71.v.d.Ztw.). Der Kampf war erbittert, denn jeder wusste, dass es sein letzter Kampf sein würde.

Die Hoffnung schien aus den Herzen gewichen zu sein und auch Spartacus fiel in dieser Schlacht.

In Filmen stirbt Spartacus am Kreuz. Das tat er nicht. Er starb in der Schlacht, sein Leichnam ist verschwunden.

Und dennoch, bereits wenige Tage nach der Schlacht, säumte die Via Appia eine Allee von Gekreuzigten:

Sklaven.

Menschen die für ihre Freiheit kämpften.

Die Historiker nennen ihre Zahl: sechstausend Kreuze.

Sechstausend sterbende Menschen.

Ihnen gilt mein Respekt!

Warum scheiterte der Versuch in die Freiheit zu gelangen?

Es scheint, als lag es nicht an der Kraft des Aufstandes, sondern am Aufstand selbst.

Die Lebensumstände der Sklaven schienen ihnen keine Möglichkeit einer konkreten Zielsetzung zu geben. Zu subjektiv schienen die Ziele, oft auch egoistisch. Man wollte Freiheit und glaubte, dies irgendwo verwirklichen zu können, bedachte aber nicht die politische Dimension des Handelns. Innerhalb des römischen Staates lebten

Sklaven isoliert und die so genannten freien Menschen verachteten sie.
Alle Sklavenaufstände der Antike zerbrachen letztendlich an einem: Der fehlenden Perspektive, ja man kann fast sagen, am Fehlen einer Ideologie. Heldenmut ist zielgerichtet gut, -wenn es denn ein Ziel und eine Planung gibt.
Und dennoch:
Ich bewundere den Mut der Menschen, die alles gaben, um in Freiheit zu leben.

Abschließend zitiere ich, was der russische Historiker Sergei Leonid Uttschenko 1969 schrieb (Drevni Rim, S. 66/67), eben zu diesem Aufstand des Spartacus:
(...)*Aber wir sehen hier „ den großen und edlen Versuch einer unterdrückten Klasse, gegen ihre Unterdrücker aufzustehen, gegen ein System anzukämpfen, das die Freiheit des Menschen unterdrückt, ihn in ein rechtloses Wesen, eine Sache, ein sprechendes Werkzeug verwandelte. In diesem spontanen Durchbruch der Freiheit liegt die ewige und unvergängliche Bedeutung des Aufstands des Spartakus, das Geheimnis des dankbaren Gedenkens der Nachgeborenen bis in unsere Tage."* (...)

Freiheit?
Ach, eine hehres Wort und für viele Menschen ein Traum, gerade in der damaligen Zeit.
Wir bleiben noch ein wenig in Rom.
Nicht in der Stadt, sondern in dem Weltreich; wir springen ein wenig in der Zeit und begeben uns in den Nahen Osten. Vor uns liegt ein Bergmassiv, ein Bollwerk in der damaligen Zeit. Es ist eine Bergfestung, etwa einhundert Meter hoch, gelegen am südlichen Ende des Toten Meeres, in einer Gegend die man Palästina nennt. Die Festung nennt sich Masada, abgeleitet vom jüdischen Wort Mezadá, welches „Festung" bedeutet. Das klingt nicht spektakulär,

es beschreibt nur den Ort, ein flaches Hochplateau, welches nur über drei Saumpfade erreichbar war.

Spektakulär ist das Ereignis, dem wir uns nun zuwendenden. Etwa um das Jahr 66 n.d.Ztw. kam es zum jüdischen Aufstand gegen die römischen Besatzungstruppen. Eine Gruppe Aufständischer, sich selbst Sikarier nennend (abgeleitet von der bevorzugten Waffe, dem Sica, einen Dolch) nahm die römische Garnison von Masada ein. Sie errichteten auf der Bergebene Häuser, eine Synagoge, Wohnhöhlen, ja einen kleinen Ort. Immer mehr Menschen strömten ihnen zu, besonders, nachdem Kaiser Titus im Jahr 70 den Tempel in Jerusalem zerstörte.

Dieses Widerstandsnestes wollten sich die Römer entledigen und so belagerten - im Jahr 73/74 n.d.Ztw. unter dem Feldherren Flavius Silva – etwa viertausend Römer den Berg. Sie zogen eine Mauer um den Berg, errichteten Kastelle und schütteten eine Rampe zur Belagerung auf.

Masada, kommandiert von Eleazar ben-Ya'ir, fiel...

Kommen Sie mit, ich zeige Ihnen Masada...

Zögern Sie nicht, denn dort warte jemand auf Sie: Esther...

Esther
Der Fall von Masada

„Mutter… Brot… ".
Das Mädchen zog am Umhang der hageren Frau, die auf einem Stein
saß und sah sie aus eingefallenen Augenhöhlen an.
Die Mutter starrte ins Nichts.

Brot will sie…Brot…? Woher nur? Die Mutter wischte sich fahrig mit
der Hand über die Stirn. Es gab kein Brot mehr. Es gab nicht einmal
mehr irgendeinen Grashalm, der auf der windigen Ebene wuchs.
Alles hatten sie schon gegessen. Um den ärgsten Hunger zu be-
kämpfen hatte man die Sandalen ausgekocht und kaute auf dem zä-
hen Leder.
„Ich habe kein Brot, Esther", presste die Mutter matt hervor, nein, es
war eher ein Flüstern. Zitternd strich sie dem Kind über das staubige
Haar und kaum mehr spürte sie den Zug der kleinen Hand an ihrem
Kleid. Wieder wanderte ihr Blick über die Ebene.

Wie lange waren sie schon hier?
Sie wusste es nicht, aber sie wusste, dass es richtig war, hierher zu
gehen. Ganz gleich, wie das Ende auch sein mochte.
Sie hörte den Lärm der Belagerungsmaschinen kaum noch. Nur ein
dumpfes Grollen ertönte und ab und zu schlug ein Felsbrocken irgendwo ein.
Gestern waren die ersten römischen Speere über die Befestigungs-
anlage geflogen.
Nah waren sie, sehr nah und Hiram hatte ihr gesagt, dass die Römer
im Tal Kreuze aufrichten würden. Ein Wald des Todes und wer die
Blätter daran sein würden, war auch schon bestimmt. Sie, sie alle
hier, die einen verzweifelten Kampf fochten!
Es würde keinen Sieg geben und doch! Jeder Lidschlag, den sie hier
oben länger ausharrten, war ein Sieg. Sie, die sich auf den Festungs-
berg zurückgezogen hatten, den Herodes einst ausbauen ließ.

Nein, es gab auch für die Römer keinen Sieg.

Natürlich würden die Wälle brechen, aber ist es ein Sieg, wenn die Weltmacht Rom verzweifelt gegen einen Berg anrennen muss, der sich als Bollwerk zeigt?

Ihre eigene Bewaffnung war schlecht und unbewusst griff sie den Knüppel fester, den man ihr als Waffe gegeben hatte.

Ein Knüppel gegen Schwerter.

Schleudern gegen Bögen.

Speere gegen Belagerungsmaschinen.

Ein ungleicher Kampf.

Sie mussten verlieren, das war sicher, aber die Niederlage war auch ein Sieg. Ein Zeichen an die freien Völker und die Sklaven, das Rom zwar die Welt beherrschte, aber kein Herr war, sondern nur ein plündernder Tyrann. Sie achteten nichts, nicht einmal den Glauben anderer Menschen. Römer, mit ihrem Kaiser, der sich einem Gott gleich dünkte.

Sie zerstörten die heiligen Städte und die Hufe ihrer Pferde galoppierten durch die heiligen Hallen und machten sie zum Viehstall.

Der Tempel in Jerusalem war nur noch eine Ruine.

Verächtlich spuckte sie aus.

Nein, sie versuchte es, denn der Gaumen war verdorrt und die Zunge war mit dem Gaumen eins geworden.

Mühsam erhob sie sich und noch immer hielt sich Esther an ihrem Rock fest.

Die Sonne war hoch gestiegen und die Hitze ließ das Licht über den Boden flirren.

Dort drüben stand Eleazar.

Ihm war sie gefolgt. Und es war gut, ihm zu folgen.

Er stand allein und hatte seine Hände vor das Gesicht geschlagen.

Das Haupt gesenkt und den Rücken der Sonne zugewandt. Er hatte nicht mehr den aufrechten Stand, wie damals, als sie in die Festung geflüchtet waren.

Seine Schultern waren gebeugt und dennoch, die Kraft, die ihn beseelte, wenn man in seine Augen sah, ließen die Kraft auf Jeden überspringen, den sein Blick streifte.

Zögernd ging sie zu ihm und er ließ die Hände kraftlos sinken. Er war einer der wenigen Männer die ein Schwert besaßen und es lag vor ihm auf den Boden. Dolche besaßen sie, ja, aber kaum jemand hatte ein Schwert.

„Es ist heiß heute"…

Seine Stimme klang ruhig. Eine dunkle Stimme, tief, als käme sie aus dem Inneren der Erde und zugleich kraftvoll. Hier stand ein Mann, der würde sich vielleicht beugen, aber er würde niemals knien.

Sie nickte, denn die Trockenheit im Mund ließ sie nur noch summen.

Er lächelte leicht und sein Blick blieb auf dem Kind ruhen, wobei er sogleich den linken Arm zeigend hob:

„Geh mit ihr in die Grotte. Komm nicht heraus. Erzähle der Welt, was hier geschah. Ich kann es nicht mehr."

Erschrocken sah sie auf und er deutete ihren Blick richtig.

„Ja, heute ist es soweit. Heute. Nicht mehr lange. Geh!"

Sie schlug die Augen nieder und langsamen Schrittes wandte sie sich der Grotte zu, die etwas unterhalb eines Felsens lag.

Kühl war es hier. Sie zog Esther an sich und drückte dem Kind die Ohren zu, damit sie die Schreie nicht hören konnte.

Jetzt…

Jetzt war es soweit.

Die Mauer brach und es würde nicht mehr lange dauern, dann würden die römischen Schnitter ihre blutige Ernte einbringen wollen.

Doch sie wusste, dass diese Schreie nicht von den Römern ausgelöst worden waren.

Sie wusste es, doch das Kind wusste es nicht.

Sie wusste, was draußen geschah und ihr Körper verkrampfte sich, tränenlos zu Stein.…

Das Schreien verstummte und der Staub senkte sich auf die Felsen. Wie durch Nebel tastete sich Esther an den rauen Steinen entlang ins Freie und sah in das blendende Licht der Sonne.
Eine Hand packte sie und sie schaute auf das metallene Schimmern eines Brustpanzers.

„Hier ist noch ein Balg!" rief der Legionär und ein Zweiter kam zu ihm.
„Seid ihr doch noch nicht alle verreckt?" fragte er mit einem feststellenden Grinsen und spuckte vor dem Kind in den Staub.
„Sind noch mehr hier?"
Der Soldat schüttelte das Mädchen und Esther begann zu weinen.
Sie verstand es nicht. Sie sah nur Menschen auf dem Boden liegen, verkrümmt und blutend.
Soldaten untersuchten sie, wobei ab und zu etwas eingesteckt wurde.

„Rede!"
Eine Ohrfeige traf sie.
Sie wollte reden, aber sie konnte es nicht. Das Grauen schnürte ihre Kehle zu und die geschwollene Zunge drückte gegen den Gaumen.
Undeutliche Laute entfuhren ihr.
Erneut traf sie die Hand im Gesicht.

„Lass das Balg", sagte der dazugekommene Soldat und ging, sich duckend, in die kleine Grotte, in der Esther sich verborgen hatte.
„Hier sind noch einige von denen", hallte es nach kurzer Zeit aus dem Hohlraum und verängstigte Frauen und Kinder wurden mit dem Schwert aus dem Versteck getrieben.

„Bring sie zum Zenturio", wies ihn der Mann an, der Esther nun losließ und ihr einen Tritt gab. Das Mädchen taumelte und fiel in den Staub. Eine der Frauen, die man heraus getrieben hatte, half ihr auf und reichte ihr dabei stützend die Hand.
Esther sah auf und erkannt Rahel, die alte Weberin, die einst in der gleichen Gasse wie sie gewohnt hatten.
„Komm Kind", sagte die Frau und verstärkte den Druck der Hand, um das Kind folgen zu lassen.
„Die hier haben wir noch gefunden", sagte der Legionär, als sie den Zenturio erreichten und deutete auf die kleine Gruppe, derweil sich der Offizier eine Schale Wasser über sein Gesicht goss.

Wasser!
Wie gerne hätte sie einen Schluck davon bekommen und wie von selbst hob sich ihre bittende Hand. Der Zenturio schlug darauf.
„Dann wollen wir doch einmal sehen, was wir da haben."
Er trat zu Rahel und riss ihr das Tuch herunter.
„Zu hässlich. Die alte Vettel bringt auf dem Markt nichts mehr. Vielleicht sollten wir sie gleich hier von ihrem Berg werfen. Die frisst nur unser Brot."
Er beugte sich zu Esther und eine grobe Hand strich ihr sanft durch das Gesicht, während sie zum Staub nieder schaute.

„Schau mich doch einmal an", sagte eine freundlich klingende Stimme und die Hand wanderte vom Gesicht über die Schulter, während der Zenturio mit der anderen Hand das Kinn anhob.
„Möchtest du mit mir kommen?" lächelte er und der Zeigefinger malte in ihrem Gesicht die Konturen nach.
Esther erstarrte.

Was wollte dieser Mann?

„Wasser für die Kleine", befahl der Zenturio und zog Esther ein wenig abseits, wobei er dann auf die Knie glitt.
„Du wirst es gut bei mir haben, du musst nur lieb zu mir sein", flüsterte er, als sein Gesicht sich dem ihren näherte und er zugleich den kleinen Krug nahm, den ein Diener ihm eilends reichte.
„Trink. Aber trinke langsam."
Zögernd griff Esther nach dem Wasser und benetzte die Lippen, während sie zugleich den Atem des Mannes roch, der immer noch vor ihr kniete.
Das Wasser kühlte die rissigen Lippen und die Kühle des Nasses umspülte die geschwollene Zunge.

Der Mann sah sie währenddessen an und immer wieder strich seine Hand durch das schmutzige, sandstaubige Haar.
Der Zenturio richtete sich auf.
„Mein Pferd!" schrie er und von der Sanftheit der vorherigen Sekunden lag nichts mehr in seiner Stimme.
Ein Trossknecht brachte es ihm. Er ergriff Esther und sogleich sprangen sie in den Sattel, wobei er sie vor sich drückte.
Das Pferd bewegte sich langsam, ging Schritt und erneut fragte er:
„Wie heißt du?"
„Esther", presste das Kind nun undeutlich hervor und sah schräg unter das Kinn des Mannes.
„Ah, Esther also", antwortete der Zenturio und drückte dem Pferd die Hacken in die Flanken, so dass der Ritt etwas schneller wurde.
„…Esther", atmete er schwer, „Esther…" und als sie das Plateau verließen, setzte das Pferd zum Galopp an.
Rahel sah ihnen nach.
Sie sah Esther nie wieder.

Halten Sie einen Augenblick inne.
Können Sie nachempfinden wie Esther sich fühlte?

Rom sah nur sich selbst. Trotz aller Prachtbauten und zivilisatorischen Errungenschaften war es ein kaltes Land. So kalt wie ihre Statuen war auch ihr Herz.

Römer - sofern sie das Bürgerrecht besaßen – sonst nur Beute, Sklaven, Diener, Personal. Alles zur Glorie Roms.

Kennen Sie Boudicca?
Wahrscheinlich nicht. Falls doch, so weiß ich, dass Sie Respekt vor ihr haben werden. Zumindest hoffe ich es.
Nun, lassen Sie uns in der Zeit bleiben. Uns trennen nur wenige Jahre von den hier stattgefundenen Ereignissen und zu einer Insel reisen, die man Britannia nannte.
Kommen Sie, rasch. Die Leinen sind gelöst, das Schiff sticht in See und man rudert uns zu der Insel.

Boudicca

Eine Frau gegen Rom

Ihre Götter lebten in den Hainen, ihr Atem war der Nebel über den Seen. Beherrscht wurde das Land durch Kriegerkönige, an ihrer Seite: die allmächtigen Druiden, die wirklichen Herrscher der Insel. Britannien war ein waldreiches Land, durchzogen von Sümpfen und gespalten in Stämme, deren kriegerische Auseinandersetzungen das tägliche Dasein bestimmte. Völker nannten sie sich selbst, aber es war dennoch ein Volk, den Kelten zugehörig. Bemalt und tätowiert, lebend in Holz und Strohhütten, jagend, Äcker bebauend und in stete Händel verwickelt. Eine Welt für sich, abseits des Römischen Imperiums, welches die Hand nach der Insel ausstreckte.

Bereits im Gallischen Krieg des Cäsar kämpften Krieger Britanniens an der Seite der Gallier. Unter schweren Verlusten besetzten die Römer im Jahr 55 v.d.Ztw. die Südküste Britanniens und errichteten Feldlager, welche immer und immer wieder von den keltischen Kriegern berannt wurden.

König Caswallawn (röm.: Cassivelaunus) hatte die Briten geeint. Er ist die erste - greifbare - historische Persönlichkeit in der langen britischen Geschichte.

Cäsar verhandelte, forderte Geiseln, die Macht der Römer beeindruckte und immer mehr Stämme brachen aus dem Bündnis des Caswallawn heraus, verglichen sich mit den Eroberern und die Kriegstaktik der Feldschlacht (die Briten nutzen Streitwagen) wurde aufgegeben. Es entwickelte sich ein Guerillakrieg zwischen den Völkern (Stämmen) und den Römern, die sogleich begannen das Prinzip der verbrannten Erde anzuwenden. Sie zerstörten Dörfer und verschleppten Menschen nach Gallien …zur Ehre Roms.

Caswallawn ergab sich mit den letzten Getreuen um das Blutvergießen zu beenden, Cäsar segelte zum Festland zurück.

Das Ende des Caswallawn ist ungeklärt.

Es gibt Berichte, nach denen er erneut Krieger sammelte und mit ihnen nach Gallien übersetzte um, die Römer dort anzugreifen, andere Berichte sagen, er ergab sich, wurde Tributpflichtig.

Zur gleichen Zeit kam es zu Unruhen direkt in Rom.
Cäsar wandte sich dorthin und das Project Britannica wurde vorerst aufgegeben.
Fast einhundert Jahre lang herrschte auf der Insel eine abwartende Ruhe. Doch diese Ruhe war trügerisch.
Kaiser Caligula (12-41 n.d.Ztw.)sammelte an der Kanalküste Truppen, wollte die Insel erobern, brach das Vorhaben jedoch ab, denn seine persönliche Stellung war – durch seinen Lebenswandel – inzwischen gefährdet. Allein einen Leuchtturm ließ er an der Küste erbauen.

Caligulas Nachfolger, Tiberius Claudius Caesar Augustus Germanicus, (kurz Claudius, 10 v. d. Ztw - 54 n.d.Ztw.), nahm den Gedanken der Eroberung wieder auf.
Er selbst, ein Stotterer, wurde (dadurch) vom Militär kaum ernst genommen, war eher eine Verlegenheitslösung auf dem „gottgleichen Herrscherthron" Roms und brauchte – zur Sicherung seiner Stellung – außenpolitische Erfolge.
Außenpolitik bedeutete damals lediglich Eroberung und Unterwerfung. Kurz gesagt: Vergrößerung des Römischen Imperiums.

Im Jahr 43 n.d.Ztw. setzten vier Legionen (rund zwanzig bis vierundzwanzigtausend Soldaten) - unter dem Befehl des Aulus Plautius – über und mit der Unterstützung britischer Hilfstruppen wurden die Kelten bis zur Themse gedrängt. Doch der Eroberungskrieg in dem sumpfigen Gebieten zog sich hin.
Die Söhne des Königs Cunobelin (Shakespeare schuf ihm mit der Figur des „Cymbeline" ein literarisches Denkmal), Togodumnus und Caratacus organisierten den erbitterten Widerstand.

Paulitus forderte weitere Truppen an, - Togodumnus fiel in der Schlacht an der Themsefurt - und letztendlich kam Kaiser Claudius selbst, um die Eroberung zu leiten.

Formal, denn das Kommando hatte weiterhin Paulitus. Um die Macht der Römer zu dokumentieren, hatte Claudius auch Kriegselefanten mitgebracht, Tiere, die kein Brite bis dahin gesehen hatte.

Man belagerte die Königsfestung Camulodunum (Colchester), eroberte sie und Claudius gab das Plündern frei. Sein Ansehen in der Truppe stieg dadurch gewaltig. (Einer der Legionsführer war u.a. der spätere Kaiser Vespasian), der Hass der Briten stieg jedoch ebenfalls an.

Die Römer unterwarfen die Stämme, Camulodum wurde zur Hauptstadt der neuen Provinz und Caratacus zog sich mit wenigen Getreuen in die Berge zurück, einen aussichtslosen Guerillakrieg führend. Er wurde letztendlich durch eigene Leute an die Römer verraten und an sie ausgeliefert. Man schaffte ihn nach Rom. Wie ein Tier führte man den König in einem Triumphzug durch die Straßen. Überliefert ist sein erstaunter Ausspruch, warum die Römer den Briten ihre Hütten nehmen wollen, wo sie doch in so herrlichen Gebäuden lebten. Er verstand die Gier des Größenwahns nicht.

Sein weiteres Schicksal ist unbekannt. Möglicherweise starb er in einer Arena oder wurde – nachdem man ihn zur Schau gestellt hatte – ermordet.

Nach dem Tod des Kaisers Claudius (vergiftet) wurde Nero Claudius Caesar Augustus Germanicus (kurz: Nero, 37 bis 68 n.d.Ztw.) Herrscher des römischen Reiches. Treibende Kraft hinter ihm war seine Mutter, Julia Agrippina, eine – mit ihm - inzestuöse Intrigantin.

Nero, sich selbst als Gott der Götter ansehend, trieb die vollständige Eroberung der Insel voran, zerstörte die heiligen Druidenhaine, ließ die Priester ermorden und setzte durch drastische Steuern die Verzweiflung in die hungernden Herzen der Bevölkerung.

In den Jahren 60-61 n.d.Ztw. kam es zum Aufstand der Boudicca (30 bis 61 n.d.Ztw.).

Sie selbst war die Frau des – auf Ausgleich bedachten – Königs der Icener, Prasutagus, aus Ostanglien (heute Norfok und Suffolk). Nach dessen Tod wurde sie zur Herrscherin.

Sie versuchte durch Gespräche den Steuerdruck von den Menschen zu nehmen, aber die Römer nahmen sie als Frau nicht ernst, verlachten sie, demütigten sie durch öffentliche Auspeitschung und ließen ihre beiden Töchter – ebenfalls öffentlich - durch Soldaten schänden. Doch damit trafen sie nicht nur die Königin selbst, sondern jeden Briten. Diese sahen nun, was es bedeutete unter der Knute Roms zu leben.

Boudicca organisierte einen Aufstand, einigte die Stämme der Icener und Trinovanten und griff römische Siedlungen an. Der Hass, den die Briten jahrelang durch die Eroberer ertragen mussten, richtete sich nun gegen die Römer selbst.

Camulodunum wurde bis auf die Grundmauern niedergebrannt, kein römischer Einwohner überlebte.

Nun richtete sich der Blick nach Süden, Londinium (London) und Verulamium (St.Albans) folgten dem Schicksal Camulodunums.

Boudicca bekam weiteren Zulauf, ihr Heer wuchs – nach Überlieferungen auf über fünfzigtausend Krieger an. Die keltischen Krieger folgten einer Frau. Zuvor undenkbar.

Doch es gab einen kriegstechnischen Unterschied zwischen den Briten und den Römern.

Zwar stellte Boudicca die Masse, aber die Legionen der Römer die Klasse.

Die keltischen Krieger waren ein Raufhaufen, undiszipliniert und wild. Die Legionen diszipliniert und wesentlich besser bewaffnet.

Boudiccas Angriffe hatten sich gegen Orte gerichtet, Gehöfte, gegen kleinere Verbände von römischen Soldaten, aber nie direkt gegen ein straff organisiertes Heer.

In der Schlacht bei Verulamium wurden die Briten vernichtend geschlagen.

Tacitus berichtet, Boudicca nahm sich anschließend durch Gift das Leben.

Ein Denkmal der Boudicca steht in London, in der Nähe der Westminster Bridge, nah am Big-Ben-Tower.

Ist sie eine Frau, die man achten soll? Sie entscheiden.
Ich glaube es schon. Rom hatte den Bogen überspannt und wenn man die Wahl hat, zu verhungern oder zu kämpfen, dann muss man sich entscheiden. Würden Sie verhungern wollen?

Aber Rom muss doch auch etwas anderes zu bieten gehabt haben.
Es gab doch auch gute Herrscher. Ja?
Wen können Sie benennen?
Ich helfe Ihnen: nehmen wir doch den philosophischen Kaiser, jenen mit dem klangvollen Namen Marc Aurel. Das klingt schon fast wie moderner Name.
Nun dann, der gute Kaiser Marc Aurel bittet zur Audienz.

Marc Aurel
Marcus Aurelius, der Philosoph auf dem Kaiserthron

„Was du auch tust,
tue es weder gegen deinen Willen
noch ohne Menschlichkeit
noch ohne vernünftige Überlegung".
Dieses sagt Kaiser Marc Aurel.

An seinen Taten sollst du ihn messen, nicht an seinen Worten.
Das sage ich.

Er ging als kaiserlicher Philosoph in die Geschichte ein. Ein Cäsar auf dem Thron Roms, der sich dem Geistigen zuwandte, ein Mensch, der über das Leben und den Lauf der Dinge nachdachte. Ein Kaiser der Bücher schrieb, ein Kaiser der der Nachwelt als „guter Kaiser" in Erinnerung blieb.
Ein Kaiser, vor dem sich viele Historiker verneigen....
Nein:
...Ein Kaiser der erbärmlich versagte, ein Kaiser der Rom zerstörte, ein Kaiser der die absolute Macht an sich riss, ein Kaiser der über Leichen ging....
Sehe ich es falsch?
War er der gute Kaiser, als der er gesehen wird?
Oder sehe ich es richtig, war er derjenige, der Rom zerstörte?
Derjenige, der Roms Untergang einläutete?

Dieses ist die Geschichte des Kaisers Marcus Aurelius Antoninus Augustus.

An einem späten Frühlingstag des Jahres 121 wurde er geboren.
Es war der 26. April nach dem heutigen Kalender und seine Eltern –
Senator Marcus Annius Verus und Domitia Lucilla – gaben ihm den

Namen „Marcus Catilius Severus". Den Namen „Marcus Aurelius" oder auch Marc Aurel, trug das schreiende Kind noch nicht.

Wenige Jahre nach der Geburt, im Jahr 129 starb sein Vater, der zuletzt als Prätor in römischen Diensten stand: Der Junge, an dessen Seite seine jüngere Schwester Annia Cornificia Faustina aufwuchs, wurde von seinem Großvater adoptiert, welcher den gleichen Namen wie sein leiblicher Vater trug.

In seiner Schrift „Selbstbetrachtungen" beschreibt er ein liebevolles Verhältnis zu seiner Mutter, aber auch zu seinem verstorbenen Vater und den ihn erziehenden Großvater.

Er nennt als Lebensprinzipen die Sittlichkeit, die Frömmigkeit, den einfachen Lebenswandel und dass das Böse zu verabscheuen sei.

Auch seinen Erzieher Diognetus, der ihm als Sohn aus reichem Senatorenhaushalt zur Seite stand, lobt er. Dieser freigelassene Sklave brachte ihm die Gedanken der Philosophie nahe. Siebzehn verschiedene Lehrer werden genannt, die ihm das Lesen, Schreiben, Rechnen und all die anderen Dinge beibrachten, die ein gebildeter Römer kennen und beherrschen musste.

Einer dieser Lehrer war Junius Rusticus, ein Stoiker, der dem späteren Kaiser als Ratgeber zur Seite stand. Die stoische Philosophie erfasste ihn und bei Eintritt in die Pubertät beschloss er als Stoiker zu leben. Den Überlieferungen nach kleidete er sich einfach und schlief auf dem Boden, der Askese frönend.

Ein Heiliger?

Nun, wir werden es sehen....

Vom Thron Roms - dem Weltreich, in welchem rund fünfzig Millionen Menschen lebten und dessen Macht sich von Britannien bis nach Persien, von Gibraltar bis in die ukrainischen Felder ausdehnte – beherrschte Kaiser Hadrian die zivilisierte Welt, wie sie die Römer nannten.

Rom war zivilisiert, außerhalb der Grenzen lebten nur Barbaren.

Barbaren, ein gern genommenes Wort, welches längst seiner Bedeutung beraubt war (Das griechische Lehnwort „barbaroi" ist die Wurzel, ein Wort welches aussagt, dass man die griechische Sprache nur unzureichend beherrschte, sie stammelte) und nun abschätzig verwendet wurde, negierte alles, was nicht römisch war. Barbaren, das waren Wilde, ja, man könnte römisch fragen: Waren es eigentlich richtige Menschen?

Kaiser Hadrian stammte – wie die Familie des späteren Kaisers Marc Aurel – aus Hispanien, wie in der antiken Zeit die iberische Halbinsel genannt wurde. Das von ihm geschaffene „Edictum perpetuum" ordnete das Justizwesen Roms neu und der nach ihm benannte Hadrianswall in Britannien bildete die Nordgrenze des Reiches, mit dem man sich vor den Einfällen der barbarischen Pikten schützen wollte. Kaiser Hadrian war kinderlos.

Durch die Bekanntschaft mit Annius Verus, dem Großvater des Marc Aurel (ich bleibe einfachheitshalber bei dem bekannteren Namen) fiel sein Blick auf den Jungen und mit vierzehn Jahren wurde Marc Aurel – wie üblich – durch die Verleihung der Männertoga in den Kreis der Erwachsenen aufgenommen. Zugleich wurde die Verlobung mit Ceionia Fabia arrangiert.
Die Ehe war in der damaligen Zeit eine geschäftliche Verbindung zweier Häuser und die Kinder waren der Unterpfand dieser Verbindung. Sympathien spielten dabei keinerlei Rolle.
Der Vater der Ceionia Fabia - Lucius Ceionius Commodus – wurde zugleich von Kaiser Hadrian adoptiert und er bestimmte diesen zu seinem Nachfolger.
Marc Aurel wurde zum Stadtpräfekten Roms ernannt (er war gerade fünfzehn Jahre alt) und führte die Verwaltung Roms für einige Tage. Ein erstes Schnuppern an der Macht.

Lucius Ceionius Commodus starb bereits zwei Jahre später und Kaiser Hadrian musste die Nachfolge neu regeln.

Er adoptierte Aurelius Antoninus – den Onkel des Marc Aurel, der wiederum Marc Aurel adoptierte.

Kurz darauf verstarb Kaiser Hadrian, Aurelius Antoninus nahm den Zunamen „Pius" an (der Fromme) und bestieg den Thron Roms. Seine erste Handlung war die Auflösung der Verlobung des Marc Aurel und dessen zeitgleiche Verlobung mit seiner Tochter Annia Galeria Faustina.

Im Alter von achtzehn Jahren wurde Marc Aurel Quästor.

Einstmals die Gehilfen der Senatoren, jetzt jedoch der unterste Senatoren"rang".

Ein Novum, denn Sulla (um 138 bis 78 v.d.Ztw.) hatte einst das Alter auf dreißig Jahre festgelegt, Kaiser Augustus dieses auf fünfundzwanzig Jahre abgesenkt. Aurel war achtzehn. Und es wurde akzeptiert.

In den „Selbstbetrachtungen" schreibt Marc Aurel sehr ausführlich über Kaiser Pius – wie er nun allgemein genannt wurde. Fast die Hälfte des Werkes befasst sich mit ihm, beschreibt die Milde und Selbstverständlichkeit, mit welcher dieser das Amt meistert.

Marc Aurel verkriecht sich in seine Bücher, übt sich in der Philosophie und heiratet im Jahr 145 seine Verlobte Faustina, die ihm dreizehn Kinder gebar.

Eines der Kinder:

Aurelius Commodus, als Kaiser Commodus sein Nachfolger.

(Commodus – das ist ein anders Thema – wird in der Historie als verweichlichter, größenwahnsinniger Jüngling und nahe an der Geisteskrankheit stehend, beschrieben.)

Marc Aurel, ein Philosoph, ein Bücherliebhaber - vielleicht doch ein Heiliger?

Nun... im Mai 161 starb Kaiser Pius und Marc Aurel bestieg den Thron. Vierzig Jahre alt war er und knapp neunundsechzig Jahre alt sollte er werden. Neunundzwanzig Jahre der Herrschaft.

Sie begann...

...Doch es war ein Doppelkaisertum, denn der neun Jahre jüngere Lucius Verus, Sohn seines Onkels stieg mit auf den Thron, eher dem Militärischen zugewandt.
Marc Aurel verheiratete seine fünfzehnjährige Tochter Lucilla mit ihm, um die dynastischen Bande zu stärken.

Gut wollte er sein, gerecht wollte er sein, den Frieden wollte er halten, das Reich sollte blühen. Platons Idealstaat schwebte ihm vor.
Wurde er das?
Man urteile selbst.

Innenpolitisch wurden Änderungen eingeführt:
Ohne Anhörung durch den Senat hatten Anordnungen des Kaisers Gesetzeskraft.
Das war – nach moderner Ansicht – die Einführung der totalen Diktatur.

Roms Gedanke waren es, die ganze bekannte Welt mit der römischen Zivilisation zu beglücken. Ein Gedanke, der im Senat ebenso verankert war, wie im römischen Bürgertum. Daher war es ihnen unverständlich, dass eroberte Länder, die nun unter römischer Verwaltung standen, dieses nicht immer als beglückend empfanden, dass ihre kulturellen Eigenheiten missachtet wurden, römisches Recht an die Stelle des Eigenrechtes trat und maßgebliche Positionen nach dem Willen Roms besetzt wurden.
Eines dieser Reiche war das Reich der Parther, ein Großreich im Gebiet des heutigen Iran/Irak gelegen und bis in den Osten der heutigen Türkei reichend.
Unter König Mithridates erreichte es seine größte Ausdehnung und aus der Hauptstadt Ktesiphon heraus beherrschten es die Großkönige....Und sie beherrschten die Handelswege nach Osten, die Seidenstrasse, bereits damals eine wichtige Handelsroute.

Rom handelte und griff an.

Unter Kaiser Augustus wurde der Euphrat zum Grenzfluss und der westliche Landesteil zur Provinz Syria.

Die Parther erhoben sich gegen die Besatzer und Mitkaiser Lucius Verus wurde mit einer Armee nach Osten geschickt.

Die Quellen widersprechen sich, denn einerseits wird er als fähiger Heerführer beschrieben, andere Quellen sagen, er wäre ein Lebemann gewesen, der sich – auch auf dem Feldzug – im Kreise von Tänzerinnen und Musikanten aufhielt.

Die Römer eroberten das Land, setzten einen eigenen König ein und gingen dabei äußerst brutal vor.

Zugleich schleppten die heimkommenden Legionäre die Antoninische Pest (wahrscheinlich die Pocken, den die zeitgenössischen Beschreibungen der Krankheit ähneln dieser) nach Rom und in das Römische Reich ein.

Die Epidemie brach aus und wütete etwa fünfzehn Jahre.

Rund ein Viertel der Bevölkerung starb. Heilung gab es nicht und Quacksalber machten mit Tinkturen und Kräutern ein Vermögen.

Lucius Verus starb selbst an dieser Krankheit, obgleich es immer wieder Gerüchte gab, dass er ermordet wurde, was Marc Aurel zum alleinigen Kaiser machte.

Lucius Verus wurde von Marc Aurel zum Gott erhoben, man baute Tempel und er musste als Divus Verus verehrt werden.

Ein Viertel der Bevölkerung war gestorben und damit auch Handwerker, Soldaten, Gewerbetreibende. Das bedeutete auch ein Viertel weniger Steuereinnahmen, aber die Prunkbauten „mussten" dennoch gebaut werden.

Man war schließlich Rom!

Zudem begannen – bedingt durch die Situation – die Provinzen ihre Produkte selbst herzustellen und entzogen so dem Zentralstaat weitere Einnahmen. Eine Inflation brach aus.

Marc Aurel verringerte den Edelmetallgehalt der Münzen um das fehlende Geld zu beschaffen, denn ein weiter Kriegszug stand bevor. Das Reich musste (wollte) expandieren, Sklaven – und somit Arbeitskräfte – wurden gebraucht.

Vordergründig sich den Nöten des Volkes widmend, wurde aufgerüstet und ein Kriegszug in den Donauraum geplant.
Eine gesellschaftliche Spaltung entstand. Es gab keine Mittelschicht mehr, nur noch arm (99%) und reich (1%).
Ein sozialer Aufstieg war nur noch in der Armee möglich, die Keimzelle zur Etablierung der späteren Soldatenkaiser entstand.
Das war der Anfang vom Ende, denn die Armeeführer bestimmten alsbald, wer Kaiser unter ihnen sein durfte. Eine Zeit, in der sich jeder zum Kaiser emporschwang der es wollte, oft nur gestützt von einigen Soldaten im näheren Umfeld. Nicht selten nur für Tage irgendwo in einer Provinz.

Bereits unter Kaiser Pius baten die germanischen Stämme der Quaden und Markomannen um Aufnahme in das Römische Reich und um Siedlungsland. Das wurde abgelehnt und unter Druck ein romfreundlicher König eingesetzt. Münzfunde mit der Prägung „rex Quadis datus" („den Quaden wurde ein König gegeben") belegen es.

Als der Partherfeldzug beendet war, nahm sich Marc Aurel der Sache an.
Trotz herrschender Epidemie wurden zwei Legionen ausgehoben. Das Ziel war Landeroberung und Grenzsicherung gegen die Quaden und Markomannen, die nördlich der Donau in Pannonien (Serbien/Ungarn/östliches Österreich) lebten.
Das Ziel war eindeutig:
Die Eliminierung des Gegners und jene Erbeutung von Sklaven, die schon angesprochen wurde, denn auch besagte Sklaven waren in den Epidemien gestorben. Es wurden Landarbeiter gebraucht, denn daran mangelte es.
Zudem gab es das römische Recht auf kostenloses Getreide (nur für Römische Bürger) und dieses durfte nicht angetastet werden, wollte man keinen Aufstand provozieren.
Sklaven waren das Lebenselixier Roms. Etwa ein Drittel der Einwohner des Römischen Reiches waren Sklaven.

Dieser Krieg sollte über den Tod von Marc Aurels andauern und wurde – nach dem Ableben - durch seinen Nachfolger Commodus fortgeführt.

Ballomar, König der Markomannen, versuchte eine Einigung auf dem Verhandlungsweg; die Römer machten vorgebliche Versprechungen um auf weitere Truppen zu warten. Ein trügerischer Friede.

Als im Jahr 170 n.d.Ztw. die Legionen verstärkt waren, begann man mit einer Offensive gegen die Germanen, jedoch mit verheerendem Ausgang.

Etwa zwanzigtausend Römer fielen und die Germanen fühlten sich durch die Worte der Römer getäuscht. Sie überschritten die Donau und brachen in das Land bis nach Oberitalien ein.

Die Römer handelten und konnten andere germanische Stämme - die Asdingen und Lakringen, (Unterstämme der späteren Vandalen) – durch Versprechungen gewinnen, mit ihnen gegen die Markomannen zu kämpfen.

Die Germanen wurden zurückgedrängt, ein Separatfrieden mit den Quaden geschlossen und ein romfreundlicher König eingesetzt. Dieser (Furtius) wurde gestürzt und Ariogaesus bestieg den Thron.

Marc Aurel setzte ein Kopfgeld auf ihn aus.

Im Jahr 175 erhob sich der Befehlshaber im Orient, Avidius Cassius, zum Gegenkaiser, ein Machtkrieg brach aus. Er endete mit der Ermordung des Gegenkaisers durch die eigenen Truppen.

Die Germanen wollten einen Friedensvertrag, lieferten sogar fünfzigtausend (!) Gefangene aus, um ihre friedliche Absicht zu zeigen.

Die Römer lehnten ab und griffen erneut an. Marc Aurel war selbst im Feldlager und starb 180 in Vindobona (Wien).

Das Fazit seiner Regierung:

Krieg, Hungersnöte, Inflation, ein Viertel der Bevölkerung dahingerafft, einen Versager als Nachfolger eingesetzt, Sklavenjagd, Grenzspannungen an der gesamten Ostgrenze, zu wenige Soldaten um die

Grenze sichern zu können, extreme Militärkosten, Einführung der totalen Diktatur, zwölf Bücher geschrieben.

Der Leser urteile selbst über ihn selbst.

War ich gerade zu streng?
Ach, es ist so eine Sache, wenn man es aus zeitlicher Entfernung ansieht. Was er tat und hinterließ spricht eine sehr deutliche Sprache.
Nun, allmählich zerbrach das Weltreich der Römer, die Völkerwanderung veränderte die Machtverhältnisse in Europa. Aus eben jener Zeit ist eine mündlich weiter gereichte Geschichte bekannt, die zum Nationalepos der Deutschen werden sollte.
Das Nibelungenlied.
Eine Geschichte von Liebe und Hass, von Treue und Verrat. Ich hoffe, Sie kennen noch den groben Ablauf.
Nein?
Nun, ich versuche es in wenigen Sätzen zusammen zu fassen.
Sehr trivial, denn dann ist es einfacher:
Ein Held (Siegfried) erschlägt einen Drachen, reißt sich den Drachenschatz (Nibelungenhort) unter den Nagel, verhilft dem König der Burgunder zu einer Frau (Brunhild), die eigentlich seine Verlobte ist, aber er hat sich in Kriemhild verguckt, die Schwester des Burgunderkönigs. Man neidet ihm den Schatz, die beiden Frauen hassen einander und Siegfried wird kurzerhand ermordet. Just in diesem Moment springen wir in die Handlung hinein: genau in dem Moment als Siegfried auf dem Scheiterhaufen liegt...

Der Gedanke ist einfach:
Was empfand Brunhild - ich nenne sie zeitpassender Brynill - als sie den geliebten Siegfried tot aufgebahrt sah und die Fackeln entzündet wurden, welche den Holzstoß in Brand setzten.
Was geschah?
Was dachte, fühlte…

…Brynill?
Das Nibelungenlied: Siegfrieds Ende

Ihr Gesicht war zu einer Maske erstarrt.
Das Eis Islands funkelte in ihren Augen und ein Nordwind erfasste ihre Haare und schlug sie wie einen Schleier vor ihren Mund, der tonlos die Schmerzen ertrug, als sie in die Unterlippe biss, bis das Blut über das Kinn lief und von dem Umhang aufgesaugt wurde. Alles verschwand um sie herum, sie sah nichts, nur das Holz und ihn. Ihn, der einst die Flammenwand durchschritt und sie aus dem Schlaf küsste. Er…Er, der ihr ewige Treue geschworen hatte, er, der nicht begriffen hatte, wer sie war. Sie, Brynill, eine Walküre des Allvaters…Verdammt zu ewigem Schlaf, da sie gefehlt hatte.
Sie strich den Haarschleier beiseite und lauschte ihren Gedanken…

…Liegen…Schlafen…Träumen…

Sie setzte einen Fuß vor den anderen und ging zu dem Brandgrab hin. Niemand hielt sie auf und niemand hinderte sie, als sie in die auflodernden Flammen sprang, hin zu ihm, den sie liebte.
Niemand schrie, als die Königin der Burgunder eins wurde mit dem Feuerstoß. Kein Laut kam von ihren Lippen und in ihren letzten Atemzügen umschlang sie ihn. Siegfried, ermordet aus Gier und Verrat.
Das Ich löste sich von ihrem Körper und trug ihren Geist empor. Schwebend verharrte sie über dem brennenden Holzstoß. Unsichtbar.

…Liegen…Schlafen…Träumen…

„Bin ich es da unten? Liege ich dort auf dem Scheiterhaufen, dem heißen Brautbett neben ihm? Ich spüre nichts. Keine verzehrenden Flammen, keine Hitze…Nichts… Ruhe. Frieden…Und so leicht ist mir. Ich schwebe über der sterblichen Hülle, die man mir einst gab, der meinem Leben Gestalt gab.
Sieht mich niemand von euch, die ihr da betreten steht und euch eures Verrates bewusst werdet? He-jo! Ihr da unten…Ich gehe. Eure Königin geht. Zurück nach Walhall, heim nach Asgard und hin zu Iduns Apfelhain. Ich bin es, Brynill, die, die ihr nie verstanden habt. Niemand von euch, außer Hagen vielleicht."
„Gib mir die Hand, Brynill!"
„Siegfried? Du kommst zurück zu mir? Formt sich der Rauch zu dem Manne, den ich immer geliebt habe und immer noch liebe?"
„Komm Brynill, tauche ein mit mir in die Wolken, sie leiten uns hin zu Bifrost. Ich höre Heimdalls Horn. Komm Brynill, lass uns nach Walhall und Asgard gehen."
„Ja, Geliebter, komm…"
„Siehst du sie dort unten?"
„Ich sehe sie, Siegfried, aber ich spüre auch, dass Crimilla nicht weit ist. Starr steht sie dort, ohne Tränen. Ein Stein, der nicht weinen kann. Ich sehe in sie und ihre Gedanken kreisen um den verlorenen Hort."
„Du irrst. Sie trauert auf ihre Weise."
„Sie trauert um den Hort, Geliebter… Nur um den Hort"
„Sie trauert um mich, Brynill. Sie trauert…So muss es sein."
„Nein, Geliebter. Sieh hin. Sieh in ihr Herz. Jetzt kannst du es auch. Der Rauch öffnet dir deine Sinne."
„Nein, Brynill. Ich weigere mich. Sie bekommt doch ein Kind von mir. Sie trauert um mich!"
„Sie bekommt nicht nur ein Kind, sie erwartet einen Anwärter auf den Thron und auf den Hort…Sieh hin. Bitte! Sieh hin."
„Ich…Ich…sehe es. Warum nur…warum?"

„Komm, Geliebter, der Windhauch trägt uns mit sich fort. Sieh. Die Raben Odins geleiten uns auf dieser Böe.... Wir grüßen dich, Hugin! Wir grüßen dich Munin! Geist und Gedanke eilt voraus und kündet unser Kommen."

„Brynill! Sturm kommt auf, er reißt mich fort von dir! Brynill! Hilf mir!!

„Wehre dich nicht, Geliebter, fliege mit dem Sturmwind. Ich bin in dir, in den Wolken werden wir Eins..."

„Warum nur, warum nur bin ich nicht bei dir in Isengard geblieben?"

„Hätte es sein können? Können wir den Fäden der Nornen entfliehen? Sie bestimmen unsere Zeit. Urd, Werdandi und Skuld binden uns, so wie sie auch die Götter binden. Niemand kann ihnen entfliehen. Ist es nicht gut für uns, nicht zu wissen, was Skuld webt? Ist es für die wissenden Götter nicht grausam, Skulds Faden zu kennen, bevor sie ihn in ihr Lebensgeflecht einbindet? Wissend, das Ragnaröck kommen wird? Zu wissen, das nur Widar überstehen wird? Diese Last ist schwerer zu tragen als die unsere."

„Komm Brynill, der Sturmhauch trägt uns fort."

„Ich bin bei dir, in dir. Sieh, dort sehe ich Bifrost. Hörst du Heimdalls Horn? Er kündet unser Kommen."

„Ja, Brynill...Ge...Geliebte ich höre es..."

...Und der Rauch des Totenfeuers stieg auf, starr standen die Menschen dort, trauernd und Crimilla schaute gen Himmel und ein Stich traf sie, denn sie sah in den Wolken zwei Schemen ineinander verschmelzen.

Geschrieben wurde das Nibelungenlied im Mittelalter, nahe verwandt mit dem Waltharilied und der Sagewelt um Dietrich von Bern. Überlieferte Geschichten aus dem frühen Mittelalter, Erzählungen aus der Völkerwanderungszeit. Ausgeschmückt, fern von der archaischen Urform. Geschichten von Kleinkönigen, deren Namensähnlichkeiten die Handlungen an uns bekannte Orte trugen.

So fühlen wir uns ihnen nah, können sie fast greifen. Sind sie so nicht auch ein Teil von uns?

Wir trafen soeben eine Königin. Sterbend. Gelebter Adel.
Adel?
Was ist denn das eigentlich, dieser Adel?
Gestatten Sie mir bitte eine kurze Zwischenbetrachtung zum „Adel", auch wenn wir den Zeitstrahl kurz verlassen.

Adel

Ein Blick ins Britische Empire. Damals. Als es das noch gab...

... Derweil das blaublütige Kind sich in seiner Seidenwäsche aalt und die Amme das vergoldete Fläschchen auf den, mit Juwelen besetzten, Tisch abstellt, scharrt eine Mutter in der dürren Ebene mit den bloßen Händen eine flache Mulde, um ihr verhungertes Kind zu begraben.

Einst war ihr Land eine Kolonie, Bodenschätze wurden abgebaut und Elefanten durften wegen ihres Elfenbeins sterben, um einer edlen, adligen Dame als Nachttopfzier zu dienen. Die Bodenschätze brachten sicheren Tod in den Minen, aber auch ein wenig Brei, wenn das Soll erfüllt wurde und man diesen Matsch gnädig unter der Knute der Aufsehers empfing, den heute eine weiße Frau humanitär darreicht. Eine von jenen, die aus den Mutterländern zu den Wilden gekommen war, um ein exotisches Abenteuer zu erleben und aus der Höhe ihres zivilisatorischen Empfindens die Primitiven zu belehren.

Ihr Korsett schnürte sie stark ein und halbnackte Hausdiener, etwas gezähmt, fächelten ihr kühlen Windhauch mit Palmwedeln zu, während ihr Mann - Major in irgendeiner Kolonialarmee - die Wilden zur Räson brachte, die sich einfach nicht vor dem Thron niederwerfen wollten und selber glauben ebenfalls ein Mensch zu sein.

Sie war von Adel, nicht so wie diese Hungerleider, die man zivilisieren musste. Man musste es, denn wie sonst sollte man als Lord und Lady leben?
Die Kinder in den Kohlegruben von Wales, die man dort mildtätig für geringes Geld und Brot oft bereits im Alter von vier Jahren hinein brachte, waren dafür nicht robust genug, starben sie doch oft, bevor sie das zwölfte Jahr erreichten.

Man schaffte doch auch andere Arbeitsplätze, sei es als Spucknapf-halter oder Prügelknabe.
Ja, der Adel ist edel. Er war es und wird es immer sein.

Adel kümmert sich.
Immer.
Es gab noch eine feste Ordnung. Der Herr war der Herr, der Knecht war der Knecht. Man wusste wohin man gehörte und zog artig sei-nen Hut, wenn die Herrschaft mit der Kutsche durch die Pfütze spritzte und das einzige Kleid verdarb, welches man besaß.

Aber die Zeiten änderten sich.
Die Länder waren ausgeplündert, man überließ sie sich selbst, auf das auch sie demokratisch werden konnten.
Eine Demokratie, welche die Herrschenden schufen, aber dem Volk einredeten, es habe dies selber geschaffen.
Der Adel lässt sich bewundern, baut ein Märchenbild auf und schafft Träume für jene, die in ihrer Sozialwohnung nach ein wenig Sonne schielen und glauben, durch die Berichte und Bilder ein we-nig daran teilhaben zu können.

Die Mutter in der dürren Ebene kniet.
Sie weint nicht.
Sie kann es nicht.
Die Hitze lässt die Tränen vertrocknen, und ihre Hand greift nach der leeren Brust. Sie weiß, auch ihr zweites Kind wird sterben, wäh-rend der Hoffotograf das Blitzlicht aufblenden lässt, um dem Volk das neue Bild zu geben, welches es so sehr braucht um seine Seelen-kälte nicht zu spüren. Ein weiteres Bild welches es ruhig halten soll und halten wird. Das neue Herrscherpaar grüßt mildtätig vom Bal-kon, einst errichtet mit dem Blut und Schweiß der Tagelöhner auf deren Rücken das Empire errichtet wurde.

Ruhe, denn eine Erschütterung würde die Throne zum Wanken bringen und jene Existenzen ihrer Existenz berauben, die nur existieren, weil sie auf dem Blut der Geschichte schwimmen und ihre Füße auf die Knochen jener setzen die allzeit für sie starben.

Das klingt zynisch und böse?
Throne fielen und sind heute nur noch Ankerpunkt in den Träumen der Menschen die sich in ein Märchen hinein denken. Die Macht ging dahin, Plutokraten residieren nun hinter Tresorwänden, und ihre Imperien werden sehr lange bestehen.
Ach, lassen Sie uns wieder in die Historie eintauchen.

Kennen Sie die Stedinger?
Nun, auch hier werden wir den Adel kennen lernen. Kommen Sie mit. Wir reisen nach Norddeutschland. Direkt ins Mittelalter hinein.

Die Stedinger
Der Kreuzzug in Norddeutschland

Sagt Ihnen der Name der „Stedinger" etwas? Wenn Sie aus Norddeutschland, vielleicht aus der Gegend zwischen Bremen und Hamburg, stammen vielleicht. Aber sonst?
Kreuzzüge waren im Mittelalter populär, wenn man es so vulgär sagen will. Man war quasi daran gewöhnt.... Ein zynischer Grundgedanke:
Warum also sollte man Monate lang reisen um sich in der Wüstensonne Palästinas einem zweifelhaften Unternehmen anzuschließen, wenn man derartiges auch in der Nähe erledigen konnte? Praktisch vor der Haustür. Also, die Waffen aufgenommen und hin zu den Stedingern, natürlich mit kirchlichem Segen. Wir befinden uns nun – wie gesagt - im Mittelalter.

Im Erzbistum Bremen wurden in der Zeit des Mittelalters, im 12.Jhd. - in den umliegenden Moorlandschaften - Bauern angesiedelt. Das Ziel war es, die Sümpfe trocken zu legen, das Land urbar zu machen und zugleich so ein Bollwerk gegen die Sturmfluten der Nordsee (damals hieß es noch „Mare Germanicum" - „Deutsches Meer) zu schaffen. Aber um Menschen in den Sumpf zu locken, ihnen die schwere Arbeit schmackhaft zu machen, mussten Anreize her. Diese Anreize gab es. Die Höfe wurden zu Eigen und vererbbar, Zins und Abgaben beschränkten sich allein auf das Kirchengeld, welches nur auf die Erträge erhoben wurde.
Und wie der Mensch nun einmal ist, so arbeitete er für die eigene Scholle fleißiger und kräftiger, als es unter Zwang geschähe. Das eigene Heim, der Gedanke an das für-sich-selber schaffen, trieb die Menschen mehr an, als es eine Knute je erreichen würde.

Es war eine harte Arbeit. Mit schweren Holzspaten wurden Abzugsgräben gezogen, mit den bloßen Händen und mit der Hilfe von Stangen wurden Baumwurzeln dem Sumpf entrissen, von Bäumen die zuvor in mühevoller Arbeit – teils noch mit Steinäxten – gefällt worden waren. Aber die Arbeit trug auch ihren Lohn in sich. Das Land war fruchtbar und ein bescheidener Wohlstand zog nach geraumer Zeit in die Stuben der Bauern ein. Doch nun kam wieder der gierige Mensch im Menschen hervor, genauer:

Die Feudalherren sahen den bescheidenen Wohlstand und wollten daran Teil haben. Sie errichteten willkürlich Burgen (nicht jene, die man aus Filmen kennt, sondern es waren mit Palisaden umfriedete, befestigte Plätze), oft überragt von einem Turm, besser gesagt einem Ausguck, der oft nicht einmal zehn Meter hoch war, aber dennoch, diese Anlagen zeigten: „Wir sind die Herren"!

Historisch belegt ist zudem auch – ich nenne es einmal sehr zynisch - der „Freizeitsport" der adeligen Herren: sie forderten nicht nur Abgaben, nahmen sie wie selbstverständlich – gegen geltendes Recht - mit Gewalt und betrachteten die Weiblichkeit generell als zu ihrem Vergnügen existent. Irgendwelche Skrupel kannten sie nicht. Sagt die Bibel nicht, dass man dem Kaiser geben solle, was des Kaisers ist? Und als kleiner Kaiser fühlte sich jeder Herr, auch wenn er nur über drei Misthaufen gebot.

Den Stedingern (so nannte man sich bereits selbst, abgeleitet von dem Namen der Landschaft in welcher man lebte) zog sich zuerst der Magen vor Wut zusammen und dann krümmten sich die Finger der Hand und sie zeigten die Faust. Sie waren Freie Bauern in einem freien Land…. So dachten sie es sich. Die Herren dachten ein wenig anders….Die Freibauern schlossen sich zusammen und brannte die verhassten Burgen nieder.

„Schwurbrüder" nannten sie sich und die Erfolge der Burgniederbrennungen ließen das Selbstbewusstsein wachsen. Die Bauersfrau konnte wieder unbehelligt durch einen Hohlweg gehen und auf die Magd lauerte lediglich - gelegentlich – ein liederlicher Knecht und nicht eine Horde betrunkener Adelsherren, die ihren „Spaß" haben wollten. Nun taten die Stedinger jedoch etwas, was man nicht tun sollte, vor allem in der damaligen Zeit nicht: sie legten sich mit der

Kirche und ihren Vertretern an, denn auch sie waren Herren in dem Gebiet. Genauer gesagt: sie brachen den abgeschlossenen Vertrag, denn sie weigerten sich ihrerseits nun, den Zehnten zu zahlen. Wer Unrecht mit Unrecht bereinigen will, setzt sich immer auch selbst ins Unrecht, vor allem dann, wenn der Gegner in einer „ganz anderen Liga" spielt. Das Niederbrennen von befestigten Plätzen und das Vertreiben raufboldiger Ritter war eine Sache, aber sich direkt mit dem Bischof von Bremen anzulegen etwas ganz anderes. Das sollten sie zu spüren bekommen. Längst war die Kirche nicht mehr arm, die Lehren wurden nach Gutdünken ausgelegt und so mancher Kirchenposten versorgte das dritte oder vierte Kind aus einer Landadelsfamilie.

„Diese Bauern wollen nicht zahlen?" mag er nun drohend gedacht haben „dann werden ich sie halt zwingen". Seine Schlussfolgerung: „Sie werden zahlen"! Erzbischof Gerhard II. (Gerhard zur Lippe geboren um 1190; gestorben am 28. August 1258 in Bremervörde, aus westfälischem Adel stammend) zog im Jahr 1229 ein Ritterheer zusammen und so zogen die Bewaffneten wohl gelaunt los (...sie dachten bestimmt auch an eine intensive Bekehrung der Frauen, Mägde und Töchter...), als ihnen gewaltig die Dreschflegel um die Ohren schlugen. Den Bürgern der Stadt Bremen wurde versprochen, ihnen die Zölle und Abgaben zu erlassen (Versprochen... Hielt man sich an dieses Versprechen...? Na, was glauben Sie wohl...). Wer Kaufmann war und sich dem Zug anschloss, dem wurde der dritte Teil der Kriegsbeute – (äh, pardon, der Ausbeute des heiligen Kreuzzuges natürlich) – angeboten.

Der Papst, jener Heilige Vater in Rom und selbst ernannter Nachfolger Christi erklärte unterstützend, jeder erhalte die gleichen Ablässe wie jene, die in das so genannte „Heilige Land" zogen. Das war ein Freibrief für jegliches Tun. Unter dem Befehl des Heinrich I. von Brabant stellte sich ein Heer von bis zu viertausend Kreuzzüglern (die Quellen nennen verschiedene Zahlen) ein. Das Aufgebot der

Stedinger belief sich in etwa auf die gleiche Menge Kriegsvolkes. Nur, es waren Bauer, keine erprobten Kämpfer, aber sie verteidigten ihre Heimat und ihre zustehenden Rechte.

Die Namen der Anführer jener Bauern sollen nicht vergessen sein, denn gemeinhin hinterlassen nur so genannte „bedeutende Herren und Frauen" ihre Fußstapfen tintenbekleckst in den Annalen. Die Anführer des Heers der Stedinger waren Bolko von Bardenfleth, Thammo von Huntorp sowie Detmar tom Dyk. Ihr Leitspruch lautete „Lewer dod as Sklav" („Lieber tot als Sklave").

Das Aufgebot der Stedinger Bauern wurde unterschätzt und sie fügten den „frommen Kreuzrittern" eine schmähliche Niederlage zu. Das Ritterheer rannte davon, die Bauern liefen hinterher, machten dann jedoch kurz halt, radierten die Burg Schlütterberg aus und enthusiastisch überfiel man das Kloster Hude, denn die Mönche hatten einst Landansprüche geltend gemacht. Das Letztere hätten sie nicht tun sollen, denn es wurde sofort eine Kommission eingesetzt, welche die Lage begutachtete. Diese Kommission bestand aus Dominikanern, jener Orden, der für die Inquisition zuständig war.

Kurzerhand wurden die Stedinger Bauern im März 1231 auf der Synode zu Bremen zu Ketzern erklärt. Bischof Gerhard II., verlas das Urteil: „Es ist offensichtlich, dass die Stedinger den Schlüssel der Kirche und die Sakramente völlig verachten, die Lehre der Kirche für Tand halten, dass sie Geistliche jeder Regel und jeden Ordens anfallen, dass sie Klöster und Kirchen durch Raub und Brand verwüsten, und dass sie ohne Scheu Schwüre brechen." Nun wurde auch noch Hostienfrevel, Aberglauben und Anbeten von Götzenbildern hinzugefügt und man hatte den Grund für einen weiteren Kreuzzug.

Zynisch sage ich: Fein gedacht und gesprochen…

Ein Kreuzzug im eigenen Land, dachte sich sowohl der Ritter als auch der angeworbene Kriegsknecht. Das spart die Reise nach Jerusalem, das Klima ist auch verträglicher und die Beute (…Äh… das von Ketzern befreite Land) konnte sofort unter den Nagel gerissen werden (Pardon: Ich meine natürlich, gottgefällig direkt dem Bistum eingegliedert werden…). Eine Verteidigung in dem Prozess gegen die Bauern wurde natürlich nicht zugelassen, denn das waren ja Ketzer und die lügen doch eh…

Rasch wurden einige Boten nach Rom geschickt, Papst Gregor segnete erneut eifrig das Kreuz unter dem man dann loszog, um es dann den Stedingern über den Schädel zu hauen.
Ja, Bekehrung kann manchmal schmerzhaft sein. Aber was tut man nicht alles für das Seelenheil…

Im Jahr 1233 war es dann endlich soweit. Ein Kreuzfahrerheer zog bekehrend in das Stedingerland ein und dieses ist in der Sächsischen Weltchronik mit den Worten vermerkt:
„Sie brandschatzten das Land und erschlugen mehr als vierhundert Männer, Frauen und Kinder." Das Wort „Ketzer" schien man vergessen zu haben.
Doch die Stedinger Bauern wollten sich gar nicht auf diese Art bekehren lassen (wie uneinsichtig von diesen sturen Bauern) und sie stellten sich den Rittern entgegen. Im Hemmelskamper Wald zerbeulten ihre Dreschflegel erneut das Rüstungsblech und die edeltapferen Ritter zogen sich „geordnet zur Neuformierung" zurück (würde man beim Militär sagen), im Klartext hieß dies: sie rannten und ritten in heilloser Flucht davon. Dieser Kreuzzug und das Bekehren waren wohl nicht so einfach, wie der Bischof es gesagt hatte.
So manche Maid zeigte sich eher kratzbürstig, als voll von Freude, wenn sie „bekehrt" werden sollte…

Der Bischof grummelt wohl vor sich hin, rannte in seinem Kämmerlein wohl auf und ab und seine heilige Faust schlug auf den Tisch:
„Halleluja, ein größeres Heer muss her."! Dazu kam es dann auch. Etwa sechstausend Bewaffnete machten sich dann, im Frühsommer 1234, auf den Weg, um das Bauernpack endlich zur Räson zu bringen. Sie sangen Choräle oder Sauflieder (je nach Glauben) und währenddessen intonierten die Mönche, die Geistlichkeit und andere

edle Herren Kirchenlieder. Andauernd und ausdauernd, ohne jegliche Pause.

Sie hatte sich auf die Deiche gestellt, denn von da hatte man wohl die beste Sicht. Auf das heilige Bekehrungswerk. Das war gut und richtig und auch besonders wichtig, denn wann konnte man schon direkt bei der finalen Bekehrung eines Ketzerhaufens dabei sein? Vielleicht noch in Nadrangen (Ein Teilgebiet des Deutschen Ordens), aber das würde eine Reise bedeute und die war beschwerlich. Also musst das hier ausgenutzt werden zumal – umgangssprachlich – der Eintritt auch noch frei war. Halleluja: Es wurde also gesungen. Die zusammengedrängten Bauern sangen nicht. Sie sanken lediglich totgeschlagen zu Boden. Wir schrieben den 27. Mai 1234; der Ort: Altenesch.

In den Unterlagen des Klosters Stade ist nachlesbar: „So stark kam die Hand des Herren über sie, dass in kurzer Zeit sechstausend von ihnen zugrunde gingen." Es war vorbei.

Die Überlebenden (nicht vergessen: Es waren ja üble, rechtlose und gottlose Ketzer!) hatte keine Rechte. Man zog sogleich einen päpstlichen Merkzettel hervor. Papst Gregor hatte gesagt: „Die Verderbten sollen Entschädigungen leisten." Das hatte man dann sogleich notiert, denn so etwas darf nie vergessen werden... Entschädigung klingt immer gut... Und außerdem hatte es ja der Papst gesagt, Gottes Stellvertreter auf Erden... Und es wurde entschädigt: Adel und Kirche teilten sich das Land friedlich auf.

Auf dem Schlachtfeld selbst steht heute – natürlich zum Lobe des Herrn, der die grauslichen Stedinger Ketzer ihrer gerechten Strafe zuführte - die 1299 geweihte St.-Gallus-Kirche, in denen der Leibeigene danach knien durfte.

Doch, was wurde denn nun aus den Bauern? Jenen natürlich, die überlebt hatte, nicht jene, die man unter Chorälen in den Wartesaal zum Jüngsten Gericht geschickt hatte? Nun, auch für sie wurde –

wenn sie sich wieder in die Arme der Kirche zurück begaben – mildtätig gesorgt. Mit offenen Armen nahm man sie in die Leibeigen-
schaft auf und sie durften das Land weiter beackern: Fronpflichtig,
zinspflichtig, abgabepflichtig, unfrei und der Gnade der Herren und
der Kirche ausgeliefert.
Halleluja.

*Soweit zu den Stedingern. In der Zeitgeschichte nur eine Randno-
tiz, für die betroffenen Menschen jedoch nicht.*

*Ach, lassen sie uns doch etwas in dieser Zeit bleiben und uns zu
einem weiteren Ereignis zuwenden, welches so kaum bekannt sein
dürfte.*
*Sagt Ihnen „Bouvines" etwas? Ein Ort in Frankreich, südöstlich
von Lille gelegen, nahe an der Grenze zu Belgien. Knapp eintausend Einwohner leben heute dort. Ein Ortsname der nur wenigen
etwas sagen dürfte.*
Zu Unrecht, denn hier entschied sich die Zukunft Europas.
Also dann, auf geht es: Bouvines.

Die Schlacht von Bouvines

27. Juli 1214, der Tag an dem sich Europas Zukunft entschied.

Gestatten Sie mir am Anfang dies: Ich möchte Ihnen die Hauptakteure des Geschehens vorzustellen, als da wären:
- König Phillip (August) der Zweite von Frankreich,
- König Johann (John) von England, der Bruder und Nachfolger von Richard Löwenherz, genannt „Ohneland".
- Kaiser Otto der Vierte, Herrscher über das Heilige Römische Reich Deutscher Nation.

Und nicht zu vergessen:
- Tausende Männer ohne Namen, die in die Schlacht zogen.

Schauen wir gedanklich in den Strudel der Zeit:

Der Morgennebel legte sich allmählich und es war eine Stille über dem Feld eingezogen. Selbst der Gesang der Vögel war verstummt, als es allmählich Mittag wurde.

Ab und zu hörte man das Wiehern eines Pferdes, das Schlagen eines Schwertes auf ein Schild oder das Gemurmel einiger Männer.

Stille…eine bedrohliche Stille und der Morast saugte die gepanzerten Stiefel der Ritter ebenso in sich hinein, wie die geflickten Stofffetzen, die der gemeine Mann um die Füße gewickelt hatte.

Der Kaiser stand neben dem Pallon und nippte an einem Weinpokal, um ihn dann auf den Boden fallen zu lassen. Der rote Saft breitete sich aus und glich dem Blut, das heute vergossen werden würde.

Sein Blick ging über das Heer und seine Mundwinkel formten ein spöttisches Grinsen.

„Heute", dachte er, „heute ist es soweit. Am Abend wird die Welt nicht mehr so sein, wie sie es nun ist…."

König Phillip II. August lächelte nicht. Sein Kopf war, auf die Hände gestützt, über eine Karte gebeugt und mit einem Stück Holzkohle zog er Linien darauf. Seine Hand zitterte und kleine Krümel brachen ab, die er nervös herunterblies.

Zu ungleich war das Verhältnis, zu unterlegen sein Heer.

Etwas mehr als eintausend gepanzerte Reiter standen auf seiner Seite, unterstützt von etwa viertausend Mann des Fußvolkes.

Die Allianz würde sie überrollen...vernichten.

Viertausend schwer gepanzert Berittene und über zwölftausend Mann des Fußvolkes standen wider seinem Heer.

Er konnte nicht siegen... Unmöglich...

Aber auch er dachte:

„Heute, heute ist der Tag, an dem die Welt am Abend nie wieder zu so sein wird, wie in diesem Augenblick", und biss sich dabei auf die Lippen.

Heute...

...Man schrieb das Jahr 1214 und es war der Morgen des 27. Juli.

Recht hatte der Kaiser ebenso wie der König, denn dieser Tag veränderte die Welt. Es waren die Minuten vor der Schlacht, der Schlacht von Bouvines.

Dumpfe Trommelschläge erklangen und rissen die beiden Herrscher aus ihren Gedanken.

Phillip II. von Frankreich erhob sich und trat vor die Hütte, in der er gesessen hatte. Eine schäbige Hütte, halb verfallen und auf einer kleinen Anhebung stehend, nahe dem Fluss.

Ein Geruch von Weihrauch stieg ihm in die Nase und er sah einen Mönch, der ein übergroßes Kreuz in die Höhe streckte.

Kaiser Otto IV. hob die Hand und die Stille wurde von dem Geräusch der Pferdehufe durchbrochen.

Die Stimmen wurden lauter. Vereinzelt erklangen Rufe und Schreie.

Bogenschützen zählten die Anzahl der Pfeile in ihren Köchern, Reiter fassten an das Zaumzeug der Pferde und der gemeine Mann versuchte sein Angstzittern zu beherrschen. Urin lief an manchem Bein hinab und die Waffe zitterte in der verkrampften Faust wie Espenlaub.

Die Hand des Kaisers senkte sich und die Pferde setzen ihre Schritte in das nasse Gras, einsinkend, dann jedoch schneller werdend.

Über ihre Köpfe flog ein Hagel von Pfeilen.

König Phillip II. hob ebenfalls die Hand, die bereits ein Schwert hielt und er rief dem Mönch etwas zu, doch die aufkommenden Schreie übertönten das Gerufene. Schilde wurden hoch gerissen um sich gegen die Pfeile zu schützen, Schreie und Wortfetzen mischten sich, Krieger sanken auf die Knie. Röchelnd brachen Männer zusammen, der klatschende Einschlag der Pfeile durchschlug all die einfachen Schilde, die aus Weidenruten geflochten waren.

Als der Pfeilhagel vorüber war, wurden Schwerter, Knüppel, Spieße hervor gerissen und das französische Heer rannte der Allianz entgegen.

Der 27. Juli 1214, der Tag, der manches Leben beendete und wahrlich die Welt veränderte…

Doch wie kam es zu der Szenerie, die ich eingangs schilderte, die so stattgefunden haben könnte?

Was änderte sich nach dieser Schlacht?

Was war die Ursache, die es zu dem Aufeinandertreffen der Heere kommen ließ, dort in Bouvines, in der damaligen Grafschaft Flandern gelegen, in der Nähe von Lille?

––––––––––––––

Auf der einen Seite stand das Heer des Königs von Frankreich, Phillip II. August, auf der anderen Seite das vereinigte Heer der Engländer und des Kaisers (genannt „Allianz").

Nach dieser Schlacht veränderten sich die Machtverhältnisse in Europa drastisch: Das ist bis heute spürbar. Hier im jetzt, denn das damalige Europa war für uns und die Herrscher die „Welt".

Doch der Reihe nach:

Im Jahr 1125 starb der letzte Kaiser aus der Linie der Salier, Heinrich V. und es entwickelte sich ein Disput im damaligen Heiligen Römischen Reich Deutscher Nation (HRRDN) zwischen den Geschlechtern der Staufer und der Welfen. Beide stritten um die Herrschaft im Reich.
Die Spannungen eskalierten und als - im Jahr 1180 - in Würzburg der aus dem Haus der Welfen stammende Heinrich (genannt „der Löwe") mit der Acht belegt wurde (Verbannung und Rechtlosigkeit), schien der damalige Kaiser Friedrich I. (Barbarossa) die Oberhand gewonnen zu haben.
Die Ländereien des Welfen Heinrich wurden aufgeteilt und dieser zog nach England, hin zu den - mit ihm verwandten - Plantagenets, welche auf dem Thron Englands saßen.
Durch die Herrschaft des Nachfolgers von Friedrich I., („Barbarossa" genannt, der bei seinem Kreuzzug verstarb) Heinrich dem Sechsten, entwickelte sich eine Art „Familienherrschaft " im HRRDN.

Aber, wie es nun so ist: erwächst eine Macht, so ruft diese zugleich eine andere Macht auf den Plan, die Angst um ihre Pfründe hat.
Diese Macht war das Papsttum. Es war längst kein reiner Kirchenstaat mehr, sondern intrigant bestrebt, der geistigen Herrschaft die weltliche Herrschaft hinzu zu fügen. Die Reformen, die im Kloster Cluny stattgefunden hatten, veränderten das Papsttum zu einer theokratischen Monarchie, es entstand eine Art Priesterkönigtum.

Zugleich war dieser Umstand eingetreten: Im Jahr 1194 hatte Kaiser Heinrich VI. Sizilien erobert und dieses Normannische Königreich

(Süditalien und Sizilien) in das HRRDN eingegliedert. Rom befand sich somit in einer Zangenlage.

Im Jahr 1197 verstarb Kaiser Heinrich VI. und Papst Innozenz III. wandte sich gegen die herrschenden Staufer, indem er sich mit den Welfen verbündete.
Der Plan war einfach:
Der Deutsche König, Phillip von Schwaben, sollte abtreten, allein Sizilien als Herrschaftsgebiet behalten, der nachmalige Otto IV die Krone tragen und der Sohn des Kaisers (Heinrich VI, der spätere Kaiser Friedrich II.) unter die Vormundschaft des Papstes gestellt werden, um dann als Vasall des Papstes Sizilien zu regieren. (Mit Friedrich II. hat er sich aber extrem „verrechnet, denn dieser hatte seinen eigenen Kopf).
Durch dieses Vorhaben wäre das Papsttum aus der Zangenlage befreit worden, die Herrschaft würde sich über ganz Süditalien ausbreiten und zugleich würde man extremen Einfluss auf das HRRDN bekommen. Außerdem würde man die einzige wirkliche Macht der Zeit darstellen.
Soweit der Plan. Und dieser Plan schien aufzugehen.

Das Reich war gespalten. Es gab nun zwei Herren, die den Thron beanspruchten:
Phillip von Schwaben und Otto IV.
Ein Krieg um die Vorherrschaft brach aus. Beide Parteien suchten Verbündete und fanden sie auch. Das HRRDN wurde nun zum Spielplatz unterschiedlicher Interessen.
In England herrschte König Johann (Bestimmt in falscher Form als „böser Bruder" des Richard Löwenherz bekannt), der den Beinamen „Ohneland" trug.
Seine Interessen waren klar und eindeutig:
Ein Bündnis mit den Welfen würde es ihm ermöglichen Frankreich in die Zange zu nehmen, welches er zu umklammern dachte, um letztendlich Gebiete direkt in sein Reich einzuverleiben. Als Herrscher, aus dem Hause Plantagenet, gehörten ihm bereits große Teile

Westfrankreichs. Aber er war auch dem Kaiser gegenüber verpflichtet, denn zu dieser Zeit war England ein Lehensgebiet innerhalb des Heiligen Römischen Reiches Deutscher Nation, HRRDN. Richard Löwenherz hatte diesen Lehenseid geschworen, denn das war ein Teil der Bedingungen für die Freilassung aus seiner Einkerkerung. (Auf ihn, Richard Löwenherz, werde ich im folgenden Kapitel eingehen. Er ist eines eigenen Kapitels wert).

In Frankreich herrschte König Phillip II. August, offenen Auges die Bedrohung sehend und sich nun mit denen verbündend, die es noch gab. Und da war die Auswahl eher spärlich.
Er verbündete sich mit den Staufern unter Phillip von Schwaben.
Er schien gut gewählt zu haben, denn obwohl der Papst Otto IV. unterstützte, war Phillip von Schwaben diesem strategisch überlegen und schlug die gegnerischen Heere wo und wie er wollte...bis zum Jahr 1208, als er in Bamberg durch den bayrischen Pfalzgrafen Otto VIII ermordet wurde. Damit war die Entscheidung gefallen.
(Pikanterweise sollte dieses Treffen in Bamberg einen Friedensschluss - durch die Heirat der ältesten Tochter Phillips, Beatrix, mit Otto IV - erbringen. Der Pfalzgraf wurde nach dem Mord für vogelfrei erklärt und fiel 1209 bei Kehlheim.).
Nun wendete sich das Blatt, denn es blieb allein Otto IV übrig. Auch verbündete Herren der Staufer erkannten ihn jetzt als Herrscher an, um den Krieg zu beenden.
1209 setzte ihm der Papst die Kaiserkrone auf.

Aber Otto IV. dachte gar nicht daran, sich dem Papst zu unterwerfen, denn auf seiner Heimreise eroberte er „so nebenbei" Norditalien, gliederte es in seinen Herrschaftsbereich ein und „zeigte dem Papst eine lange Nase". Sein Ziel war die Kaiserkrone gewesen, nicht der Vasall Roms zu werden.
Papst Innozenz III. tobte und exkommunizierte den Kaiser. Dieser lachte...

Aber auch der Papst lachte, denn geopolitisch hatte sich etwas getan:

Frankreich lag nun wirklich da, wie auf dem Präsentierteller. Im Norden drohte England und der gesamte Osten wurde durch Otto IV. beherrscht. Das war keine Zange mehr, das war eine Schlinge.

Die einzige Möglichkeit Frankreichs war es, sich mit dem Papst zu verbünden. Zugleich suchten sie im HRRDN nach verbündeten Staufern, die mit der Herrschaft Ottos IV. nicht einverstanden waren.

Sie hatten Erfolg.

1211 wurde in Sizilien Friedrich der Zweite zum König gewählt. Fast ein Kind noch (er war siebzehn Jahre alt), aber mit einem überragenden Geist gesegnet.

Otto IV. war außer sich und versuchte seine schwindende Autorität wieder herzustellen. Friedrich II. erneuerte das Bündnis mit dem König von Frankreich und alle Erfolge Ottos IV. schienen vergebens gewesen zu sein.

Nun ein kurzer Sprung aus diesem Geschehen heraus nach England, denn das ist mitentscheidend für die Ereignisse:

Die ersten Differenzen zwischen England und Frankreich entwickelten sich nicht zwischen den Ländern; es waren die Differenzen zweier Geschlechter um die Herrschaft im Land selbst.

In Frankreich herrschen die Kapetinger, ihnen als Vasallen unterstand das Haus Plantagenet.

Die Kapetinger hatten die Herrschaft von den Karolingern übernommen, jedoch eine starke Macht stellten sie nicht dar.

Die Lehnsherren führten im Westfränkischen Reich - denn das war es noch – eine Art autonomes Eigenleben. Ja, der König war zwar existent, trug auch eine Krone, aber mehr war er nicht. Er war von den Lehnsherren abhängig. Das kleine Stammland „Ile-de-France" machte ihn nur zum Herren über Dörfer und kleineren Städten, aber gab ihm keine wirkliche Macht.

Er durfte die Krone tragen, weil – so die damalige Denkweise der Feudalgesellschaft – an der Spitze immer ein König steht.

Im Jahr 1066 geschah jedoch dies:

Der Herzog der Normandie, Wilhelm, zog gen Britannien, schlug bei Hastings die Angelsachsen und setzte sich deren Krone auf. Das „anglonormannische Reich" entstand.
Faktisch unterstand dieses Reich dem französischen König, aber es interessierte Wilhelm herzlich wenig.
Eine weitere Misere schien auf Frankreich zuzukommen, als das Haus Plantagenet die Herrschaft über das Anglonormannische Reich übernahmen. Sie erwarben (durch Heiratspolitik) das Fürstentum Aquitanien und schufen dadurch das „angevinische Reich", waren somit Herren über den Westen und Süden Frankreichs, dazu noch Könige Englands.

Phillip II. August, der nun die Krone Frankreichs trug, tat das, was er - als schwacher Herrscher - allein tun konnte:
Er mischte sich in die innerfamiliären Angelegenheiten des Hauses Plantagenet ein, um diese nicht noch mächtiger werden zu lassen. Immer vor Augen die Bedrohung des HRRDN im Osten.
Zwar war er König Richard Löwenherz gegenüber militärisch stets unterlegen, doch nach dessen Tod 1199 (bei einer Belagerung) wendete sich das Blatt, denn die Krone trug nun Johann, der Bruder, der von den eigenen Vasallen, Baronen und Landesherren nicht ganz ernst genommen wurde.
Das nutzte Phillip aus und kehrte nun den König heraus, denn innerhalb Frankreichs (so hieß das Land nun) war er der Lehnsherr.
Er machte kurzen Prozess und beschlagnahmte im Jahr 1202 alle Besitztümer der Plantagenets in Frankreich und schlug Johann innerhalb von zwei Jahren bei allen Schlachten. Johann konnte stets nur kleine Heere aussenden, da ihm die Herrschaft innerhalb Englands ebenfalls zu entgleiten drohte und er – durch die Abhängigkeit von den Lehnsherren, es endete mit der Unterzeichnung der Magna Charta, im Jahr 1215 – auch keine besonders gut gefüllte Schatzkammer besaß.
Das angevinische Reich war vernichtet, Phillip II. wurde zum unumschränkten Herrscher Frankreichs und somit zum Machtfaktor.

Anfang des Jahres 1213 wollte Phillip einen weiteren Schritt gehen. Er versammelte ein Heer und plante die Invasion des geschwächten England. Zudem - sehr hilfreich - hatte der Papst den König, Johann von England, exkommuniziert. Die Invasion bekam nun etwas Rituelles, glich fast einem Kreuzzug. Johann galt als Vogelfreier und war ratlos, besann sich dann jedoch und unterwarf sich dem Papst, der den Bann von ihm nahm. Etwas anderes konnte er auch nicht tun, denn die Schlacht hätte er verloren und damit zugleich die Krone. Unterschwellig schwelten jedoch bereits die Rachegedanken in ihm.

Da Phillip nun bereits bei Boulogne das Heer beisammen hatte, zog er gegen die aufständischen Grafen von Flandern und Boulogne, die sich gegen ihn gestellt hatten. Er schlug sie, diese flohen nach England und schworen Johann den Lehnseid. Dieser war nun Herr von England und Flandern. Phillip zog die Ländereien jedoch ein.

Die „Zündschnur" begann zu glimmen, denn eine Sache wurde übersehen:
Kaiser Otto IV. war der Neffe des Königs von England. Und verwandtschaftliche Bande halten umso mehr, wenn es gemeinsame Ziele und auch eine Beute gibt, die man teilen kann.
Diese Beute war Frankreich!
Das Land sollte zwischen ihnen aufgeteilt, Frankreich aus der Geschichte gelöscht werden.
Der Plan:
Johann kam von Norden, zog in das Land ein und drang bis Anjou vor, um den französischen König dorthin zu locken, derweil Otto IV über Flandern kommend, Paris eroberte.
Der Plan schien aufzugehen, das Heer der Franzosen zog dem Heer der Engländer entgegen, doch der König Frankreichs überließ seinem Sohn Ludwig das Heer und stellte in Paris ein weiteres Heer auf, mit dem er gen Flandern zog.

Am 21. Juli 1214 vereinigte der Kaiser sein Heer mit den Soldaten Flanderns und der Engländer.

Anfang Juli jedoch hatte das Heer König Johanns eine schwere Niederlage hinnehmen müssen. Er konnte nur noch nach Süden fliehen (ein Rückzug war es nicht), war somit von den Wegen nach Flandern abgeschnitten. Eine Vereinigung mit dem kaiserlichen Heer war dadurch vereitelt. Einzelne Ritter versuchten sich durchzuschlagen. Ihre Schicksale sind ungewiss.
Am 26. Juli eroberte das geringe Heer Phillips den Ort Tournai, was den Kaiser herbei rief.
Phillip, der zuerst sofort angreifen wollte, besann sich und zog sich nach Lille zurück. Dadurch blieb ihm der Zugang ins Innere Frankreichs offen.

Am Mittag des 27. Juli 1214 trafen die Heere bei Bouvines aufeinander.
Die vielfach überlegene Armee der Allianz erlitt eine verheerende Niederlage.

Herren fielen oder wurden gefangen, Söldner verbluteten, der gemeine Mann verreckte unter den Pferdehufen. Schlachten dieser Zeit wurden durch die Reiterei entschieden, das Fußvolk hatte alleinig die Aufgabe, mit langen Stangen, an denen Haken befestigt waren, die Reiter von den Pferden zu ziehen. Und das in dem Schachtgetümmel. Pfeilhagel, austretende Pferde, geschlagene Schwerter...Verkrüppelung und Tod.

Beide Herrscher hatten richtig gedacht:
„Heute, heute ist der Tag, an dem die Welt am Abend nie wieder zu so sein wird, wie in diesem Augenblick."

Der Kaiser floh nach der Schlacht bis Köln, er verstarb einsam 1218 in Braunschweig.
Nach der Niederlage von Bouvines hatte die Mehrzahl der Herren Friedrich II. als König anerkannt. 1220 wurde er zum Kaiser gekrönt und zog gen Sizilien, wo er seinen Herrschaftsmittelpunkt sah.

Wichtige Rechte übertrug er den Herren im Norden, z.B. das Münzrecht, die Rechtsprechung. Das ist die Geburtsstunde des Föderalismus, der heute noch unser politisches Handeln prägt.

König Johann von England verzichtete auf alle Landansprüche in Frankreich (nördlich der Loire) und als er in England ankam, erwartete ihn das Aufbegehren der Landesherren. Sie wollten nicht mehr die Lasten tragen, sie wollten auch ihre Schatzkammern füllen, nicht nur die des Königs. Das Ergebnis war die Unterzeichnung der ‚Magna Carta Libertatum', kurz Magna Carta genannt, im Jahr 1215, wodurch den Baronen politische Mitsprache und Freiheiten eingeräumt wurden.

Der König war nun verpflichtet, den Vasallen seine Politik zu erklären und zur Diskussion zu stellen. Damit ist hier die Geburtsstunde des Parlamentarismus in England zu sehen, der später die Basis des politischen Denkens in den USA und auch in Europa wurde, den landesüblichen Denkweisen angepasst.

Zugleich entwickelte sich das englische Nationalbewusstsein.

Der aus Frankreich stammende Adel besaß nun dort keine Ländereien mehr, also besann er sich auf die Ländereien in England. Die Distanz, die es stets zur einheimischen Bevölkerung gab (Angeln/Sachsen/Briten) verschwand und es entstand allmählich das Volk der Engländer.

Gegenteiliges entwickelte sich in Frankreich.

Die einstmals schwache Stellung des Königs wurde gestärkt. Ein erneutes Aufbegehren durch die Engländer (König Heinrich III) hatte keinen Erfolg. Im Jahr 1259 wurden die vertraglichen Vereinbarungen letztendlich anerkannt. In Frankreich entstand der Zentralismus, die Lehnsherrenmacht wurde zum Teil eingeschränkt.

Zugleich trat eine Änderung im Verhältnis zum HRRDN ein. Die Autorität des Kaisers wurde nicht mehr anerkannt und die Könige Frankreichs betrachteten sich nun ebenfalls als Nachfolger der Karolinger, der Titel des Königs von Frankreich habe eben den gleichen

Rang wie der Titel des Kaisers. Und so verhielten sie sich auch.

Der 27. Juli 1214. Er veränderte wahrlich die Welt.

Was wäre gewesen, hätte Phillip II. nicht gesiegt?
Wie hätte es sich entwickelt? Man kann es nur vermuten.
Wahrscheinlich wäre das Land aufgeteilt worden, der Osten des heutigen Frankreichs wäre Teil des HRRDN geworden, derweil der Westen von England beherrscht würde. Das wäre aber auf Dauer nicht gut gegangen. Vermutlich hätte der Kaiser versucht die alten Grenzen des Frankenreiches wieder herzustellen und sich bis zu den Pyrenäen auszudehnen. Er hätte den Ausdehnungskrieg gewonnen, denn England wäre finanziell nicht in der Lage dagegen zu halten.
Da es jedoch auch noch ein erwachendes französisches Bewusstsein gab, in Rom Machtkämpfe hinter den Kirchenmauern stattfanden (Avignon wurde später u.a. Papstsitz, als es mehr als einen Papst gab), wäre ein dauerhaftes Unruhegebiet entstanden, zumal es aus dem fernen Osten Reiterhorden, stürmend aus der Steppe, nach den reichen Ländern Europas gelüstete und die Länder bedrohten. Aber das ist eine andere Geschichte.

Wenden wir uns doch jetzt einmal dem bereits erwähnten Richard Löwenherz zu. Dem Inbegriff des Ritters, wenn man all jene fragt, die ihn in einem Film gesehen haben.
War er so ritterlich?
Nun, wir werden es sehen…

Richard Löwenherz
Der Abenteurer auf Englands Thron

Richard Löwenherz, der edle Ritter, die Personifizierung des romantischen Streiters für das Gute. Statt einer Krone vermeint man einen Strahlenkranz zu sehen, wenn man an ihn denkt.
Ja, was kennt man denn von ihm?

Nun, er zog in das Heilige Land, um das Grab Christi zu befreien, welches von den Sarazenen besitzt war. Ein Kreuzzug, allein das Wort klingt schon heroische. Nach dieser edlen Tat wurde er schmählich gefangen, eingekerkert und ein Lösegeld gefordert, welches sein böser Bruder John aus dem englischen Volk pressen musste. Und als er dann endlich wieder nach England kam, brach das Paradies an und alles wurde gut....

Denken Sie es sich so?
Nun, ich muss Sie enttäuschen und möchte Ihnen den Herrn Richard Plantagenet (geboren am 8. September 1157 in Oxford; gestorben am 6.April 1199 in Chalus; König seit dem Jahr 1189) vorstellen und ihn so zeigen, wie er wirklich war. Der Richard, wie Sie ihn zu kennen glauben, ist eine Erfindung der Filmindustrie und der Romanschriftsteller, allen voran Sir Walter Scott mit seinem Roman „Ivanhoe".

Richard beherrschte ein sehr großes Reich.
Ein Land, welches sich von den Tiefebenen Schottlands bis zu den Pyrenäen erstreckte, sowie den östlichen Teil Irlands einschloss. Wales beherrschte er nicht und auch die politischen Unruhen in Irland ließen ihn nie zum Herrscher der Grünen Insel werden. Im Norden hielten sich immer noch Reste der ehemaligen Kleinkönigreiche der Wikinger auf den Inseln, ständige Grenzunruhen mit den Skoten und Pikten kamen hinzu. Im Süden grenzte das Angevinische Reich (so wird das Herrschaftsgebiet seit dem Spätmittelalter genannt) im

Osten an Frankreich. Auch dieses war ein weiterer Unruheherd. Dieses westfranzösische Gebiet war durch die Heirat der Eleonore von Aquitanien mit König Heinrich II. (genannt „Kurzmantel") zum Teil des Herrschaftsgebiet geworden. Der Name Angevinien leitet sich vom keltischen Stamm der Andegavanen ab, die dort sesshaft waren. Der Hauptort war die Stadt Angers.

Der Streitpunkt hier war in dem mittelalterlichen Lehenssystem zu sehen. Als Herzöge von Aquitanien waren die Könige von England formell dem König Frankreichs untertan, als Könige von England diesem jedoch gleichgestellt. Eine Zwickmühle. Hinzu kam noch, dass der König Englands zugleich ein Vasall des deutschen Kaisers war. Man sieht, sehr viele Probleme, die man in den Griff bekommen musste. Aber was tat Richard? Ihn interessierte das alles nicht. Er fasste sein Schwert und sah sich als Befreier Jerusalems. Verwalten und befrieden schien ihm zu langweilig.

Was war er für ein Mensch, dieser Richard?

Er hatte gegen seinen Vater geputscht und hielt sich in seiner gesamten Herrschaftszeit nur etwa sechs Monate in England auf. Englisch sprach er ebenso wenig wie seine Barone, die das Land für ihn und sich selbst verwalteten. Die Sprache der Herrschenden war Französisch. Nur der gemeine Mensch sprach englisch. Richard war der dritte Sohn der Eleonore und des Heinrichs (pikant am Rande: Eleonore war die geschiedene Frau des Königs von Frankreich). Wahrscheinlich war es die Herzogin von Aquitanien die Heinrich überredete, eben jenen Richard zum Herzog von Aquitanien zu machen. Aber Richard war von Machtgier und Herrschaftssucht zerfressen. Nur den Titel Herzog zu tragen, erschien ihm zu gering.

Als seine älteren Brüder Heinrich (nach dem Vater benannt) und Gottfried (Geoffrey) im Jahre 1173 rebellierten, war auch Richard an ihrer Seite zu finden. Er war gerade einmal fünfzehn Jahre alt. König Heinrich II. schlug den Aufstand brutal nieder. Die Brüder flüchteten an den französischen Hof.

Nach dem Tod seiner älteren Brüder erbte er deren Armeen und zog erneut gegen seinen Vater ins Feld und besiegte ihn. Im Jahre 1189 wurde er in London gekrönt und so, quasi über Nacht, zu einem der mächtigsten Herrscher Europas.

Dass er durch einen Staatsstreich an die Macht gekommen ist, verschweigen sehr viele Historiker. Oder, sie vergessen es einfach, um die allgemeine Sicht auf Löwenherz nicht zu trüben.

Das Reich war zerrissen. Überall gab es Aufstände, England befand sich in einem latenten Zustand des Bürgerkrieges, der Westen Frankreichs wurde vom französischen König bedrängt. Statt sich hier jedoch der Befriedung des Landes zu widmen, rüstet sich Richard zum Kreuzzug. Er hatte diesen gelobt und wollte so rasch wie möglich den Fuß über die Schwelle der Stadttore von Jerusalem setzen. Als Führer des Kreuzfahrerheeres, als ihr König, als Befreier der gesamten Christenheit.

Das war sein Anspruch und dieser Größenwahn bracht ihn später dann auch zu Fall.

Im Herbst des Jahres 1187, also rund zwei Jahre vor seiner Krönung, hatte Sultan Saladin Jerusalem erobert. Kaiser Friedrich Barbarossa und der französische König Phillip II. hatten sich daraufhin verbündet und einen Kreuzzug organisiert. Da konnte Richard - noch kein König – nicht außen vor bleiben, sah er sich doch hierarchisch bereits auf der gleichen Stufe. Er gelobte einen Kreuzzug....Und erhob eine Sondersteuer, die den Kreuzzug finanzieren sollte.

Ja, Richard presste die Bauern aus, nicht erst sein Bruder John, wie man es stets gesagt bekommt. Im Jahre 1190 brach er dann auch in das Heilige Land auf. Auf diesem Weg machte er u.a. auf der Insel Zypern halt, verwüstete Dörfer und eroberte letztendlich die gesamte Insel.

Moment, werde Sie sagen, er wollte doch ins Heilige Land?!

Ja, das wollte er, aber er war auch raffgierig und so plünderte er die Insel, die er schließlich verkaufte. Es war eine christlich geprägte Insel, die zum Kaiserreich Byzanz gehörte, aber das interessierte Richard sehr wenig.

Er ließ sich Zeit mit seinem Kreuzzug und erschien erst in Palästina, als Friedrich-Barbarossa bereits gestorben war (Er ertrank am 10. Juni im Fluss Saleph, Südtürkei) und König Phillip II. sich vor den Mauern Akkons festgekämpft hatte.
Jetzt kam er, der Retter, der es einfach schnell regeln würde, so dachte er.

Herzog Leopold V., das Haupt der Deutschen Kreuzfahrer nach dem Tod es Kaisers, sah es etwas anders.
Nachdem die Hafenfestung erobert worden war, riss Richard das Banner des Leopold von der Zitadelle herab und ersetzte es durch ein Eigenes. Das Banner der Deutschen warf er in den Dreck des Festungsgrabens. Zwar hatte Leopold die Zitadelle erobert, aber dieser war – aus Richards Sicht – nur ein Herzog, er jedoch ein König. Beide gerieten in Streit. Leopold vergaß die Demütigung nicht. Richard selbst sah es als sei Recht an und überschaute nicht, was er damit losgetreten hatte. Der Anfang der latenten Feindschaft zwischen Deutschen und Engländern.

Überhaupt, Diplomatie war nicht Richards Stärke. Er gewann einige Scharmützel in dem Wüstenland, aber das war es auch schon. Bei der Eroberung von Akkon gerieten etwa dreitausend muslimische Geiseln in seine Hand. Er ließ sie allesamt niedermetzeln, um seine Entschlossenheit zu zeigen und laufenden Verhandlungen Nachdruck zu verleihen. Einen Unterschied zwischen Männern, Frauen und Kindern machte er nicht. Er handelte so einen Vertrag aus, der Pilgern das Betreten Jerusalems ermöglichte, denn militärisch – das sah er ein – war er nicht in der Lage Jerusalem zu erobern.
Das klingt nach einem Erfolg. Das war es nicht, denn genau das hatte Saladin bereits vor den Schlachten angeboten. Ohne Blutvergießen.

Richard glaubte einen überragenden Sieg errungen zu haben und machte sich mit einer kleinen Schar auf den Heimweg. Ein Großteil der englischen Kreuzfahrer blieb in Palästina. Ihn kümmerten sie nicht, denn er war der Befreier Jerusalems. So verblendet, empfand er es selbst.

Wer nicht verblendet war, war Herzog Leopold V. Dieser empfand nur Hass auf Richard.
Im Dezember des Jahres 1192 erreichte Richard das Örtchen Erdberg, nahe bei Wien. Leopold nahm ihn dort – sein Land, sein Recht. – gefangen. Der Legende nach, verriet kostbarer Schmuck den König, der verkleidet – er ahnte wohl, wo er sich befand – durch das Land reiste. Warum er ausgerechnet durch das Land des Erzfeindes zog, das ist bis heute nicht bekannt.

Leopold lieferte den kostbaren Fang dem neuen Kaiser, Heinrich dem Sechsten aus. Gemeinsam legten sie das Lösegeld fest, welches sie teilen wollten. Einhunderttausend Mark in Silber sollten es sein. Das Steueraufkommen, welches England in zwei Jahren erbrachte. Oder in Gewicht ausgedrückt: dreiundzwanzig Tonnen. (Legt man den durchschnittlichen Silberpreis des Jahres 2018 zugrunde, so wären es – nach heutiger Währung, die Kaufkraftverluste / Preissteigerungen nicht berechnet – etwa 10 Mrd. Euro).
Das, was hier gerne vergessen wird, denn die Auslösung des Königs bestand nicht nur aus der Bezahlung der Geldsumme:
Richard musste zusätzlich dem Kaiser den Lehnseid schwören und ihn später bei seinen Eroberungszügen in Sizilien unterstützen.

Für das Herunterreißen des Banners in zahlte er einen hohen Preis. England und alle dazu gehörigen Ländereien wurden zum Lehnsstaat des Heiligen Römischen Reiches Deutscher Nation. Er war nur noch ein Vasallenkönig, geduldet von Heinrich dem Sechsten.
Überhaupt, Richard hatte bei Heinrich dem Sechsten eh „schlechte Karten", wenn man es umgangssprachlich sagen will; denn einige Jahre zuvor unterstützte er Heinrich den Welfen (den Gegenspieler Friedrich Barbarossas) und stellte sich so gegen die Staufer.
Außerdem war er 1190 ein Bündnis mit dem Usurpator Tankred von

Leece eingegangen, der sich zum König von Sizilien ausgerufen hatte.

Richard Löwenherz – der Name wurde ihm von den muslimischen Sarazenen gegeben.
Es war ein Schimpfname, denn bei den Löwen jagt die Löwin, der männliche Löwe lässt jagen und nimmt anderen nur die Beute ab – wurde in verschiedenen Burgen inhaftiert. Da er jedoch ein König war – man achte auf die Standesunterschiede – wurde er nicht, wie es oft gezeigt wird, in ein Verlies gesperrt, sondern konnte sich innerhalb der Burgen relativ frei bewegen. Selbst Festlichkeiten sind überliefert. Das Empfangen von Gesandten und ein ihm dienender Hofstaat. Gelegentlich verschlimmerte man die Haftbedingungen, – zumeist, wenn Gesandte aus England kamen – um den Zahlungsdruck zu erhöhen.
Die bekannteste Burg, die ihn gefangen hielt, war die – als uneinnehmbar geltende – Burg Trifels (Rheinland-Pfalz).
Richards Gefangenenzeit glich einer komfortablen Festungshaft, ja, man könnte es als Hausarrest beschreiben.
In England versuchte Prinz John (ja, jener von allen als Bösewicht bekannter Verwalter des Landes) das Geld zusammen zu bekommen, um seinen Bruder aus der Gefangenschaft zu befreien. Es gelang und Kaiser Heinrich VI. investierte das Geld auch sogleich in seine Pläne Sizilien zu erobern; er gliederte die Insel seinem Kaiserreich ein. Richard musste, wie erwähnt, Waffenhilfe leisten. Eine Schmach und der Name „Löwenherz" erzeugte nur noch ein Grinsen in den Gesichtern derjenigen, die England und dem gesamten Angevinischen Reich distanziert gegenüber standen. Sie wussten warum er ihm verliehen worden war.

Im Jahre 1194 kehrte König Richard nach England zurück, in dem Prinz John versucht hatte eine eigene Hausmacht zu schaffen. Das ist jene bekannte Szenerie, die oftmals in Filmen dargestellt wird: der gute König kommt heim. Ja, Richard kam heim, redete ein wenig mit seinem Bruder John, räumte danach die Schatztruhen aus und setzte nach Frankreich über.

Ja, aber England....? Ja, England....! Das interessierte ihn nur als Ort, an dem Geld für ihn beschafft wurde.

In Frankreich hatten die dortigen Barone die Abwesenheit des Königs ausgenutzt, um sich innerhalb des Gebietes unabhängig zu machen. Das wollte Richard nicht dulden, zumal die Barone sich mit dem König von Frankreich – seinem einstigen Kampfgefährte, Phillip II. – verbündet hatten. Dieser war nun sein Todfeind. Während dieser vielen Belagerungen, Scharmützel und kleineren Schlachten fiel dann Richard.

Doch, woher kommt der Glanz, den er bis heute ausstrahlt?

Der Grund ist auch in seinem Vater, Heinrich II. zu sehen, denn dieser hatte das Turnierwesen im gesamten Land verboten und das Land mit harter Hand regiert. Richard lockerte die Gesetze und das kam sehr gut an, denn er selbst ritt sehr gerne bei Turnieren mit und stellte sich dem Zweikampf. Bezahlte Troubadoure zogen durch das Land und priesen Richard als den „Guten König" und zugleich als hervorragenden Streiter in der Arena.

Zugleich zeigte sich Johann alsbald als der bekannte „Johann ohne Land", denn er verlor militärisch und am Verhandlungstisch fast die gesamten Besitztümer des Herrschaftshauses an die immer stärker werdenden Barone. Er war nur noch ein Regent ohne Macht und fast ohne Land. Über Richard beklagte sich kaum jemand. Wie auch, wenn er nur rund sechs Monate seiner zehnjährigen Regierungszeit anwesend war. Er war gut, denn er war nicht da. Und was man so von den fahrenden Sängern vernahm, klang immer edel und gerecht. Die Geschichte des treuen Knappen Blondel kam auf, der seinen guten König überall gesucht habe und ihn letztendlich im Trifels fand. Auch Richard erkannte Blondel an dessen überaus klangvoller Stimme. Besser kann es ein Groschenroman nicht beschreiben.

Das Volk glaubte es und viele glauben bis heute noch an das Märchen.

Dass aber Steuern gepresst wurden, das machte man den Steuerein-
treibern und dem Landesverwalter Johann zum Vorwurf. Profitiert
hatte jedoch Richard, der das Geld für immer neue Kriegszüge aus-
gab.

Wir stehen heute etwas abseits, weit entfernt zu dieser Zeit und be-
werten aus unserer Sicht.
Richard handelte – wie Jedermann – seiner Zeit entsprechend. Sein
Ethikkodex war ein anderer, als unserer und seine moralischen Ansichten wurden von vielen Herren geteilt. Ritterlichkeit hatte etwas
mit dem Verhalten gegenüber anderen Rittern zu tun, das war der
Maßstab. Wenn dabei ungezählte Bauern, Leibeigene oder Feinde
getötet wurden, so war es nicht ganz unritterlich, sondern fast an
der Tagesordnung.
Die Getöteten waren sehr selten „Ritter", sie waren nur gemeines
Volk. Steuergelderbringer. In staatlichen Dimensionen dachten sehr
wenige Menschen, am wenigsten jedoch Richard. Ich will aber nicht
verschweigen, dass einige Historiker davon ausgehen, er habe wohl
rund zehn Monate seiner Regierungszeit in England verbracht.
Aber, ob sechs oder zehn Monate, macht es einen großen Unterschied, wenn man ein Land zu ordnen hat? Gerade dann, wenn man
nicht einmal verstand, was das Volk sagte, weil man die Volkspra-
che nicht beherrschte.

Richard wurde zweiundvierzig Jahre alt. Siebenundzwanzig davon
verbrachte er auf Kriegsschauplätzen, denn bereits mit fünfzehn
kämpfte er in Schlachten, Seite an Seite mit seinem Vetter Phillip,
dem späteren König von Frankreich, gegen seinen Vater.

Kannten Sie ihn so?
Vielleicht ist auch noch anzumerken, dass Frauen in seinem Leben
eine eher nebensächliche Rolle spielten. In späterer Zeit kam die Ver-
mutung auf, er sei homosexuell veranlagt gewesen. Der Hinweis auf

die Homosexualität leitete man von dem zeitgenössischen Biographen Roger von Howden (auch Hoveden, ein aus Yorkshire stammender Priester) ab.

Dieser berichtete, Richard sei – bei seinem Besuch im Jahre 1187 am französischen Hof – von Phillip II. mit Liebesbeweisen überschüttet worden, man habe zudem Schüssel und Bett geteilt. Dieses habe seinen Vater, den englischen König Heinrich II. sehr erstaunt.

Man mutmaßte zudem auch, der Sänger Blondel wäre – als solcher verkleidet – seine Gattin Berengaria von Navarra gewesen. Ein Mythos, der jedoch kaum haltbar ist, da Blondel ein nachweislicher Troubadour namens Blondel de Nesle war, dem vierundzwanzig Liebeslieder zuzuordnen sind. Er lebte zur gleichen Zeit wie Richard Löwenherz. Belege eines Zusammentreffens von Blondel und Richard gibt es nicht, nur jene in der Legendenbildung. Populär wurde diese Sage erst durch die 1784 geschriebene Oper „Richard Coeur de Lion" de Komponisten André-Ernest-Modeste Grétry.

Vielleicht ist die erdachte Figur des Richard Löwenherz auch nur eine Idee, ein manifestierter Gedanke des Rittertums, der uns in die Sagenwelt eintauchen lässt. Eine Figur an der man alle festmachen und idealisieren kann.

Als realer Mensch aber, war er ein brutaler Abenteurer und ich sehe ihn als politischen Versager.

Lassen Sie uns nun nach Italien schauen. Von den Kreuzzügen wenden wir uns ab und treffen auf einen Mann, der bis heute als genialer Geist bekannt ist.
Wir treffen auf Leonardo da Vinci.

Leonardo da Vinci
Aus der Schande zum Ruhm

Wir schauen gedanklich auf den Kalender: Es ist April.
Die Frühlingssonne steht am Himmel und ein sanfter Wind streicht
über die Ebene. Wir schreiben das Jahr 1452, genau gesagt: es ist der
15. April 1452 und die Bäuerin Caterina hat gerade ihr Kind geboren.
Der Vater ist der angesehene Notar Piero di Antonio, mit dem sie
ein Verhältnis hatte. Das Kind erhält den Namen Leonardo.
Leonardo wurde unehelich geboren, eine Schande in der damaligen
Zeit. Der Vater, ein Notar, verschwand und ließ die Mutter allein.
Das typische Verhalten ehrloser Menschen und ehelichte danach ir-
gendeine Frau. Belanglos. Derartige Menschen verdienen keine Be-
achtung.
Aber diese Ehe blieb ohne Nachkommen und als Leonardo fünf
Jahre alt war, entsann sich sein Vater seiner und nahm ihn zu sich.
Bei dem Notar blieb er, bis er siebzehn Jahre alt wurde.

Eine eigenartige Zeit.
Innerlich erkannte der junge Mann bereits, dass er irgendwie anders
war als seine Altersgenossen. Er war ein Träumer, aber dann auch
wieder ungestüm, aber er hatte einen wachen Geist, eine rasche Auf-
fassungsgabe und Charme, so dass man ihm dieses Anderssein nicht
verübelte.
Er strich durch die Felder und beobachtete die Natur. Das Lernen
aus Büchern, das lesen von Texten, behagte ihm nicht. Zu eng gefasst schien es ihm und zu fehlerhaft, so sah es zumindest von seiner
Warthe her aus. Er wollte selber begreifen, eigene Erfahrungen machen.

1468 wurde er Lehrling bei dem Bildhauer Verocchio, wo er mit Bot-
ticelli und Perugino gemeinsam arbeitete. Hier fiel er sofort auf,
denn er vermochte es einen perfekten Kreis - ohne Hilfe eines Zirkels
– zu zeichnen. Verocchio gab ihm alsbald einen Pinsel in die Hand

und Leonardos erste – uns bekannte - Malerei entstand.

Nein, es war kein richtiges Bild, es war nur ein Detail auf dem Bild seines Lehrherrn. Er durfte den Engel auf Verocchios Bild „ Die Taufe Christi" malen und die ersten Neider meldeten sich zu Wort: Zu jung, der Engel sähe eigenartig aus usw. Das übliche Gekeife jener Gestalten, die sich durch eine Initialzündung ihres eigenen Unvermögens bewusst werden. Damals wie heute.

Alleinig einer erkannte das Talent: Verocchio selbst.

Der Engel begeisterte ihn so, dass er Leonardo nun förderte, wo er nur konnte. Er selbst gestand ein, sein Schüler habe ihn übertroffen. Verocchio malte danach kein eigenes Bild mehr, nur noch kleinere Auftragsarbeiten.

Im Jahr 1476 war es dann soweit.

Die anonyme Beschuldigung: Leonardo da Vinci und weitere Lehrlinge treiben Unzucht miteinander. Und nicht nur das. Auch ein Model sei daran beteiligt, welches Verocchio engagiert hatte. Sie wurden angeklagt.

Verocchio selbst setzte in Florenz alles in Bewegung, was er vermochte, um die Schüler zu entlasten. Auch angesehene Bürger von Florenz – in dieser Stadt befinden wir uns – setzen sich für das junge Talent ein. Die Anklage wird niedergeschlagen. Aber der junge Maler erweckte die Aufmerksamkeit und bekam alsbald eigene Aufträge, die er aber nur selten beendet. Sein Geist quillt über vor Ideen und er ist mit ungezählten Projekten zugleich beschäftigt. Das gefällt den Auftraggebern nicht so gut und sie halten ihm den Lohn vor.

Leonardo ist eigentlich zu der Zeit immer in Geldnot. Wenn er einmal etwas Geld hat, kauft er Vögel auf dem Marktplatz, um diese dann frei zu lassen.

Seine überlieferte Begründung gefällt mir:

„Niemand hat das Recht, ohne Prozess, ein Lebewesen, sei es Tier oder Mensch, einzusperren. Jeder hat von Gott seine Freiheit empfangen, und niemand kann sie rauben."

Ein eigenartiger Mensch, dieser Leonardo…

Seinen ersten großen Auftrag ('Die Anbetung der Könige', für das Kloster San Donato, 1481) vollendet er nicht. Zu viele Gedanken gehen ihm durch den Kopf. Alles will er fassen, alles begreifen, die gesamte bekannte Welt will er verstehen.

Die Architektur zieht ihn nun in den Bann und auch die Mathematik. Lorenzo de Medici wird auf ihn, den nun nicht mehr ganz so jungen, Mann aufmerksam und steckt ihm oftmals Münzen zu. Er skizziert seine ersten technischen Zeichnungen, aber sein unruhiger Geist entflieht den Mauern von Florenz und er wendet sich Mailand zu, um am Hofe der Sforzas als Bildhauer und Gießer zu arbeiten. Die Malerei interessiert ihn nur noch am Rande. Ingenieur zu sein, das ist sein neue Ziel. Schaffen, erfinden, gestalten. Die Welt verändern...
Und so entwirft er allerlei Kriegsgeräte oder er verbessert sie. Aus dieser Zeit stammt auch die erste „Orgelwaffe", die bis heute noch unter dem Namen „Stalinorgel" bekannt ist. Ein Mann des Friedens erfindet Geräte des Todes... Unbegreiflich? Für den genormten Jetztzeitmenschen gewiss, für den rastlosen Forschergeist nicht.

Aber, da ist ja noch die Sache mit den Vögeln. Er sah ihnen nach, wenn sie ihre Schwingen in den Himmel tauchten und in die Freiheit flogen, nachdem er sie aus den Käfigen freikaufte und er beobachtete die Vögel am Himmel, die er nicht freikaufen musste. Das Fliegen faszinierte ihn.
Kann der Mensch fliegen? Alles nur eine Frage der Technik, sagte er sich und wollte das Problem lösen. Der Mensch sollte fliegen und er würde es ermöglichen.

Nebenbei erfand er eine Bohrmaschine, den Grill (Ja, den, auf dem am Wochenende die Würstchen brutzeln), den Fahrstuhl, eine Maschine zur Nadelherstellung, die Lötlampe ...und ...und ...und. Zudem plante er Städte, beschäftigte sich mit der Kanalisation und der Gesundheitsvorsorge. (Leonardo: „Ein Arzt gehört in jedes Stadtviertel").

Er sezierte Tiere und betrachtete Pflanzen. Er wollte „Wissen". Nicht aus Büchern. Seine Erkenntnisse sollten von ihm kommen, aus ihm, mit ihm wachsen. Filigrane Zeichnungen sind bis heute erhalten und zeigen eine sehr große Genauigkeit.

Leonardo kaufte Leichen. Nachts schnitt er sie auseinander und studierte die Muskeln. Man beobachtete ihn misstrauisch. Von ihm stammt die erste realistische Zeichnung der Wirbelsäulenkrümmung. Zugleich entdeckt er die Kiefernhöhle im menschlichen Knochensystem. Er verheimlicht seine Erkenntnisse, um nicht als Ketzer gejagt und verdammt zu werden.

Aber am Hofe der Sforzas hatte er noch eine Aufgabe zu erfüllen. Besser gesagt: Auszufüllen...

Er war dort alles das, was man heute mit dem Wort „Partyservice" bezeichnen würde oder auch als „Eventmanager": er musste die Feste veranstalten. Rauschende, beeindruckende Feste. Es bedeutete keine Belastung für ihn, konnte er doch hier mit Sprengpulver wunderbare, bunte und explosive Feuerwerke erzeugen und seine Experimente indirekt umsetzen.

Gegen 1483 ist Leonardo für einige Zeit unauffindbar.

Er sagt selbst, er sei im Orient gewesen. Belege gibt es nicht, aber er hat Orte und den Euphrat präzise beschrieben. Auch seine Beschreibungen des Taurusgebirges sind real, detailliert und beeindruckend.

Im Jahr 1491 nimmt er einen Straßenjungen namens Sala bei sich auf und wendet sich nach Venedig.

Hier erfindet er das U-Boot und den Taucheranzug (1499), geht dann jedoch nach Florenz zurück. Erneut beobachtet und studiert er die Natur, um dann, im Jahr 1502, in die Dienste Borgias zu treten. Als der Ingenieur, der er immer sein wollte. Befestigungsanlagen sind nun sein Geschäft und „nebenbei" erfindet er das Differentialgetriebe.

Den unruhigen Geist hält es nicht lange in Florenz. Wieder geht er nach Mailand, um dort in die Dienste von Charles d´Amboise zu treten, einem Franzosen.
Doch viele Auftragsarbeiten bleiben unvollendet.
Er geht lieber auf den Markt und kauft immer noch die Vögel frei. Immer und immer wieder. An seiner Seite der junge Sala, später noch Francesco Melzi, gerade fünfzehn Jahre alt. Sie versorgen seinen Haushalt. Dann ereilt ihn der Ruf des Kardinals Medici.

Rom wird nun das Domizil, doch nach dem Tod des Kardinals verlässt er Rom. Sein Gemälde, die „Schlacht von Anghiari," wird zum Gespött, da es durch ungeschickte Trocknung halb zerstört wird. An der Spitze der Spötter: Michelangelo, künstlerisch begnadet wie Leonardo selbst.

Leonardo verlässt Rom, da er gegenüber Papst Leo X. mehr als kritisch eingestellt ist. Vielleicht entflieht er auch einem Attentat. Niemand weiß es heute genau.
Der französische König (Franz I.) lädt Leonardo ein. Unter Zahlung einer beträchtlichen Summe geht er 1516 an den französischen Hof. Karl der Erste hat keine Forderungen, allein die Anwesenheit des jetzt berühmten Mannes genügt ihm. Leonardo darf tun, was er mag und so befasst wer sich mit technischen Problemen.

Leonardo da Vincis Todestag: Der 2. Mai 1519.

Und wo ist die „Mona Lisa" wird man sich jetzt sicher fragen. Das Bild in welches so viel hineingedeutet wurde und wird?
Da, wo sie immer ist:
Sicher verwahrt im Tresor des Louvre. Und die Touristen stehen bewundernd vor der Kopie und loben Leonardos Werk. Hier ging es nur um den Menschen, den ich kurz vorstellen wollte. Um ihn allein.

Und... Wer das nun ist, diese „Mona Lisa", das ist eine andere Geschichte. Ist es die Person, die man benennt?

Irgendeine adlige Dame, zumeist genannt „Lisa del Giocondo" die dargestellt wurde?

Ich sage:

Nein, denn die Geschichte ist wesentlich komplexer als man annimmt. Vergessen Sie alles was sie an „Actionfilmen" oder „Mysteriegeschichten" um dieses Bild kennen, denn das zu lüftende Geheimnis des Bildes ist viel menschlicher, als man es ahnen kann. Und es rührt an.

Vielleicht erzähle ich Ihnen diese Geschichte einmal…denn sie ähnelt einem bekannten Roman. Vielleicht kennen Sie ihn sogar: „Das Bildnis des Dorian Gray" von Oscar Wilde.

Aber genug mit der Betrachtung der Renaissance, der schönen Künste und dem Erforschen des Vogelfluges.

Historie wird zumeist mit Blut geschrieben und so wird es auch jetzt sein. Sehr blutig, denn wir verlassen Italien und wenden uns nach Norden. Hin in das Land der Reformation, hin in das Land, in dem der Bauer nun die Sense und den Dreschflegel fester packt um aufzubegehren.

Sehen Sie die Brandfackel dort am Horizont? Ja? Es ist die Fackel eines Bauernhaufens, der aus dem Dickicht des Waldes tritt und die kleine Burg auf dem Hügel im grimmigen Blick hat.

Willkommen in einer üblen Zeit.

Willkommen im Bauernkrieg.

Der Bauernkrieg
Schneckenhäuser entzünden einen Brand
Aber auch: Das Versagen des Dr. Martin Luther

Am 15. Mai 1525 brach, durch die Niederlage bei Frankenhausen der große Bauernaufstand, bekannt als der „Bauernkrieg" zusammen. Bereits im Jahr 1517 kam es zu den ersten Unruhen, die sich bis in die Jahre 1525/26 hinein zogen. Es ist der erste Versuch gewesen - mit Mitteln des Kampfes - feudalistische und in Ansätzen erkennbare frühkapitalistische Entwicklungen zu hemmen und möglichst zu beseitigen. Zugleich gab es in den Reihen der Bauern aber auch Überlegungen, hierbei einen - von Bürgern ohne Standesunterschied - regierten und verwalteten Staat zu schaffen. Es versuchten die unteren Schichten der Gesellschaft erstmalig gegen die „Herren" vorzugehen und sich ihr angestammtes Recht zu nehmen, welches man ihnen vorenthielt. Sie sahen sich als gleichwertige Menschen an und sie wollten ihr Recht.

Das allgemeine Murren über die Umstände der Zeit entlud sich im Jahr 1524, als die Stühlinger Bauern revoltierten.
Irgendeine Gräfin (ich verrate ihnen den Namen, es war die Gräfin von Lüpfen) hatte die obskure Idee, Bauern und Knechte zur Erntezeit auszuschicken (sie befahl es) um Schnecken einzusammeln. Auf den Schneckenhäusern wollte sie Garn wickeln. Es waren jedoch keine Leibeignen die sie kommandierte: das interessierte sie nicht.

Es sind oft nur vermeintlich kleine Dinge, die einen Brand verursachen.
Der Graf, ihr Gatte, war erzürnt, wie man denn seiner Frau diesen Dienst verweigern könne und trat in Verhandlungen mit den störrischen Bauern ein. Verhandlungen? Man einigte sich?
Nein, denn er verlangte von den Bauern sie sollten ihr Unrecht zugeben und vor ihm niederknien. Sie weigerten sich und sie taten sich

mit den Bauern aus Hegau zusammen und bildeten gemeinsam den „Seehaufen", nachdem kein unabhängiges Schiedsgericht gebildet worden war. Dieses hatte man ihnen, vertagend, versprochen. Schneckenhäuser brachten die Ordnung ins Wanken.

Der Aufruhr erfasste darauf bald ganz Südwestdeutschland, Teile der Schweiz, Franken, Thüringen, Sachsen, dem Elsass und Österreich.
Danach breitete sich der „Brand" - wie er genannt wurde - rasch weiter aus. In Westfalen erhoben sich Teile der Bauernschaft, in Böhmen und auch in Preußen. In ihren „Zwölf Artikeln" forderten die Bauern u.a. die Aufhebung der Leibeigenschaft und die Beseitigung der Lasten, die man ihnen auferlegt hatte.
Dieses war die Grundlage, mit der man bei den Fürsten zu Verhandlungen vorstellig wurde. In dem „Artikelbrief" (so wurde er genannt) jedoch griffen sie die Feudalordnung zudem scharf an. Die Geburtsprivilegien sollten aufgehoben werden und die Sonderrechte der Stände ebenfalls. In der ersten Zeit des Aufstandes erzielten die Bauern bemerkenswerte militärische Erfolge, denn die Fürsten nahmen die „Haufen", wie sich die Bauern selber nannten, nicht sonderlich ernst. In einigen Gebieten des Landes gelangten sie sogar zur Oberhoheit.

Der kirchliche Reformator Martin Luther stand zuerst auf der Seite der Bauern, wandte sich dann jedoch von diesen ab. Andere Unterstützer blieben. (Zu Luther sage ich nach diesem kurzen Bericht über den Bauernkrieg noch etwas).
Dem Ritter Götz von Berlichingen setzte Goethe ein literarisches Denkmal und auch Ulrich von Hutten gehört zu den bekannteren Personen der Zeit. Der Bauernkanzler, der Maler Jörg Ratgeb, (er schuf u.a. der Herrenberger Altar) wurde am Kriegsende geviertelt.

Der Wendepunkt des Krieges, zu dem sich der Aufstand ausgewachsen hatte, war der Abschluss des Vertrages von Weingarten, den die Bauern im April 1525 unterzeichneten.

Nur mit dem vagen Versprechen versehen, ein Schiedsgericht zu berufen, lösten sich die Bauernhaufen - auf der Fürsten Wort hin - auf. Diese, nun aufgespalteten, Heere zu vernichten, war für die Söldnerheere - im Dienste der Landesbesitzer - ein Leichtes, denn das gegebene Wort scherte sie - umgangssprachlich gesagt - einen Dreck.

Der Höhepunkt des Bauernkrieges war die Massenmobilisierung in Sachsen und Thüringen durch Thomas Müntzer, dem konsequentesten der Bauernführer. Sein Schwert, eine umgearbeitete Sense, verziert mit germanischen Runen, ist heute noch in der Dresdner Waffenkammer zu besichtigen.
Die Niederlage der Bauern (bei Frankenhausen, am 15 Mai 1525) war der Wendepunkt in dem Krieg, zumal zugleich die Bauernhaufen in Württemberg, Franken und im Elsass vernichtend geschlagen wurden.
Ohne eine einheitliche Führung, immer noch lokal denkend und ohne starke Verbindung in die Städte hinein, wurden die Bauern zum leichten Opfer der Söldnerheere. Diese Söldner waren oftmals Bauern wie sie. Das Bürgertum in den Städten sah zu, wie diese Menschen blutend verreckten, die für ihre Freiheit kämpften. Auch für die religiöse Freiheit aller Menschen.
Der Städter sah sich bereits damals dem Landvolk überlegen an und – wenn man ehrlich ist – hat sich diese Sicht bis heute kaum geändert, denn der Stadtbewohner schaut immer noch ein wenig mitleidig auf den einfachen (so scheint es ihm) Dorfbewohner herab.

Der Aufstand brach zusammen und mit ihm blieb der Feudalismus gefestigt und stärker als zuvor bestehen. Die angestrebte Einheit des Volkes kam nicht zustande. Ein Teilerfolg jedoch war die Sicherung der Reformation und die hierdurch errungene Teillossagen vom päpstlichen Einfluss.

Aber auch die Reformation hatte ihre Schattenseiten. (Hier sei nur an Jan van Leyden erinnert, der als „König von Münster" in der

westfälischen Stadt eine Schreckensherrschaft führte und dessen To-deskäfig – richtigerweise „Korb" - noch heute am Turm der Lamber-tikirche ebenda zu sehen ist.)
Durch die Reformation kam es zu weiteren Spannungen und Spal-tungen im Land, die dann später letztendlich im 30 jährigen Krieg (1618 – 1648, eigentlich bis 1650, denn in diesem Jahr erst wurden, in Nürnberg, die letzten Schriftstücke und Dokumente unterzeichnet und besiegelt)) endeten.
Es war vorgeblich ein Religionskrieg, in Wahrheit jedoch ein politi-scher Machtkampf in Europa, unter dem Zeichen des Kreuzes.

Ich muss durchatmen. Zu präsent ist die Zeit, wenn man sie sich vergegenwärtigt:
Wer seine Abgaben nicht zahlen konnte, der musste sich beim Grundherrn verschulden, wurde zum Leibeigenen. (Übergab seinen "Leib zu eigen"). Was ebenfalls oft unbekannt ist:
Im Falle des Todes eines Leibeigenen fiel die Hälfte seines Besitzes an den Grundherrn, die Hinterbliebenen wurden noch ärmer und abhängiger. All dies wurde von der Kirche unterstützt, die den Men-schen einredete:
"Nur wer zu seinen Lebzeiten seine Schulden nach dem Recht begli-chen hatte, ist vor der Hölle und dem Fegefeuer sicher."

Das Fegefeuer hatte man praktischerweise im Mittelalter erfunden.
In der Bibel ist keinerlei Hinweis darauf zu finden.
Die Menschen glaubten, hungerten und ergaben sich der Leibeigen-schaft. Gegen dieses System ging es in der - wohl ersten revolutio-nären - Bewegung des Landes. Das ist es zudem, was ich persönlich Martin Luther – neben seinem grässlichen Antisemitismus - vor-werfe: Die Unterstützung dieses Ausbeutersystems.
Auf welcher Seite hätte man selbst gestanden, hätte man damals ge-lebt?
Wo haben die eigenen Vorfahren gestanden?

Luther, den ich gerade anklagte, der sich von den Bauern abwandte und zum Herrendiener wurde, gestand später ein:
"Ich habe im Aufruhr alle Bauern erschlagen, denn ich habe geheißen sie tot zuschlagen. All ihr Blut ist auf meinem Hals."

Ich möchte etwas zu Luther sagen.

Der Name selbst wurde vor etwa 1512/1517 „Lüder, Luder, Loder, Ludher, Lotter, Lutter" geschrieben und bezieht sich möglicherweise auf einen Herkunftsort der Familie. Martin Luther änderte ihn in dem soeben genannten Zeitraum in die heute bekannte Form. Dabei bezog er sich auf das griechische ‚eleutheros' (frei, was sein Denken beschrieb), möglicherweise aber auch auf den alemannischen Herzog Leuthari (um 615 herum, ich will hier nicht ins Detail gehen) der dem Grimoald ermöglichte, als Hausmeier am Austrasischen Hof Macht zu erlangen und das Ende der Merowingerischen Herrschaft einleitete.

Ein Zeitenwechsel im frühen Mittelalter. Aber, es soll hier von Luther die Rede sein, nicht von den Intrigen am Königshof der Franken.

Somit zurück zu dem Augustinermönch. Ich stelle Ihnen Martin Luther vor, wie er in Worms vor dem Reichstag steht und sich rechtfertigt.

Martin Luthers Worte auf dem Reichstag 1521 in Worms.:

Am 3. Januar 1521 wurde vom Papst die Bannbulle gegen Martin Luther ausgestellt. Luther wurde somit zum Ketzer erklärt. Sein Schicksal schien besiegelt.

Kaiser Karl der V. hielt in Worms einen Reichstag ab. Einige Fürsten, voran Friedrich, genannt der Weise (Wartburg) setzten durch, dass Luther freies Geleit erhielt und seine Sache vortragen konnte. Viele rieten ihm ab, aber Luther stellte sich den Gegenrednern.

Am 17. April 1521 stand er dann vor dem Reichstag. Der kaiserliche Orator zeigte ihm seine Schriften und fragte ihn, ob dieses seine Werke seien.

Das ihm zugeschriebene Wort. „Hier stehe ich, ich kann nicht anders, Gott helfe mir, Amen." Sagte er jedoch nicht. Dieses wurde erst später in verschiedenen Schriften zugefügt, um seine Standhaftigkeit zu verdeutlichen.

Vieles wurde über die Rede Luthers geschrieben, doch was sagte Luther, zu dem Vorwurf, er würde Ketzerei betreiben?

Aber, lassen wir Luther doch selbst zu Wort kommen, mit seinen Worten:

>> „Allergnädigster Herr und Kaiser! Durchlauchtigste Fürsten! Gnädigste Herren!

Ich erscheine gehorsamst zu dem Zeitpunkt, der mir gestern Abend bestimmt worden ist und bitte die allergnädigste Majestät und die durchlauchtigsten Fürsten und Herren um Gottes Barmherzigkeit Wollen, sie möchten meine Sache, die ich hoffe gerecht und wahrhaftig ist, in Gnade anhören. Und wenn ich aus Unkenntnis jemanden nicht in der richtigen Form anreden oder sonst in irgendeiner Weise gegen höfischen Brauch und Benehmen verstoßen soll, so bitte ich dies mir freundlich zu verzeihen; denn ich bin nicht bei Hofe, sondern im engen mönchischen Winkel aufgewachsen und kann von mir nur dies sagen, dass ich bis auf diesen Tag mit meinen Lehren und Schriften einzig Gottes Ruhm und die redliche Unterweisung der Christen einfältigen Herzens erstrebt habe.

Allergnädigster Kaiser, durchlauchtigste Fürsten! Zwei Fragen sind mir von der kaiserlichen Majestät vorgelegt worden: ob ich alle Bücher, die meinen Namen tragen, als meine anerkennen wolle, und ob ich diese verteidigen oder widerrufen wolle. Darauf will ich klar und deutlich antworten: Die jetzt genannten Bücher erkenne ich als meine Bücher an. Zur zweiten Frage aber kann ich nicht in Kürze Antwort geben. Denn sie ist eine Frage des Glaubens und der Seelen Seligkeit.

Deshalb wäre es gefährlich, wenn ich mich hier unbedacht äußern würde. Dies würde mir das Urteil Christi einbringen: „Wer mich verleugnet vor den Menschen, den will auch ich verleugnen vor meinem himmlischen Vater." Deshalb bitte ich von der kaiserlichen

Majestät untertänig Bedenkzeit, damit ich ohne Gefahr für meine Seligkeit auf die Frage richtig antworte". <<

Diese Bedenkzeit wird Luther gewährt.
Am 18. April wird Luther erneut vor den Reichstag geführt. Der kaiserliche Orator stellt ihm die gleichen Fragen. Luther erkennt seine Schriften an, und zwar unter der Voraussetzung, dass in ihnen beim Nachdruck nichts aus Arglist oder aus Versehen geändert wurde. Dann fährt er fort:

>> „Meine Bücher haben nicht alle den gleichen Inhalt. In einigen habe ich vom christlichen Glauben und von guten Werken so christlich gelehrt, dass sogar meine Widersacher bekannt haben, sie seien nützlich, ja würdig, von christlichen Herzen gelesen zu werden. Selbst die päpstliche Bulle findet etliche meiner Bücher unschädlich, obwohl sie auch diese verurteilt. Wenn ich diese Bücher widerrufen wollte, was würde ich dann tun? Ich würde als jemand dastehen, der die von ihm beschriebene, von Freund und Feind einmütig bestätigte Wahrheit plötzlich leugnen würde.
In einer zweiten Abteilung meiner Bücher werden das Papsttum und die päpstliche Lehre angegriffen. Denn von ihnen ist mit falscher Lehre, bösem Leben und ärgerlichen Erscheinungen die Christenheit an Leib und Seele verwüstet worden. Dies kann niemand bestreiten, zumal alle frommen Menschen darüber, klagen, dass durch die päpstlichen Gesetze und Menschenlehren die Gewissen der Christgläubigen beschwert und gequält worden sind. Wenn ich nun diese Angriffe widerriefe, dann würde ich die päpstliche Gewaltherrschaft unendlich stärken: Ich würde ihrem gottlosen Wesen nicht nur die Fenster, sondern auch Tor und Tür öffnen. Sie könnte dann noch viel freier wüten, denn sie könnte sich dann auf meinen Widerruf berufen. Die dritte Gruppe meiner Bücher richtet sich gegen jene Personen, die die päpstliche Gewaltherrschaft verteidigt und meine Auslegung der gottseligen Lehre angegriffen haben. Gegen diese bin ich - das bekenne ich - manchmal etwas schärfer und heftiger vorgegangen, als es unter Christen richtig gewesen wäre.

Ich mache mich nicht zu einem Heiligen; es geht jedoch nicht um meine Eigenarten, sondern um die Lehre Christi.

Deshalb kann ich auch diese Bücher nicht zurücknehmen. Würde ich sie widerrufen, so würde ich die päpstliche Gewaltherrschaft und ihre gottlosen Folgen unterstützen. Das Leiden des Volkes Gottes würde dadurch noch viel schlimmer als es jetzt schon zu beklagen ist. Für alle meine Bücher gilt: Weil ich nur ein Mensch, nicht Gott bin, darum kann ich sie nicht anders verteidigen, als mein Herr und Heiland Jesus Christus. Dieser hat in seinem Verhör vor dem Hohenpriester Hannas, als dessen Knecht ihm eine Ohrfeige gab, geantwortet:

‚Habe ich übel geredet, so beweise, dass es böse war'. (Job 18,22 f.) Wenn nun der Herr Jesus Christus, der wusste, dass er nicht irren konnte, bereit war, sich widerlegen zu lassen, und sei es von einem unbedeutenden Knecht, dann muss ich erst recht begehren, mich eines Besseren belehren zu lassen.

Darum ersuche ich Eure kaiserliche Majestät, kurfürstliche und fürstliche Gnaden, und jedermann, er sei hohen oder niedrigen Standes, mir aus den prophetischen und apostolischen Schriften nachzuweisen, dass ich mich geirrt habe. Wenn ich überzeugt werde, geirrt zu haben, werde ich bereitwillig alle Irrtümer widerrufen; dann werde ich der Erste sein, der meine Bücher ins Feuer wirft.

Ich hoffe, damit habe ich gezeigt, dass ich genügend bedacht habe, welche Not, Gefahr und Zwietracht es in der Welt wegen meiner Lehre gibt. Daran hat man mich ja gestern nachdrücklich erinnert. Zu sehen, dass um des Wortes Gottes Willen Zwietracht und Uneinigkeit entsteht, ist mir eigentlich eine große Freude, denn das ist die Art des Wortes Gottes, wie Christus selbst sagt: "Ich bin nicht gekommen, Frieden zu bringen, sondern das Schwert; denn ich bin gekommen, den Menschen zu erregen gegen seinen Vater..." (Mt 10,34 f.).

So ist denn zu bedenken, wie wunderbar und erschreckend Gott in seinem Ratschluss ist. Vielleicht rühren die Versuche, Uneinigkeit und Zwietracht beizulegen, nur aus dem Vertrauen auf unsere Macht und Weisheit, so dass sie in Wirklichkeit eine Verfolgung und

Lästerung des Wortes Gottes darstellen würden. Dies aber würde eine große Gefahr für Leib und Seele heraufbeschwören, nicht zuletzt für Anfang, Mitte und Ende der Regierung des jungen Kaisers Karl, auf dem - nächst Gott - eine große Hoffnung für unser Land liegt.

Das könnte ich mit vielen Beispielen aus der Bibel belegen: mit dem Pharao, dem König von Babel, mit den Königen von Israel: Sie alle haben sich in das größte Verderben gestürzt, als sie sich bemühten, aus eigener Kraft ihre Königreiche zu befrieden und zu befestigen. Denn Gott ist es, der die Witzigen in ihrem Witz und ihrer Klugheit ergreift und die Berge umkehrt, ehe sie es bemerken. (Hiob 5,13; 9,5). Deshalb ist es nötig, Gott zu fürchten. Ich meine nicht, dass ihr Fürsten meines Rats und Unterrichts bedürftig wäret. Doch habe ich geglaubt, dass ich diesen Dienst meinem lieben Vaterland, der deutschen Nation, schuldig gewesen bin.

Deswegen bitte ich untertänigst Eure kaiserliche Majestät, kurfürstliche und fürstliche Gnaden, sie möchten es nicht gestatten, dass ich durch übelmeinende Unterstellungen verunglimpft und bei ihnen in Ungnaden fallen würde."<<

Der kaiserliche Orator antwortete auf diese Rede, Luther habe nicht zur Sache gesprochen. Vor dem Reichstag gehe es nicht um eine Disputation über Fragen, die längst vorher von Konzilien definiert worden seien, sondern um eine einfache Antwort „ohne Hörner und Zähne". Luther solle antworten, ob er widerrufen wolle oder nicht. Luther darauf:

„Weil Eure kaiserliche Majestät, kurfürstliche und fürstliche Gnaden eine einfache und richtige Antwort wünschen, so will ich sie auch ohne Hintergedanken geben: Überzeugt mich mit den Zeugnissen der Heiligen Schrift, oder mit öffentlichen, klaren und hellen Gründen, also mit den Bibelworten und Argumenten, die von mir beigebracht worden sind. Denn die Autorität von Papst und Konzilien allein überzeugt mich nicht, da sie offenkundig oft geirrt und gegen Schrift und Vernunft gestanden haben. Nur wenn mein Gewissen in

Gottes Wort gefangen ist, will ich widerrufen. Denn es ist nicht geraten, etwas gegen das Gewissen zu tun.
Gott helfe mir, Amen". <<

Soweit die Worte die Luther sagte.
Kannten Sie diese?
Oder kannten Sie nur das publizierte „Hier stehe ich und kann nicht anders... "?

In diesen Worten sahen die Bauern einen Mann, welcher der Vorkämpfer für ihre gerechte Sache zu sein schien. Sie erhoben sich gegen Willkür und Tyrannei. Der Bauernkrieg brach aus, und im Jahr 1525 brach der Aufstand zusammen. Ein Blutgericht wurde gehalten und die Bauernführer wurden gefoltert, gevierteilt, gerädert, gehängt.
Auch später, als Lukas Cranach d. Ä. - als Stadtrat in Wittenberg - Todesurteile (Hier: Tod durch „Schmauchen", d.h. qualvolles ersticken im Rauch, dabei oft auch mehrfach unterbrochen) wegen Hexerei unterzeichnete (1540, Prista Frühbottin, ihr Sohn Dictus und zwei weitere Personen) schwieg er.
Jener Cranach, bei dem er in seiner Zeit in Wittenberg auch Gast war

Martin Luther schwieg zu vielen Vorkommnissen und verdammte sogar in Schriften und Reden das Bestreben der Bauern nach Gerechtigkeit. Zweifellos hat er dem christlichen Denken eine Reform gebracht – vielleicht sogar eine Religionsform gebracht -, aber hat er als Mensch nicht erbärmlich versagt und seiner Verantwortung entzogen?

Nachdem soeben der Dreschflegel geschwungen wurde, donnern in der Zukunft schon die Kanonen, denn dieser Krieg – verbunden mit den Reformgedanken – war einer der Auslöser der größten Tragödien der Menschheitsgeschichte: Der Dreißigjährige Krieg. Nun, es

dauerte noch etwa einhundert Jahre, bis man in Prag den Start-
schuss dazu gab, indem man den wohl bekannten Fenstersturz
durchführte, aber Katastrophen kommen eher selten über Nacht.
Sie schleichen sich heran und so schleichen auch wir uns in diese
Zeit. Nein, ich werde nicht mit Schwertergeklirr und der Erstür-
mung der Städte beginnen, sondern ihnen zwei Menschen vorstel-
len. Den einen werden sie gewiss – dem Namen nach – kennen,
Wallenstein. Den anderen Herrn möglicherweise nicht (oder
doch?); Johann Georg von Arnim. Und mit ihm beginne ich.

Johann Georg von Arnim
Eine Erkrankung kostet den Frieden

Warum gerade er?
Gibt es nicht bekanntere Namen aus der Zeit, der Zeit des Dreißigjährigen Krieges?
Ja, die gibt es natürlich, aber wohl keiner der Herren hätte den Krieg
beenden können, selbst wenn sie es gewollt hätten. Arnim hätte es -
in Zusammenarbeit mit jemand anderem, jemand bekannterem, ge-
konnt.
Doch dazu später, Sie werden ihn noch antreffen.
Zuerst einmal stelle ich Ihnen diesen Herrn von Arnim vor:
Johann Georg von Arnim (auch v. Arnheim oder v. Arnhaimb), er
selbst unterzeichnet Dokumente mit Arnimb, stammt aus der Uckermark, genauer gesagt aus Boitzenburg, ein Ort der durch seine Flie-
senproduktion Bekanntheit wurde. Sein Vater hatte das Amt des
Landvogtes der Uckermark inne.

Geboren wurde Arnim im Jahr 1583. Er studierte - ab 1600 - in Frankfurt an der Oder sowie in Leipzig. Nachdem er zuvor den verschul-
deten Hof seines Vaters geerbt hatte, trat er 1613 in den Dienst des
schwedischen Königs ein, in dem er alsbald zum Obristen eines
Fußregimentes befördert wurde. Nach einiger Zeit trennten sich jedoch die Wege der beiden.
Arnim kehrte in die Uckermark zurück und kümmerte sich nur noch
um Haus und Hof.

Mit Beginn des großen Krieges kontaktierte ihn der schwedische König, Gustav II. Adolf erneut, und er erledigte für ihn verschiedene
diplomatische Dienste, bis er endlich in polnische Dienste trat und
dem Kurfürsten von Brandenburg den Lehnseid leistete. Zugleich
wurde ihm hier ein Regiment anvertraut.
In diesen Diensten war er nicht sehr glücklich, so dass es bereits nach
der Schlacht am Weißen Berg Kontakte zur Kaiserlichen Armee gab.

1626 trat er dann den Kaiserlichen bei. Dort wurde er zum Vertrauten Wallensteins, ja praktisch dessen „rechte Hand". In dieser Stellung war er maßgeblich an der Vertreibung der Dänen aus dem Kriegsgebiet beteiligt, sowie an der - für damalige Zeiten - fast friedlichen Besetzung Brandenburgs und Mecklenburgs.

Er wurde zum Feldmarschall ernannt, scheiterte dann aber bei der Stralsunder Belagerung, nutzte seine polnischen Verbindungen, wurde Oberbefehlshaber der polnischen Armee und siegte in der Schlacht in der Stuhmer Heide über die Schweden.

In dieser Zeit kam es zu dem Zerwürfnis zwischen Wallenstein und Arnim.

Während Wallenstein die Armee als Druckmittel ansah, die möglichst wenig eingesetzt werden sollte - also nur zur Abschreckung existierte - forderte Arnim ein drastischen Vorgehen mit Reiterei, Feldschlangen und Arkebusen. Die pazifistischen Züge Wallensteins, der Schlachten und Krieg verabscheute, waren ihm noch wesensfremd. So schied er 1631 aus der Wallensteinschen Armee aus und wechselte aus persönlichem Frust (so nennt man es heute wohl) die Seiten.

Er trat in sächsische Dienste und schlug die Kaiserliche Armee bei Breitenfelde. Mit einem Male war ganz Norddeutschland „befreit", genauer, bekam andere Besatzer.

Auf Grund dieses Erfolges versuchte er erneut in schwedische Dienste zu treten. Aber der schwedische Kanzler, Oxenstierna, (richtig: Graf Axel Gustafsson Oxenstierna af Södermöre) hintertrieb dies, wohl, weil ihm die Energie und die Intelligenz dieses Mannes fürchten ließen, seinen Einfluss auf den schwedischen König zu verlieren.

Nun wurde die Protestantische Union auf ihn aufmerksam und er wurde mit den Waffenstillstandsverhandlungen von Schweidnitz beauftragt, die durch Intrigen des bayrischen Herzogs Maximilians nicht in den erhofften Frieden mündeten. Inzwischen hatte er eingesehen, dass der Krieg das Land zerstört und bewegte sich auf die pazifistische Position Wallensteins zu. Unterhändler wurden ausgetauscht und man besprach das Zusammengehen der Heere der Union mit den Truppen Wallensteins. Dieses hätte die Machtverhältnisse in ganz Europa auf den Kopf gestellt, denn die Herren der „Welt" wären Wallenstein – und ihm zur Seite - Arnim gewesen. Die letzte Zusammenkunft sollte Ende 1634 in Eger stattfinden. Dazu kam es nicht. Wallenstein wurde ermordet und Arnim, der ebenfalls auf der Liste stand, traf nicht in Eger ein, da er schwer erkrankt war.

Erschüttert über Wallensteins Tod zog er sich verhärmt nach Boitzenburg zurück und verteidigte nur noch Haus und Hof. 1637 nehmen ihn die Schweden gefangen, er floh und tritt erneut in die Dienste des Kaisers, wo er Oberbefehlshaber der Befreiungsarme werden sollte. Dazu kam es nicht, da er 1641 starb.

Mein Fazit:
Wäre Wallenstein nicht in Eger ermordet worden, hätte es das Zusammengehen von Wallenstein und Arnim, samt ihrer militärischen Kraft, gegeben, sähe die Welt, ja, die ganze Welt heute anders aus, denn das Deutsche Reich wäre zur (Adels)Republik geworden, denn darauf deuten alle historischen Dokumente hin. Wallenstein wollte nie Titel, er wollte immer nur die Macht, die hinter diesen steckte.
Zusammen mit Arnim wäre der Krieg beendet worden und die jetzt eintretende bestialische Zeit (Grimmelshausen schildert es ausführlich im Simpliccissimus und in der Landstörzerin Courage), wäre den Menschen erspart geblieben.

Dieses war nur ein kurzer Bericht, lediglich dazu gedacht diesen Mann vorzustellen, der viel zu unbekannt ist.

Ich hätte es wesentlich ausführlicher schildern können, aber es sollte nur eine Art Ouvertüre sein, die über – den nun im Folgenden auftretenden Wallenstein, zum Großen Krieg hinleitet. In anderer Form als Sie es kennen werden.

Doch wenden wir uns zunächst dem Herrn von Waldstein zu, genannt „Wallenstein", einem der wohl bekanntesten Akteure in der damaligen Zeit.

Wallenstein

Der verspielte Frieden

Kennen Sie das Buch von Erich Kästner "Der 35. Mai oder Konrad reitet in die Südsee"?
Es ist ein phantasievoller Roman für Kinder. Darin tauchen zwei merkwürdige Personen auf: Hannibal und Wallenstein. Die beiden spielten Schach. Es waren unbekannte Namen für ein lesendes Kind, aber zugleich weckten sie den Forscherdrang. Und ich, das damalige Kind, forschte. Lange Jahre, beginnend als Kind, bis hin zum heutigen Tag, an dem die Haare grauer werden.
Eine Biografie erspare ich Ihnen, reine Datensätze sind überall zu finden. Jahreszahlen. Daten ohne Leben. Hier geht es um die Einschätzung des Mannes, der den Frieden in Händen hielt und dem man – somit auch den Menschen des Landes - diesen Frieden nahm.
Sie runzeln die Stirn, kneifen skeptisch die Augen zusammen und schütteln unmerklich den Kopf, derweil ein spöttischer Zug ihre Lippen umspielt?
Ja?
Nun, vielleicht wird sich diese Einschätzung ändern.
Nur kurz die Eckdaten:

Wallenstein, genauer: Albrecht Wenzel Eusebius von Waldstein, (Richtigerweises: Albrecht Václav Eusebius z Valdštejna) wurde am 24. September 1583 in Hermanitz geboren und am 25. Februar 1634 in Eger ermordet. Feldherr und Politiker. Herzog von Friedland und Sagan, als Albrecht VIII. drei Jahre lang auch Herzog zu Mecklenburg, Fürst zu Wenden, Graf von Schwerin, Herr von Rostock und Stargard.
Zudem als Generalissimus der Oberbefehlshaber (zwischen 1625 und 1634) der kaiserlichen Armee im Dreißigjährigen Krieg.
Wallenstein, ein Generalissimus, dessen Ziel nicht der Krieg, sondern der Frieden war. Frieden durch die Schaffung einer riesigen

Armee. Er opferte sich fast auf für dieses Ziel und trotz aller Krankheiten und der ihn plagenden Gicht, hielt er an dem Ziel fest.

Wallenstein wollte sich, 1634, mit Arnim – (ihn stellte ich im vorherigen Kapitel kurz vor) in Eger treffen, um endlich den Krieg zu beenden, indem man die Armeen vereinigt. Es hätte keinen wirklichen Gegner mehr gegeben.

Die Zielsetzung, die man Wallenstein nachsagt, er wolle selber Kaiser oder zumindest König von Böhmen werden, ist falsch.
Man hatte ihm die Böhmische Krone angeboten, aber weitsichtig erkennend, dass die Annahme den Krieg noch ausgeweitet hätte, lehnte er sie ab.
Dieses, die nachgesagte Gier nach einer Krone, gehört in die Kategorie der üblen Nachrede. Etwas, was man auch heute noch gerne mit missliebigen - vor allem aber, überlegenen Menschen - macht.
Er wollte kein Herrscher werden, sondern er wollte vermutlich die Republik, ähnlich dem Konstrukt wie es in England Oliver Cromwell (1599-1658) der Landadelige politisch schuf.
Mit der vereinigten Armee hätte er geputscht und ein Magistratsystem mit einem gewählten Fürsten an der Spitze etabliert. Etwas Ähnliches, wie es die Magna Charta in England festgeschrieben hatte.
Dieses war seinem Schwiegervater (lebend am Kaiserhof) bekannt, aber auch dem "Pater Lämmermann", (Wilhelm Lamormaini, ein Jesuit aus dem Gebiet des heutigen Belgien und zugleich der Beichtvater des damaligen Kaisers Ferdinand II.), ein sehr Romhöriger Mann und zudem von zweifelhafter Integrität. Geheimnisse waren nicht sicher, wenn sie des Paters Ohr erreicht hatten.

Wallenstein, der u.a. die rechten und linken Schuhe (genauer Militärstiefel) erfand, um die Marschgeschwindigkeit seiner Truppen zu erhöhen, hat als erste Handlung - in allen ihm gehörenden oder übertragenen Domänen - dies verfügt und durchgesetzt: Die Verlegung von Wasserleitungen - mit einer Pumpe - in jedes Haus (Haus, nicht Dorf), sowie die Einrichtung von Spitälern, Armenhäusern und Armenspeisungen.

Ein, als hart verschriener, Fürst tat das, was ein Fürst tun muss. Er kümmerte sich um seine Ländereien und dem darauf lebenden Volk.

Hierdurch erwuchs ihm eine immense Rückhaltekraft im Reich und eben bei dem gerade angesprochenen Volk. Bei der Vereinigung mit Arnim, wäre er der Herr der damaligen Welt geworden. Eine Welt ohne diesen Krieg, denn erst mit seinem Tod brach die grausame Zeit aus, die im Simlicccissimus von Grimmelshausen beschrieben ist. Auch sein weiteres Werk, die Landstörzerin Courasch (so schrieb es Grimmelshausen), zeigt deutlich wie schlimm diese Zeit war.

Sein Nachfolger Piccolomini, ein Kriecher vor den Thronen, konnte ihn nie ersetzen, denn nach dem Tod des schwedischen Königs, Gustav II. Adolf Wasa, hatte er es nicht nur mit dessen Reichsverwalter und Kanzler Axel Oxenstirna zu tun, sondern mit der machtgierigen Intriganz in Person: Kardinal Richelieu, der Frankreich als Beutesammler in den Krieg einbrachte, um die Ostgrenze Frankreichs an den Rhein zu schieben. Beiden war Piccolomini, in jeglicher Form, unterlegen.

Wallenstein nutzte die Macht die er hatte, in all seinen Möglichkeiten aus, um den Krieg zu beenden und das Leben der Menschen zu verbessern.

Welcher Fürst hat dieses je getan?

Gestatten sie mir nun ein Stück in romanhafter Form anzufügen. Es ist kurz, wenig nur, denn es beschreibt - in eben dieser Form - das Ende des Feldherrn. Vielleicht bedauern Sie es, vielleicht aber hätten auch Sie die Hellebarde zum Schlag erhoben.
Wer kann das schon sagen?

Wallensteins Tod
Der Mord in Eger aus „seiner" Sicht

Kalt war es in Eger. Bittelkalt.
Eisblumen kristallisierten an den Butzenscheiben und ich zog den pelzverbrämten Mantel enger um meine Schulter. Mit einem Schürhaken ließ Karol, mein Diener, Funken aus dem Kaminfeuer aufstieben. Knistern fauchte das Holz und eine Rauchschwade kroch an der vertäfelten Decke entlang.
„Ist es gut so, Herr?"
„Sicher, Karol, sicher. Gib mir noch etwas Wein."
Mühsam strecke ich die, von Gicht geplagte, Hand aus und betrachtete durch die eingegossene Flüssigkeit das Feuer, welches den Wein wie Blut aussehen lässt.

Blut... Tod.. so viele Menschen starben in den Schlachten. Zuviel Gier des Kaisers und zuviel Gier durch die fremden Herren, die unter dem Religionsmantel das Reich zerteilen.
Nun, es wird ein Ende haben....
Wo bleibt nur der Bote?
Arnim muss doch schon längste jemanden geschickt haben...
Ach, mir läuft die Zeit davon. Gicht und Rheuma peinigen mich. Hindern mich daran, energischer vorzugehen.

Der Kaiser?...Ha! Ferdinand träumt immer noch vom Sieg seiner heiligen Idee. Er kann den Krieg nicht gewinnen. Aber auch die anderen können nicht gewinnen. Verlierer... es gibt nur Verlierer. Herren die fallen werden und die Völker die verhungernd und verblutend sterben.
Nein!
Wir werden es beenden. Wenn Arnim kommt, ist es Ostern vorbei. Unsere Heere werden sie zwingen müssen, Frieden zu machen....
und der Kaiser...?

Es wird keinen Kaiser mehr geben. Ich werde die Republik ausrufen und ich werde das Volk durch die Magistrate den Herren des Landes wählen lassen. Ich werde die Armeen zum Frieden einsetzen, damit Kriege und Tod verhindert werden...
Ich werde es tun.
Ach, warum rinnt die Zeit so langsam und doch so schnell dahin...?

Ein Windstoß schlägt das Fenster auf und ein Leuchter fällt zu Boden. Hell klingt es, wie ein feines Glöckchen, welches zu Tisch ruft,... aber auch einsam, wie die Glocke einer Kapelle in der Nähe des Friedhofs.
Schritte, schwere Schritte von eisenbeschlagenen Schuhen poltern den Flur entlang.
„Der Bote, Karol, der Bote!"
Ich lächle und Karol öffnet eilends die Eichentür.

„Da ist der Verräter!" schallt es mir entgegen und Bewaffnete mit Degen und Hellebarden dringen in meinen Raum ein. Krachend schlägt die Eichentür gegen die helle, verputzte Wand.
Ich kann nichts mehr sagen.
Krampfhaft richte ich mich aus dem Lehnstuhl auf...
Ein Stich...
Ein Schlag...

Heiß ist es, so unsagbar Heiß, als mich die Hellebarde in der Brust trifft. Ungläubig stumm schaue ich auf die Wunde. Blut sickert durch mein Wams und ich höre Schreie.
„Verräter!"
„Für Ferdinand!"
Ein weiter Degenstich trifft mich. Ich spüre ihn fast nicht mehr. Arme reißen mich hoch und Schwertschläge prasseln auf mich ein.

Ich sterbe... gleich bin ich tot.
Mein Körper liegt dort. Ich spüre nichts mehr.

Einen Traum haben sie getötet, den Frieden erschlagen. Sie wissen es nicht.

Langsam entschwinden meine Sinne und mein letzter Blick gleitet zu meinem Diener, dessen Körper tot am Kamin liegt und dessen Rock Feuer gefangen hat.

„Verräter!" hallt es noch einmal. Das ist das letzte Wort, welches ich höre.

Ich, Wallenstein, bin tot.

Ich sagte es bereits: Mit dem Tod Wallensteins begann die grausamste Zeit dieses langen Krieges, den man zeitmäßig von 1618 bis 1648 einordnet, der aber letztendlich erst im Jahr 1650 in Nürnberg endete, als die letzten Dokumente unterschrieben wurden und man die Siegel in das Wachs drückte. Ich möchte den Verlauf des Großen Krieges einmal anders schildern, als Sie es gewiss gewöhnt sind. In der Form eines Dialoges.

Kommen Sie mit, folgen Sie mir, denn nun ist Frieden. Endlich. Für immer. Für alles Zeit. Nie wieder werden Waffen erhoben werden…. So sagte man es.

Kommen sie mit mir in die verfallene Kate, dort vorn.

Sehen Sie sie?

Da, hinter dem Gebüsch, dort wo ein kleines Feuer brennt und zwei Männer in die Glut schauen…

Die Kate
Der Blick zurück

Wir befinden uns im Jahr 1648, genauer, am 25. Oktober 1648. Dieser Tag ist ein Sonntag.

Zwei Männer sitzen in einer verbrannten Kate und starren in ein rauchloses Feuer.

„Gestern" wurde der Frieden verkündet. Der ewige Friede, der Friede nach dem Krieg, der man später einmal „30-jähriger-Krieg" genannt werden wird. Der, der sich in das kollektive Gedächtnis Europas eingebrannt hat. Aber verblasst dieses Erinnern nicht schon? Ein ewiger Friede…Ach, nennen sich Friedensschlüsse nicht stets so?

In der Asche des Feuers liegen zwei Igel, eingehüllt in Lehm, die erste Nahrung seit Tagen. Die Männer, Jannik und Walter, warten darauf, dass der Lehm zu einer schwarzen Kruste verbrennt, in dem die Stacheln haften bleiben. Nahrung, endlich etwas essen, ganz gleich was es ist.

Jannik der Pikenier und Walter der Schreiber.

Ausgezehrt sind sie, Haut spannt sich über die Knochen und ein schwarzer Schatten liegt um ihre Augen.…

…. „Hast du die Kanonen gehört?"

Jannik stand auf und reckte die verspannte Schulter, wobei er gegen einen verbrannten Balken stieß.

„Gewiss", erwiderte Walter, „laut genug waren sie ja, als sie von der Festung in Münster schossen. Und dann auch noch der Klang der Kirchenglocken dazu. Ein Heidenlärm."

„Man hat ja noch elf Kirchen in Münster und so haben sie auch genug Glocken…Sie haben wohl nicht alle davon eingeschmolzen und Kanonen daraus gemacht. "

Walter nickte und stieß den Fuß zum Feuer, um die graue Asche hinein zu schieben.

„Glaubst du, es wird Frieden sein? "

„Ich kann es nicht sagen. Was kann man denn überhaupt noch sagen? Wir leben. Ist das nicht schon sehr viel? "

„Ja...Wir leben", nickte Jannik und setzte sich wieder an das Feuer, „viele andere jedoch leben nicht mehr." Er schnaufte durch die Nase. „Wer hat denn jetzt diesen Krieg gewonnen? "

„ Wir nicht", sagte Walter verächtlich und zog einen schrumpeligen Apfel hervor, den er in der Mitte zerbrach und eine Hälfte an Jannik reichte. „Kann man einen Krieg eigentlich gewinnen? Ist nicht jeder in irgendeiner Art der Verlierer?"

Jannik nickte.

„Erzähle doch, Walter. Du warst doch als Schreiber überall dabei. Du weißt doch sicher, wie alles angefangen hat?"

Fragend sah er zu Walter herüber.

„Und du warst Pikenier. Du warst ebenfalls dabei", erwiderte Walter.

„Ja, ich war dabei...Ich war dabei als die Pike sich von Blut rot färbte... Und ich war dabei, als wir in Eiswintern Stroh aßen. Die Männer krepierten und die Herren ließen uns marschieren. Dreißig lange Jahre...".

„Du hast überlebt...So ist der Krieg...", nickte Walter und verschluckte die Worte fast „...So ist der Krieg...".

„Ja, ich habe überlebt. Fünfzehn Jahre alt war ich, als ich zum Trossbuben wurde und mit achtzehn Jahren hielt ich bereits die Pike in der Hand. Im Schlamm und im Schnee, im Weizenfeld und zwischen verbrannten Balken... Fünfzehn... Mein Gott, wie lange ist das her... Heute... Heute bin ich ein alter Mann. Fünfundvierzig Jahre alt...Ein Greis."

„Jeder von uns ist alt geworden, auch die Jungen sind alt. Schau in ihre Gesichter, in die tief liegenden Augen, in die Narben...Leid siehst du dort...Nur Leid."

Jannik brummte missmutig.

„Niemand schaut auf, jeder hat das Haupt gebeugt, als trüge er eine Last."

„Jeder trägt eine Last. Es ist das Leben, welches uns beugt."

„Leben? Ist es noch Leben...Ich weiß es nicht."

„Wir sind hier. Vielleicht beginnt nun das Leben?"

„Jetzt? Wir sind alt, der Stab und die Pike sind eher eine Stütze, denn eine Waffe."

„Willst du leben?" mehr zu sich selbst als direkt fragend, schaute Walter auf und sah Jannik an.

„Ja, ich will leben; endlich nehmen, was mir der Krieg genommen hat."

Walter kniff die Augen zusammen.

„Nein, nein", wehrte Jannik ab und schien nach Worten zu suchen. „Ich will einfach das Leben leben, ohne Furcht über eine Wiese gehen, schlafen ohne Angst zu haben im Traum einen Schwerthieb zu bekommen, will Dörfer sehen, in denen nicht der Tod aus den Fenstern schaut und die Krähen auf dem Galgenbaum sitzen. Das ist Leben, einfach gehen, ohne sich dauernd umzuschauen. Nicht zu fürchten, das hinter der nächsten Wegbiegung ein Haufen Feinde in meiner Schritte Richtung stürmt. Atmen... Nur atmen, das ausgestorbene Lachen wieder hören und vielleicht ein Brot essen. Ein Brot aus Mehl, richtigem Mehl, nicht aus Baumrinde und Eicheln, aus prallem Korn...Und, ach, ein Krug Milch."

„Bescheiden sind wir geworden", nahm Walter die ausgesprochenen Gedanken auf, „Sehr bescheiden, wenn man daran denkt, wie damals der Wein floss und wir uns spottend über alle Grenzen hinwegsetzten. Unbesiegbar schienen wir uns...Und doch besiegte uns die Faust des Mars, der Kriegsgott, der auf die Felder trat und die Mauern der Burgen einriss. Wir lachten ihn aus und dennoch dienten wir ihm. Unser Lachen verkam zu einem Schrei, den wir dann das Lachen nannten."

Jannik nickte und zeichnete mit einem Ast Kreise in den weichen Boden.

„Damals... Ja, damals, da waren wir jung... Nun sag schon, wie fing es an?"

„Ach, Kamerad, weißt du, wenn man die Quelle sucht, dann muss man gegen den Strom schwimmen. So ist es auch mit diesem Krieg. Wir sitzen hier, schauen ins Feuer und sind alt geworden. Wir haben überlebt…Überlebt und alt."

Jannik nickte, gebisslöchrig. Er hatte kaum noch Zähne im Mund. Der Skorbut hatte sie ihm genommen und mit einem entrindeten Ästchen stocherte er zwischen Stümpfen herum, derweil Walter ihn mit ebensolchen gelbstumpigen Zahnresten angrinste.

„Nun, " begann Walter und nagte an dem Apfel, „ der Frieden ist ja jetzt besiegelt. Frankreich verhandelte in Münster, der Stadt, die durch ihre Festungsanlagen nicht eingenommen wurde, die Schweden in Osnabrück. Schon lange verhandelte man, seit über fünf Jahren und geeinigt hatte man sich erst jetzt, da es das Einzige war, was man noch tun konnte, denn das Land war ausgeblutete. Von etwa zwanzig Millionen Menschen die im Land gelebt hatten, (so erfuhr man es später) haben nur etwa acht Millionen überlebt. In Münster verhandelte man in getrennten Räumen, Boten liefen den ganzen Tag hin und her. In Osnabrück saß man direkt am Verhandlungstisch."

„…Und die Unterhändler fraßen das Land leer…."

„ Ja, das taten sie, " nickte Walter, „und wie sie es taten…Man hatte es sich in den Schlössern, Burgen und festen Häusern gemütlich gemacht. Verhandlungen waren anstrengend und da bedurfte es auch der Abwechslung. Man ging zwischenzeitlich zur Jagd, doch die Beute war spärlich, aber die Bälle am Abend waren prächtig ausgestattet."

Jannik knurrte.

„Und wir? Wir waren nah am Hungertod."

„Gräm dich nicht. Du bist Volk, Volk hat zu hungern, wenn es die Herren befehlen."

„Bei Wallenstein wäre das nicht so geworden", schimpfte Jannik, „ich war bei ihm."

„Ich auch, " bestätigte Walter, „ bei ihm wäre es anders geworden, aber dazu kommen wir noch. Jetzt sind wir erst einmal beim Frieden."

„Sofern er denn hält."

„ Hm... Sofern er denn hält... Es sind jedoch genug Realdankbarkeiten gezeigt worden."

„Realdankbarkeiten?"

„Ja, diese Wortschöpfung ist neu. Früher nannte man es Bestechungsgeld, aber das klingt so unfein. Realdankbarkeit hat da schon einen anderen Klang."

„Ach, Münzen klingen immer dankbar, wenn sie den eigenen Beutel füllen."

„Wer saß denn jetzt am Verhandlungstisch", fragte Jannik, „und wer schickte seine Boten hin und her?"

„ Na, da kamen viel Volk zusammen. Jeder wollte ein Stückchen von der Beute haben, denn das war das Reich geworden. Eine wehrlose Beute, um die man sich stritt."

„Namen. Nenne Namen."

„Gut, nein, nicht gut...Es waren da, die Ungarn, Türken, Polen, Schweden, Spanier, Portugiesen, Holländer, Italiener, Böhmen, Franzosen, Dänen, Russen. Wirklich jeder. Wer wollte es ihnen verwehren?"

„Leider wahr."

„Interessant ist, dass die jetzigen Sieger erst kamen, als man einsah, dass der Krieg beendet werden müsste."

„Wann war das?"

„Das war etwa im Jahre 1630. Die Schweden besetzten Usedom und die katholischen Franzosen - getrieben durch Richelieu – unterstützten sie. Von Religion sprach man, aber um Eroberung ging es."

„Kein Religionskrieg?"

„Nach außen hin schon, aber darum ging es nie."

„Doch warum unterstützte Frankreich die protestantischen Schweden? Das passt doch gar nicht zusammen."

„Doch", erwiderte Walter, „das passt sehr gut, denn Frankreich wollte expandieren und sah sich zugleich bedrängt. Bedrängt durch die Habsburger.

Habsburg im Osten und Habsburg im Süden, in Spanien. Eine Schraubstocklage. Das gefiel nicht und zugleich lockte der Rhein als Ostgrenze. Was liegt da näher, als denjenigen zu unterstützen, der den Feind angreift und so zugleich daraus Vorteile zu haben?"

„Das hat uns niemand gesagt, als wir in den Schlachten standen", schimpfte Jannik und beugte sich etwas vor.

„Natürlich nicht. Der einfache Mann soll kämpfen und nicht fragen. Jedenfalls haben die beiden großen Mächte nun ihr Ziel erreicht. In den Verträgen steht, dass Frankreich und Schweden absolute Mitsprache in den Belangen des Reiches haben. Zugleich kassieren auch beide Länder kräftig. Frankreich bekommt die Bistümer Verdun, Metz und Toul, den Sundgau, das Elsass und die Festung Phillipsburg. Dazu noch unzählige kleinere Städte und Dörfer. Außerdem ist es den Franzosen erlaubt jederzeit – ohne Rücksprache – durch das Reich zu ziehen und Fourage zu requirieren."

„Das hört sich nicht gut an. Das ist ja schon Willkür, " empörte sich Jannik.

„Nein, das ist Siegerrecht", grinste Walter sarkastisch, „zudem ist die Schweiz nun aus dem Reichsverband ausgeschieden."

„Und die Schweden? Die haben doch sicher auch etwas bekommen?"

„Natürlich, " nickte Walter, „ sie nahmen sich Vorpommern, Rügen, Wismar, dazu noch die Bistümer Bremen und Verden. Außerdem bekamen sie den Titel eines Herzogs und somit das Stimmrecht in den Reichsversammlungen."

„Also bestimmen die Schweden jetzt immer und ewig über uns mit?"

„Ja und vor allem, sie kassieren mit, denn sämtliche Zolleinnahmen der Flussmündungen stehen ihnen zu. Das ist ein Drittel der Reichseinnahmen. Das Reich ist ein Binnenland geworden. Ohne Genehmigungen hat man keinen Zugang mehr zu den Gewässern."

„Ein eigenartiger Friede", entrüstete sich Jannik, „aber, was ist denn jetzt mit der Religion? Dafür haben wir doch gekämpft?"

„Das glaubst du? Dazu komme ich noch. Lass uns doch erst noch bei dem Friedensvertrag bleiben, denn auch dieser hat damit zu tun."

„Erzähle."

„Das Reich wird neu geordnet. Ob man da jedoch von Ordnung sprechen kann, das bezweifle ich. Wir haben jetzt genau achtzehnhundert Verwaltungsgebiete bekommen, dann noch siebenundsiebzig Fürstentümer, einundfünfzig freie Reichsstädte und fünfundvierzig Herrschaften. Jedes dieser Gebiete ist souverän. Jeder kann in seinem Gebiet machen was er will."

„Jeder?"

„Ja, jeder Herr. Das Volk natürlich nicht. Man kann Bündnisse schließen und auch Krieg führen. Nun kommen wir aber zur Religion."

„Ja?"

„All diese Gebiete dürfen die Religion frei wählen."

„Das ist gut."

„Frei wählen heißt: Der Herr des Gebietes kann wählen. Die Untertanen haben zu folgen."

„Das ist nicht gut. Also bestimmt der Fürst - oder wer immer der Herrscher des Gebietes ist - was ich zu glauben habe?"

„Du hast es erkannt. So ist es."

Jannik schaute auf die Pike, die neben ihm lag.

„Dafür habe ich gekämpft?"

„Nein, du hast für das gekämpft, was man dir erzählte. Das ist nun jedoch das Ergebnis dessen, was wurde, nachdem Eitelkeit und Größenwahn die Gedanken vernebelte und man den einzigen klaren Kopf in Eger ermordete. Der Titel des Kaisers ist jetzt nur noch ein zierender Name."

„Ich denke, das Reich ist tot", sagte Jannik und Walter nickte:

„Ja, es ist zerteilt. Das Gebilde trägt noch den Namen, aber das Gebilde an sich gibt es nicht mehr."

„Oh, der Lehm wird schwarz", sagte Jannik und stieß einen Stecken in die Glut des Feuers.

„Wer waren denn jetzt die wirklich Treibenden des großen Krieges?

„Namen? Das waren der Kaiser, Ferdinand der Zweite, Wallenstein, Maximilian von Bayern, der schwedische Kanzler Oxenstierna und Kardinal Richelieu. Das sind die Hauptakteure. Dazu kommen noch die Dänen unter König Christian und verschiedene Reichsfürsten, aber auch die Kirche, durch die Jesuiten."

„Sehr viele Personen. Nicht auch der Schwedenkönig?"

„Eher eine Randfigur. Ein Banner oder lebendes Feldzeichen. Der Kopf der Schweden war Oxenstierna. Und es ist alles sehr verworren. So etwa im Jahr 1628 hätte Kaiser Ferdinand Frieden machen können, aber er wollte es nicht. Getrieben von Beratern sah er sich auf einer Mission. Einer Glaubensmission. Das brach dem Reich das Genick."

„So früh hätte es enden können? Mein Vater lebte damals noch..."

„Ja, damals hätte es enden können, aber wir sollten den Zusammenhang sehen. Der große Krieg ist eigentlich ein Krieg, der aus zwei Teilen besteht. Der Teilungspunkt ist sogar genau zu ermitteln. Mit dem Tod Wallensteins begann der zweite Teil. Und diese Zeit war die Schlimmere, wie du dich erinnerst."

„Ich erinnere mich ungern. Wir Söldner waren nur noch auf Beute aus. Jeder versuchte etwas zu gewinnen oder nicht zu verhungern. Heute kämpfte man auf dieser Seite, morgen auf der anderen Seite. Loyalität gab es nicht mehr."

„Bayern ist hier das beste Beispiel. Am Anfang auf Seiten des Kaisers, dann zu den Franzosen neigend, hat ja bereits 1647 Frieden geschlossen. Musste Frieden schließen, denn es gab nichts mehr, was man verteidigen konnte. Schweden und Frankreich plünderten was das Zeug hielt, obwohl Bayern sich in seinen Zielen identisch mit denen Frankreichs sah: Die Macht Habsburgs sollte gebrochen werden."

„Wann kamen denn die Franzosen direkt in den Krieg?"

„Am Anfang unterstützten sie nur die Kräfte gegen Habsburg, aber 1635 traten sie offen in die Schlacht ein. Im Jahr zuvor (1634) hatten die indirekt verbündeten Schweden die Schlacht von Nördlingen vernichtend verloren. Richelieu tat nun etwas Geniales: Er erklärte Spanien den Krieg, so band er deren Truppen auf der iberischen Halbinsel. Zugleich gewann er Herzog Bernhard von Sachsen-Weimar als Heerführer, denn nachdem Gustav Adolf von Schweden tot war, brauchte die Armee einen Kopf. Und Herzog Bernhard war dieser Kopf. Er entlastete zudem Oxenstierna."

„Ich erinnere mich. Ich war in Rheinfelden dabei. Eine üble Sache, " warf Jannik ein.

„Ein Katastrophe, dieses Schlachtgemetzel, " entgegnete Walter, „Herzog Bernhard, sicherte nun den ganzen Südwesten ab. Wäre er 1639 nicht an Typhus gestorben...Wer weiß, was dann noch geschehen wäre."

Er schüttelte den Kopf.

„Und als 1643 die Spanier bei Rocoi von den Franzosen geschlagen wurden, waren sie aus dem Krieg heraus. Zu verheerend waren die Verluste. Die Franzosen waren nun der Herr südlich des Mains."

„Und die Schweden? Was war mit den Schweden?"

„Als die Schweden 1630 kamen, sagte König Gustav Adolf noch, er komme nicht als Feind des Kaisers, sondern, er wolle die Protestanten schützen und dafür sorgen,, das sie ihre Rechte wieder erhalten.. Aber – du weißt es selbst – fünf Jahre später sah es anders aus. Die protestantischen Sachsen kämpften gegen die Schweden, Schotten dienten dem Kaiser, Dänen kämpften gegen Schweden und Schweden gegen Dänen. Auf dem Bodensee gab es eine Seeschlacht zwischen Spaniern und Schweden, Kroaten überstiegen in den Nächten Stadtmauern und plünderten, Schweden eroberten Städte und gaben sie dann den Franzosen, die dann wieder von italienischen Truppen vertrieben wurden. Ein Durcheinander."

„Ein blutiges Durcheinander..."

„Bleiben wir doch einmal bei den Schweden. Sie zogen kreuz und quer durch das Land. Durch Pommern, Thüringen, Bayern, bis vor die Tore Wiens, hinein nach Böhmen, dann wieder zum Rhein. Das war kein Kriegszug, das war ein Beutezug. Als sie Prag eroberten, wollten sie die Stadt dem Erdboden gleich machen. Die Bürger, das Volk verteidigte die Stadt und die Schweden scheiterten. Sie beschossen Tag und Nacht die Altstadt und unterdessen plünderten sie alles, was sie bekommen konnten, außerhalb der Mauern. Sie sollen dort immer noch rauben, so hörte ich es.

Immerhin war es Gustav II. Adolf - der christliche Löwe aus Mitternacht, wie ihn die Protestanten nannten - der sagte, man solle plündern, wo man nur könne, um den Feind zu demoralisieren. Da ging es schon nicht mehr um Religion, da ging es nur noch um Beute."

„Ich weiß, " sagte Jannik. „Sicher war man nur noch in den dichten Wäldern, wo man Baumrinde aß, Gras und Käfer oder in den Festungen. Auch Wallenstein sagte, der Krieg müsse den Krieg ernähren... Ich sah in Festungen Märkte, auf denen wurden Ratten und Mäuse angeboten. Diese Delikatesse konnte sich kaum jemand leisten. Ich bin durch Gebiete gekommen, da gab es kein einziges Schwein und die Menschen aßen das Fleisch der Toten. Das war übel."

„Kann man es ihnen verdenken? Der Hunger ist der größte Feind, denn er verwirrt den Verstand. Man denkt nicht mehr, nur das Verlangen nach irgendetwas Essbarem beherrscht das Handeln."

„Aber berichte doch weiter", bat Jannik und verwischte mit den Füssen - um die Lumpen gewickelt waren - die gemalten Kreise.

Stiefel besaßen sie beide nicht mehr, seit Jahren schon. Was gäben sie nur für ein Paar Stiefel. Solche Stiefel, wie sie der Friedländer, wie Wallenstein gemeinhin genannt wurde, hatte machen lassen! Von seinem Geld. Linke und rechte Stiefel. Für jeden Fuß passend. Das war bis dahin unbekannt und während die Anderen sich noch die Spitzen der Fußbekleidung mit Werg ausstopften, erhöhte dieses Schuhwerk die Marschgeschwindigkeit in seinem Heer beträchtlich. Schnell waren die Wallensteiner, schneller als es manchem Feind lieb war.

„Du schweigst?" sah Jannik auf.

„Ach, ich sann nur ein wenig in mich hinein....Weißt du, am Anfang schien es wirklich um die Religion zu gehen und als der Prager Frieden – der auch nicht währte – 1635 geschlossen wurde, sah auch Ferdinand, der mächtige Kaiser ein, dass er nicht so mächtig war, wie er es dachte. Die Gebiete, die er 1628, auf der Höhe seiner Macht, besaß, würde er nie wieder bekommen. Seine Gebiete, denn sein Denken war so: Er besaß alles und seinem Willen hatte man sich zu beugen."

„Wenn du es so sagst, hört es sich an, als hätten wir nur für einen Mann gekämpft, nicht für den Glauben, das Land, für die gerechte Sache..."

„Gerecht? Was ist schon gerecht? Im Himmel mag es sie geben, diese Gerechtigkeit, aber hier auf Erden bestimmt das Schwert das Recht....Ja, wir haben für einen Mann gekämpft, für eine Dynastie, die wir tragen. Wir, das Volk. Wir hungern, aber ohne uns müssten sie verhungern, denn kannst du dir einen Fürsten mit einer Mistgabel in der Hand vorstellen?"

„Eigentlich schon...Wenn er sie einem Bauern in den Hintern sticht, weil er vor ihm nicht die Ehrerbietung zeigte, die erwartet wurde."

„Du sagst es..."

Schweigend sahen die beiden Männer ins Feuer. Von irgendwo drangt das helle Klingen einer Glocke kurz an und ein streunender Hund lugte in den Hauseingang. Auch er, Haut und Knochen, mit weinenden Augen, ängstlich zitternd und vor der ausgestreckten Hand Janniks zurückweichend und fliehend.

„Niemand vertraut mehr jemandem", sagte er dann, „selbst der Hund weicht vor uns zurück. Wir, die nichts anderes sind als er, Geschöpfe Gottes, aber die Zeit machte uns zu Helfern des Teufels."

Walter stand auf und mit schlurfenden Schritten umkreise er das Feuer.

„...Ja, Werkzeuge des Teufels." Er stöhnte mehr zu sich selbst, als das er es aussprach.

„… Nichts haben wir gebracht, gar nichts…Nur Not und Tod und sind selbst nicht besser dran. Vielleicht ist dies schon die Hölle und der Krieg ist der Leibhaftige…"

„Und die Piken seine Stacheln, die Schwerter sein Biss, die Arkebusen seine Hörner, der Pulverdampf sein Atem und der Kanonendonner sein Gebrüll…"

Erneut schwiegen die Männer. Jannik hatte sich ausgestreckt und starrte durch das löchrige Dach in den Himmel, derweil Walter mit der Hand über die verkohlten Balken fuhr.

„Du sagtest vorhin, der Kaiser hätte schon früh Frieden machen können…" Jannik brach den Satz ab und das Anheben der Stimme ließ die Frage erkennen.

Walter wandte sich von dem Holzbalken fort und Jannik zu:

„Früh, ja…Er hätte es tun können. Denn er hatte einen Befehlshaber an der Seite, der allen anderen überlegen war. Nur, der Kaiser erkannte es nicht. Nach Wallensteins Tod hatte er keinen Mann, der diese Qualität besaß. Natürlich, ihm dienten treue Heerführer, loyal. Er konnte sich auf sie verlassen, aber was nützt dies, wenn sie in den Entscheidungen fehlen, zaudern oder das Falsche tun. Gar nichts. Ich glaube, Ferdinand hat es oft bereut, dass der Friedländer ermordet wurde. Er den Mord geschehen ließ. Damals, als Hauptmann Deveroux dem Friedländer die Partisane in die Brust stieß und man Schwertschläge auf ihn metzelte, sicherte es zwar seine Macht im eigenen Gebiet, aber konnte diese Festigkeit dem Druck von außen standhalten? Man hoffte es. Heute wissen wir, der Druck war stärker, zermürbender und das Reich zerbrach ebenso, wie die Erblande der Habsburger…"

Jannik nickte und legte etwas feuchtes Holz auf das Feuer. Knisternd sprangen Wassertropfen heraus und eine undurchsichtige Nebelsäule stieg empor. Es war kein Rauch, es war eher ein Schleier, den das Feuer über die Welt legen wollte.

„Ferdinand verlor die Macht, " fuhr Walter nun fort, „ weil er die Interessen seiner Gebiete über die des Reiches stellte und sein religiöses Denken sein Tun bestimmte. Der Mann im Hintergrund des

Krieges, der wahre Lenker, Kardinal Richelieu, hatte dieses Denken nicht. Er hatte es auch den Herren in Frankreich ausgetrieben, denn für sie war das Land zugleich der König. Absolut. Hier jedoch war der Kaiser. Abhängig von den Kurfürsten, deren Gunst er bedurfte. Er war ihr Kopf, aber Arme und Beine waren sie. Sie hatten eigene Handlungsideen.

Ferdinand glaubte den Berichten, die man ihm über Wallenstein erzählte.

Gottlos sei er, er achte den Kaiser nicht und zudem, der Ungehorsam noch obendrein. Außerdem verhandelte Wallenstein mit Arnim, einem Heerführer der Schweden. Um den Frieden zu bringen, so sagte man, aber der Kaiser wollte keinen Frieden, seine Berater wollten ihn nicht und die Kirche wollte ihn nicht. Man wollte die Ketzer endgültig beseitigen. Doch das Schlimme waren die Gerüchte. Der Friedländer wolle sich mit Arnim einigen, ja, die Armeen beider vereinigen und dann jede fremde Macht aus dem Land werfen. Weiß Gott, er hätte es vermocht und dann das Schlimmste der Gerüchte: Er der Kaiser solle abgesetzt werden und Wallenstein wolle sich des Thrones bemächtigen. Natürlich nicht für sich selbst. Irgendein Marionettenkaiser würde sich schon auf den Thron setzen, aber er würde regieren. Nicht auszudenken, was das bedeutete. Er würde den Adel in seinen Rechten beschneiden, den Rechten, derer sie sich von Gott gegeben glaubten. Hatte er nicht Stallburschen und Knechte zu Offizieren gemacht? Der Mann störte die Ordnung, er ändert den Lauf der Welt... Nein! Das durfte nicht sein. Wallenstein musste fallen. Zu machtvoll war er geworden und nun stand eine Einigung mit den Schweden bevor, geführt von ihrem Kanzler Oxenstierna, der immer schon die Geschicke führte, auch als Gustav Adolf bekrönt an der Spitze ritt."

„Hätte Wallenstein es geschafft?"

Fragend sah Jannik auf.

„Ich glaube es, denn nur die tückische Krankheit, die Arnim ereilte, verschob das Treffen. Man munkelte von einem Giftanschlag. Nur zwei, vielleicht drei Tage Verzögerung hätten genügt... Eine so kurze Zeitspanne."

„Ich war damals in Böhmen", sagte Jannik „ Im Winterquartier. Wir kämpften nicht. Kämpften nie, wenn es Winter wurde. Kleinere Scharmützel, die gab es, aber wie hätten wir auch kämpfen können? Die Hände frohren an den Spießen fest, der Eiswind verklebte Bart, Haar und Auge und der Hunger wütete im Gedärm. Wäre es zu einer Schlacht gekommen, wir wären eher erfroren als verblutet, ebenso wie der Feind."

„Ja", erwiderte Walter, „ Damals kämpfte man im Winter nicht, aber nach des Friedländers Tod wurde es anders. Auch dann kämpfte man nicht, aber man plünderte. Musste plündern, denn der Sold blieb oftmals aus und es ging um das nackte Überleben. Ein Schwertstreich auf einen Bauernschädel für ein mageres Huhn, eine Kugel für ein halbtotes Schaf. Wir waren Bestien. Jeder von uns."

„Das waren wir..."

Die Männer schwiegen.

„Du warst in Böhmen....Ich erinnere mich, wie aufgebracht Maximilian von Bayern war, als Wallenstein 1633 nicht kämpfen wollte, die Armee aus den Schlachten heraus hielt. Bayern war den Truppen der Schweden gnadenlos ausgeliefert und der Herzog fürchtete um sein Land, seine Macht, seinen Titel. Fürchtete er sich auch um das Volk? Ich weiß es nicht, vielleicht: Vielleicht insoweit, das ihm die Bauern fehlten, dass sein Tisch nicht mehr so reich gedeckt war, wie zu den Zeiten, als er der Kopf der katholischen Liga war. Das änderte sich aber mit dem Tod Wallensteins. Die Kaiserlichen vereinigten sich mit den Bayern, spanische Regimenter kamen hinzu und in der Schlacht von Nördlingen wurden die Schweden vernichtend geschlagen. Die Macht der Schweden war gebrochen und zugleich brach der Heilbronner Bund auseinander."

„Ich hörte davon..."

„Der Heilbronner Bund war ein Bündnis protestantischer Fürsten mit den Schweden, im Süden des Landes. Sie wollten die religiöse Gleichheit durchsetzen, aber nur mit Sprüchen, Bibeln und Wünschen gewinnt man keine Schlachten und so schnürt man auch keine Bündnisse fest.

Der Schlüssel zur Kriegsbeendigung lag in Sachsen. Von dort kam Arnim. Kurfürst Johann Georg war zwar Protestant, aber er fürchtete auch, zwischen den Schweden und den Kaiserlichen zermahlen zu werden und tendierte innerlich zum Kaiser hin, obwohl der Glauben sie trennte. Nach Wallensteins Tod nahm man die Verhandlungen mit Sachsen wieder auf, die zuvor zur Unterstützung Ländereien gefordert hatten, nach der Schlacht von Nördlingen - als die Schweden vernichtend geschlagen wurden – sich jedoch eilends an des Kaisers Brust warfen. Knauserig war Ferdinand nicht. Sachsen bekam die Lausitz, sowie das Bistum Magdeburg und 1635 schloss man den Prager Frieden. Den ewigen Frieden... Wieder einmal...!

Den Schweden bot man dreieinhalb Millionen Taler, damit sie das Reich verließen. Im Falle einer Ablehnung würde man sie und auch die Franzosen gemeinsam angreifen.

Der Frieden bestimmte aber auch, dass nun der Kaiser selbst der Oberbefehlshaber der Armee sei. Die Fürsten stimmten allesamt zu, nur nicht die Gebiete in Württemberg und Baden, die weiter zu den Schweden standen."

„Aber warum wurde dann nicht endlich Frieden, " schlug Jannik die Faust auf den Boden.

„Ja....Warum? Das Angebot war gut, nur jedes Angebot bedarf auch der Annahme. Weder die Schweden, noch die Franzosen dachten daran, sich an ein Blatt Papier zu halten. Statt Parlamentäre schickten sie Regimenter, denn dieses erkannten sie sofort: Der Kaiser war nicht Wallenstein. Die Ausplünderung des Landes begann."

„Du warst bei Wallenstein?" fragte Jannik.

„Ja, eine Zeitlang, aber auch bei Alexander von Velen in Westfalen. Dem Friedländer nicht unähnlich."

„Erzähle mir etwas von Wallenstein? Ich blutete für ihn, sah ihn zweimal, aber viel weiß ich nicht. Nur, es herrschte Ordnung in den Regimentern, die Verpflegung war gut und seine Stiefel das Beste." Jannik grinste.

„Es stimmt, die Stiefel waren wirklich gut. Schau dir jetzt unsere Lumpen an. Umwickelt die wunden Stellen, stinkend und dennoch, etwas anderes haben wir nicht...Ach, ich schweife ab. Wallenstein..."

„Ja?"

„Ich sagte ja bereits, dass ihn Deveroux erstach... Sein Ende war erbärmlich ehrlos und widerlich. Man hatte den Leichnam in einen Teppich gerollt, die Treppe in Eger hinab geschliffen und der Kopf schlug dabei immer wieder auf die Stufen auf. Dann stopfte man ihn in eine Holzkiste. Wallenstein war groß, die Kiste klein... Man zerschlug die Beine mit einer Keule und so passte er hinein."

„Widerlich!"

Jannik spuckte aus.

„Ja", erwiderte Walter und zog die Nase kraus. „ Das war unwürdig. So geht man nicht mit Menschen um, aber wie sind wir mit ihnen umgegangen? Waren wir besser?"

Jannik nickte.

„Viel besser waren wir auch nicht..."

„Aber wir waren in Regimentern, die Herren konnten entscheiden...!"

„Konten sie das wirklich?" erwiderte Walter fragend und fuhr fort: „Im November 1633 eroberte Herzog Bernhard die Stadt Regensburg. Regensburg, bedenke, was das bedeutet. Im 12. Jahrhundert wurde Regensburg – neben Rom – als Hauptstadt bezeichnet. Das war ein Zentrum, der Verlust schmerzte arg. Es wundert nicht, dass Maximilian von Bayern Truppen forderte, um die Stadt zurück zu gewinnen. Wallenstein sollte von Böhmen kommen und die Schweden hinausjagen, aber er weigerte sich. Er weigerte sich zu Recht, denn der Winter brach früh ins Land ein. Vielleicht erfuhr Wallenstein aber auch, dass Maximilian zugleich eine der treibenden Kräfte war, die in Wien, bei Kaiser Ferdinand, auf seine Absetzung hin arbeitete. Er berichtete, Wallenstein zaudere, wolle gar nicht kämpfen und verhandle lieber. Wozu brauche man für eine Verhandlung eine Armee?"

„Wozu?"

„Das Gewicht der Armee ist zugleich auch das Gewicht, welches man am Verhandlungstisch einbringt. Zugleich wurden die Gerüchte verstärkt, Wallenstein stehe wohl kaum noch wirklich auf der Seite des Kaisers. Hatte man ihm nicht 1631 bereits die Krone Böhmens angeboten? Ein Landedelmann, ein Bauer, wie er genannt wurde, sollte eine Königskrone tragen? Allein das Ansinnen war bereits beleidigend, so empfand man es. Aber, übertrug man hier nicht die eigenen Gedanken auf das Wollen eines anderen Menschen? Jedenfalls: Ferdinand zweifelte.

Wallenstein hatte abgelehnt, aber war es wirklich eine Ablehnung dieser Krone, da er eine noch größere Krone auf sein Haupt setzen wollte? Seine Krone?

Kuriere trafen in Wien ein und berichteten, Wallenstein könne das Winterquartier in Böhmen nicht verlassen, zu streng sei der Frost, zu schlecht die Verpflegung. Er wolle bis zum Frühjahr ausharren und weiter verhandeln. Man war erregt. Was erlaubt sich dieser Kerl? Es schien, als suche man geradezu nach Argumenten, obwohl Wallenstein im Recht war, denn Kaiser Ferdinand selbst hatte ihm die alleinige Befehlsgewalt zugestanden, als er im April 1632 wieder in die Reihen der Kaiserlichen trat. Daran wollte sich der Herrscher aber nun nur noch sehr ungern erinnern. 1630 hatte er Wallenstein entlassen und just in diesem Jahr zurückgerufen. Zu ausweglos war die Lage geworden und als Wallenstein sich verpflichtete, ein Heer mit über einhunderttausend Mann aufzustellen, war in Göllersdorf rasch der Vertrag unterzeichnet."

„Also hielt sich der Kaiser nicht an einen Vertrag", stellte Jannik fest.

„So war es. Was gelten denn auch Verträge? Sind Verträge nicht erst dann das Mittel der Verständigung, wenn zwei Parteien nicht anders an ein Ziel kommen können und so zufrieden sind, größtmöglichen Schaden zu vermeiden?"

„So wie jetzt", bestätigte Jannik.

„Der nun beschlossene Frieden musste geschlossen werden, weil es sonst nichts mehr gab."

„Der Kaiser hörte auf die Einflüsterungen und entschied sich. Er setzte Wallenstein ab. Und mit ihm zugleich seine Vertrauten. Er erließ ein Ächtungsdekret und suchte zugleich Männer, die dies in die Tat umsetzen sollten. Er fand sie, so wie man immer jemanden findet, der einem anderen dienlich sein will, wenn er einen Vorteil wittert. An der Spitze stand Matthias von Gallas, einst Seite an Seite mit Wallenstein kämpfend, dann aber wegen eines persönlichen Disputes zum Kaiser übergegangen. Er fand weitere Mitstreiter und als das Ächtungsdekret bekannt wurde, wandten sich viele Kommandeure von dem Friedländer ab. Ihre Haut saß ihnen näher, als dessen Pelz."

„Ich erinnere mich", nickte Jannik zustimmend, „ich lag damals im Winterquartier in Pilsen und wir erfuhren davon. Gordon, der Schotte und Buttler, der Ire waren dabei, auch Oberstwachtmeister Leslie. Man sagt, sie hätten dem Friedländer zuvor noch scheinheilig die Treue geschworen. Genaues wussten wir nicht. Es waren Marodeure, die es berichtetet, als sie durch Böhmen zogen."

„Ja, die genannten Herren waren dabei und Hauptmann Deveroux mit sechs Dragonern übte das Attentat aus, derweil zuvor im Festsaal die Getreuen Wallensteins niedergemacht worden waren. In Wien atmete man wohl auf, denn Respekt hatte man allemal vor dem kranken Heerführer, den die Gicht und das Rheuma, aber auch wohl die französische Krankheit peinigte."

„War der Mord wirklich nötig gewesen?" fragte sich Jannik mehr selbst, als das er zu Walter aufsah.

„Nein", entgegnete Walter, „ ich glaube es nicht. In Göllersdorf hatte der Kaiser Wallenstein selbst zu Verhandlungen ermächtigt. Ich weiß es genau, denn ich schrieb die Abschriften des Vertrages. Er solle Kontakt mit Sachsen aufnehmen, das war der Wille gewesen. Genau das hatte Wallenstein getan, aber er sprach auch mit den anderen Kriegsparteien, mit den Franzosen ebenso, wie mit den Schweden und den böhmischen Kräften, die außer Landes geflohen waren."

„Was wollten sie also, was hatten denn diese Parteien für Forderungen? Wünsche kann man es ja wohl kaum nennen, nicht wahr?"

„Ja, es waren Forderungen. Und diese Forderungen überschnitten sich. Die Böhmen, vertreten durch ihren Wortführer, Graf Thun, wollten praktisch jede Änderung seit dem Fenstersturz im Jahr 1618 weggewischt sehen. Ein Federstrich und so zugleich tun, als habe es diese Veränderungen nie gegeben. Ausgerechnet Thun, der zu den Ersten gehörte, die damals den Hradschin stürmten und einer der Verantwortlichen des Fenstersturzes war. Gerne hätte man ganz Böhmen zudem aus den Landen der Habsburger gebrochen."

Jannik schüttelte den Kopf.

„Das war nicht klug, das wäre nie durchsetzbar gewesen."

„Das war es auch nicht", erwiderte Walter und ging ein wenig in der Kate umher.

„Es war ein Wunsch, aber ein illusorischer Wunsch. Mit den Schweden verhandelte er auch, aber Wallenstein brach die Verhandlungen ab, denn ihr Kanzler Oxenstierna bestand auf Gebietsabtretungen des Reiches. Gerade deshalb waren die Verhandlungen mit Sachsen und auch Brandenburg wichtig, denn beide Ländereien waren mit den Schweden verbündet und er wollte sie aus diesem Bündnis brechen, um so die Allianz schwächen. Der Gesprächspartner der Schweden war Hans Georg von Arnim. Er kannte ihn gut, denn Arnim hatte unter ihm im Dänischen Krieg gedient, dann wechselte er aber die Seite und trat zu den Schweden über. Seine religiöse Überzeugung riet ihm dazu, denn er war Protestant aus Überzeugung. Gerade diese Gespräche beunruhigten die Räte in Wien und diese Beunruhigung sprang auf den Kaiser über.

Aber auch mit den Spaniern verhandelte der Friedländer, denn die Spanischen Niederlande waren das eigentliche Interesse des spanischen Königs Phillip IV. Er sorgte sich um sie und hatte so auch ein Interesse am Ablauf des Krieges. Sie stellten ein eigenes Heer auf, zogen jedoch nicht zu den Spanischen Niederlanden, sondern durchstreiften ganz Süddeutschland. Der Friedländer sah es mit Entsetzen, denn allein die Anwesenheit musste Frankreich - aus seiner stillschweigenden Rolle - in eine aktive Handlung drängen.

Spanier im Süden und Spanier im Osten, dann auch noch Spanier im Norden. Das würde man sich nicht gefallen lassen und so kam es dann auch:
Richelieu trat von der zurückhaltenden Position in die aktive Position. Franzosen traten in den Krieg ein.
Wallenstein warnte den Kaiser vorher vor diesen Ereignissen, doch Kaiser Ferdinand winkte ab. Es kam ihm wohl auch zupass, denn hier warnte Wallenstein vor einem Katholischen Land. War das nicht Beweis genug für einen Verrat? Man kämpfte und stritt doch für die katholische Sache?"
„Gab es niemanden, der dies auch sah, der dem Kaiser die Dinge erklären konnte, wie sie lagen? Wir ahnten damals ja gar nichts; wir waren im Krieg und in jedem Scharmützel betete ich, das die Pike eher den Feind treffe, als mich eine Kugel oder ein Brandkorb."
„Es gab sie, aber der Schrei des Verrates war lauter. Als Wallenstein tot war, muss Oxenstierna gegrinst haben, denn nun war der ärgste Widersacher nicht mehr vorhanden und auch Kardinal Richelieu wird genüsslich ein Glas Wein getrunken haben. Unwissentlich hatte Kaiser Ferdinand den Franzosen und den Schweden einen Gefallen getan, einen Gefallen, ohne es zu wollen".

„Was weißt Du von den Schweden?" fragte Jannik und ging ebenfalls – wie Walter – in der Kate ein wenig auf und ab.
„Die Schweden?"
„Ja, die Schweden."
„Nun, das Zusammentreffen mit den Schweden begann viel früher, als mit der Landung durch König Gustav Adolf an der Küste", begann Walter, „Das Zusammentreffen begann bereits im Jahr zuvor, 1629.
Wallenstein hatte Arnim, eben jenen Arnim, mit dem er dann 1634 verhandelte und eine Einigung anstrebte, mit Regimentern nach Polen geschickt. Zehntausend Mann stark waren sie, denn sie sollten den polnischen König unterstützen. Er wollte die Schweden dort binden, denn er ahnte die Pläne, dass das Baltische Meer ein schwedisches Binnenmeer werden sollte.

Der polnische König, Sigismund III. – interessanterweise auch aus dem Hause Wasa, wie Gustav II. Adolf - befand sich, seit etwa neun Jahren, im Krieg mit den Schweden. Gustav II. Adolf wollte einen Brückkopf auf der anderen Ostseeseite haben, um eben Herr des baltischen Meeres zu werden. Alleiniger Herr. Livland und das Weichseldelta waren bereits in schwedischer Hand, aber auch Riga gehörte schon dazu. Nach dem Eintreffen Arnims kam es zu einer Schlacht. Die Schweden verloren sie blutig und zogen sich zurück. Man schloss Frieden, aber Schweden behielt die Häfen Pillau und Elbig. Der schwedische Brückenkopf war geschaffen."

„Aber die Schweden kamen doch, um die Glaubensfreiheit zu sichern...". Jannik schien erregt und ein Grollen legte sich in seine Stimme.

„Das, was man vorgeblich will und das, was man beabsichtigt, " erwiderte Walter, „...Das sind oftmals zwei unterschiedliche Dinge. Schon einige Jahre zuvor versuchte Richelieu mit den Schweden eine Übereinkunft zu treffen. Es war im Jahr 1624, aber Gustav Adolf hatte abgelehnt. Was interessierte ihn Frankreich? Sein Bestreben war es, der Herr des Baltischen Meeres zu werden. Polen und Livland war sein Bestreben. Nun aber, nach der Niederlage auf der Stuhmer Heide, jene, welche Arnim ihm bereitet hatte, musste er umdenken, denn auch im westlichen Bereich des Meeres hatte sich etwas getan, denn die Dänen waren aus ganz Norddeutschland herausgejagt worden."

„Ja, die Dänen....," sinnierte Jannik, „...wie verhielt es sich den mit den Dänen?"

Walter winkte ab:

„Nicht so rasch. Zu den Dänen komme ich noch, aber jetzt ist es erst einmal wichtig zu verstehen, warum die Schweden sich doch den Franzosen zuwandte."

„Warum? Die Franzosen waren doch in der Mehrzahl Katholiken und der Protestantismus war eher eine Randreligion."

„Ja, ja…die Religion, " leierte Walter die Worte heraus, „ Ja, ja...Es ging nur vordergründig darum. Im Norden Deutschlands war nämlich etwas geschehen, was den Wasserkönig Gustav II. Adolf die Stirn runzeln ließ. Denn nachdem die Dänen aus dem Land waren, rückten die kaiserlichen Regimenter nach. Die Küste war in der Hand des Kaisers geraten und er ernannte Wallenstein sogleich zum General des Baltischen und Ozeanischen Meeres."

„Da schien man sich noch gut zu verstehen", warf Jannik ein und drehte die Igel in der heißen Asche ein wenig, deren Lehmkruste bereits schwarze Stellen zeigte.

„So war es. Ferdinand II. und Wallenstein verstanden sich prächtig. Aber ist es nicht immer so, dass Sieger und Gewinner sich einig sind und einander zuscherzen? Nachdem Dänemark als Machtfaktor nicht mehr vorhanden war, dachte Ferdinand – und mit ihm der Wiener Hof – über eine Expansion über das Meer, oder aber die Beherrschung desselben nach. Ein weit reichender Gedanke.

Im Süden lag das Mittelmeer und das Reich dehnte sich nach dorthin aus. Dazu noch die Beherrschung des baltischen Meeres und auch des Deutschen Meeres (Nordssee), das wäre keine Macht mehr gewesen, das wäre eine europäische Allmacht gewesen.

Man ahnte Derartiges und Stralsund versuchte seine hansestädtische Unabhängigkeit 1628 zu wahren, als sie dem Druck und der Belagerung der Kaiserlichen ausgesetzt war. Man sandte nach Hilfe aus und der dänische König schickte auch sofort Söldner. Gustav II. Adolf aber sah hier seine Chance, denn Unterstützung gewährte er erst, nachdem Stralsund einen zwanzigjährigen Beistandspakt mit ihm schloss. Kaum hatten sie den Allianzpakt geschlossen, da ging ihnen auch schon ein Licht auf, denn Schiffe brauchte der Schwedenkönig nicht, die besaß er selbst und die Hanse…Ach die Hanse, das war nur eine Konkurrenz. Sie begriffen, dass sie ein schwedisches Bollwerk sein würden, eine Sache, die ihnen nun gar nicht mehr gefiel. Die Küste war – mitsamt allen Häfen – fest in kaiserlicher Hand. Die Ernennung des Friedländers zum Herzog von Mecklenburg-Schwerin und Mecklenburg-Güstrow festigte diesen Umstand zusätzlich. Zugleich dachte man in der Wiener Hofburg daran, die Handelsmacht der Holländer zu brechen und auch gen Südamerika zu segeln, denn, den Reichtum dort neidete man den Spaniern. Ausführen sollte dies die Hanse, die durch die Verhandlungen, welche der Friedländer führte, nun begeistert waren und sich auf die Seite des Kaisers stellten. Diese Pläne waren allesamt so überzogen, dass das Vorhaben scheitern musste."

„Das also erregte Gustav II. Adolf", warf Jannik ein, „ er sah, dass man ihm als ‚Wasserkönig' praktisch das Wasser abgrub."

„Richtig", nickte Walter, „ganz genau das war es. Würde er jetzt nicht handeln, dann könnte er es bald nicht mehr. Er brauchte einen Verbündeten und so besann man sich auf Frankreich, denn die Interessen lagen jetzt ähnlich. Gustav Adolf forderte Geld und den Eintritt Frankreichs in den Krieg, aber Richelieu winkte ab, denn er hätte nicht nur die Katholische Liga gegen sich aufgebracht, sondern auch die im Süden wartenden Spanier. Finanzen wolle man geben, aber direkt eingreifen? Nein, das war der Part der Schweden. Gustav Adolf brach die Verhandlungen ab und wandte sich den Dänen zu, die aber empört waren, als sie von der geplanten Invasion erfuhren."

„Eigenartig…"

„Gar nicht einmal so eigenartig. Durch Personalunion waren die Könige Dänemarks zugleich Herren von Holstein und gehörten somit dem Reichsfürstenrat an. König Christian war Däne, aber er fühlte sich hierdurch zum Reich gehörig."

„Und das gefiel Gustav Adolf gewiss nicht…"

„Das kannst du laut sage, " lachte Walter, „ denn nun brachte Gustav Adolf religiöse Dinge ins Spiel, er wolle doch nur den unterdrückten Protestanten beistehen, die Sache Luthers retten und als ihn einige Reichsstände um Hilfe baten, beschloss er loszuziehen."

„Also wurde er gerufen?" fragte Jannik.

„ Gerufen schon, eher hat er sich rufen lassen, aber der Auslöser dieses Rufes war der Kaiser selbst."

„Der Kaiser? Wie das?"

„Wie es zu erwarten war. Durch Hochmut und Dummheit.

Ferdinand II. befand sich auf einem Kreuzzug. Er empfand sich als wahrer Kämpfer für den wahren Glauben, wie er ihn sah und verstand. Nur der katholische Glaube sollte die Menschen beseelen, alles andere sei Ketzerei. Im Jahr 1629, zu dieser Zeit eine wirkliche Macht, wollte Ferdinand diese Macht nun auch demonstrativ zeigen, mit einem Federstrich durch die Ketzerreihen fahren, der blutiger als ein Schwertstreich war. Er erließ das Restitutionsedikt. Darin stand kurz dies:

Alle Besitztümer, die seit 1552 von katholischer Seite zur protestantischen Seite gewechselt hatten, eingezogene Klöster durch die Landesherren und vieles mehr, seien nun wieder katholisch. Die Menschen würden nun auch wieder katholisch sein und wer sich weigere, sei ein Ketzer."

„Mein Gott", schlug Jannik die Hand vor den Mund, „ Davon erfuhren wir nichts. Wie kann man nur so dumm sein..."

„Ferdinand II. konnte es und seine Berater, zumeist Jesuiten, bestärkten ihn in der Richtigkeit dieser Entscheidung. Wallenstein war entsetzt und er sagte dem Kaiser, dass er dadurch nun den Schweden ins Land gerufen habe. Er sollte Recht behalten."

„Was tat Gustav II. Adolf denn nun direkt?" fragte Jannik und drehte die Ascheigel erneut ein wenig.

„ Gustav II. Adolf?

Innerlich lachte er wohl, aber nach außen hin tat er empört. Der Handel würde zum Erliegen kommen, der Glauben sei bedroht und eine Invasion sei zugleich eine Verteidigung des eigenen Landes. Oxenstierna sagte im Jahr 1644 öffentlich - in einer Zeit, als es keiner Maskerade mehr bedurfte - dass allein Pommern und die Küste, der Grund des Übersetzens gewesen seien. Doch nun, da wollte man an den religiösen Retter glauben. Warum auch nicht? Es gab Niemanden mehr, der es hätte tun können. Die Schweden setzten über und standen binnen weniger Tage vor Schwerin, in Wien gärten die Gerüchte und letztendlich wurde Wallenstein zum ersten Mal vom Kaiser seines Dienstes enthoben. Wozu brauchte man ihn noch? Mit den paar Schweden würde man schon fertig werden. Ein Irrtum, denn bis zum Jahresende hatte sich die Armee Gustav II. Adolfs mehr als verdreifacht, Frankreich öffnete die Geldbörse und unterstützte den Heerzug, der sich den Schein der Religiosität gab. Bestandteil dieses Vertrages war aber auch, dass Gustav II. Adolf keine Armeen der Katholischen Liga angreifen dürfe. Dem stimmte er zu, mit dem Vorbehalt: Wenn sie ihn nicht angreifen.

Er führte eine Heeresreform durch, schuf kleinere, schnell bewegliche Einheiten, die Brigaden und war sehr schnell an Ausrüstung und Technik den kaiserlichen Regimentern überlegen."

„Ich erinnere mich jedoch, " unterbrach Jannik, „dass der Schwedenkönig aber gar nicht von jedem begrüßt wurde."

„Nun, die Herzöge von Sachsen-Weimar traten sofort zu ihm über, Hessen-Kassel folgte, aber die anderen protestantischen Herren zögerten. Ihr Denken war immer noch auf das Reich gerichtet, dann erst auf die Religion. Sie sahen wohl voraus, dass es zu einer Teilung kommen würde. Gustav II. Adolf zögerte nicht. Er eroberte Pommern, Teile von Mecklenburg, stürmte 1631 Frankfurt an der Oder und…"

„Im Jahr 1631, " unterbrach Jannik, " …da war ich vor Magdeburg…".

„Magdeburg? Du warst dabei?"

„Ja ", nickte Jannik zögerlich… „Ja, ich war dabei."

„Erzähle", forderte Walter.

„Ich…" Janniks Stimme stockte, „Ich diente damals in einem Regiment der katholischen Liga unter Johann Tserclaes Tilly. Ferdinand II. wollte ein Exempel statuieren, zudem die protestantische Stadt für seinen Sohn haben, den er dort als Herren sah und zugleich den katholischen Glauben verkünden. Etwa ein halbes Jahr lang beschossen wir die Stadt, eine mächtige Festung. Tag und Nacht. Unser Winterlager war vor den Mauern und wir fingen oftmals Boten ab, die den Schwedenkönig um Hilfe bitten sollten. Er kam nicht, ja es schien uns so, als wolle er gar nicht kommen, denn ein erobertes Magdeburg würde ihm auch einen Grund zum Zug nach Westen geben. Das hörte ich von einem Obristen, der später bei der Erstürmung fiel. Der Schwedenkönig wartete ab. Tausende Tote würden ihm Zulauf bringen, Magdeburg war seine Märtyrerstadt.

Am 20. Mai 1631 stürmten wir durch zwei geschlagene Breschen die Stadt und gegen Mittag brach Feuer in der Stadt aus. An mehreren Stellen zugleich. Die Stadt verbrannte vollständig. Ich höre noch heute die Schreie der Menschen, sehe die Erschlagenen in den Gassen und das trampeln der Pferde über Flüchtende hinweg. Drei Tage lang wütete der Brand und am Ende standen nur noch einige Katen am Elbufer, der Dom und die Kirche der Liebfrauen. Ausgebrannt und stinkend. Fünfundzwanzigtausend Menschen sollen umgekommen sein, hieß es hernach. Fünfundzwanzigtausend und nur Fünftausend sollen überlebt haben. Mein Gott, es war die Hölle. Und ich war dabei. Ich habe geplündert, ich..."

Jannik beugte sich vor und verbarg das Gesicht zwischen den Knien. Walter schwieg.

„Es ist schon gut", reckte sich Jannik nach einer Weile und streckte sich. Auf der schmutzigen Wange war die Spur einer Träne zu sehen.

Walter bemerkte sie, aber er sagte nichts.

„Gustav II. Adolf", sagte er dann, an Walter gerichtet: „Du sprachst von dem Schwedenkönig..."

„Ja...," nickte Walter, „Der Schwedenkönig...Er verbündete sich mit Brandenburg, die Brandenburger aber wollten kein Bündnis, doch als sie die Kanonen sahen, die Gustav II. Adolf in Stellung hatte bringen lassen, da unterzeichneten sie rasch die Allianz. Gemeinsam zog man gen Breitenfelde bei Leipzig, traf dort auf das Heer der Katholischen Liga unter Tilly und ..."

„Ich war dabei..." sagte Jannik einwerfend mehr zu sich selbst, als zu seinem Gefährten, „...Ich war dabei..."

„...Dort auch? Tilly wurde vernichtend geschlagen."

„Tilly? Er kam davon! " schimpfte Jannik, „ Wir waren es, die in die Piken liefen, wir waren es, die Schwertstreiche ertragen mussten. Wir..."

„Ja", nickte Walter, „ Wir, immer wir…. Elftausend Männer der Liga starben dort, die Schweden verloren eintausendfünfhundert. So viel Leid, so viel Tod…"

Die beiden Männer schwiegen für geraume Zeit. Vor ihren Augen sahen sie noch einmal das Kartätschenfeuer und hörten das Wiehern fallender Pferden, schmeckten das eigene Blut auf den Lippen und rochen die Verwesung der Toten… So viel Leid.

Walter fasste sich:

„Nach dieser Schlacht war Gustav II. Adolf der Herr über Norddeutschland, die Macht Habsburgs wankte und die Schweden zogen in das Würzburger Gebiet. Nicht lange mehr dauerte es und sie beherrschten Westfalen, Elsass, Mainz, die Rheingebiete…Der Kaiser war nicht mehr die Macht, er hatte keine Stärke mehr… Die Macht waren die Schweden, sie waren die wahren Herren des Landes zu dieser Zeit."

„Ja, damals genügte allein der Ruf, dass die Schweden kommen, um uns zittern zu lassen", erinnerte sich Jannik. „Mein Gott, welch große Angst wir hatten und doch kämpfte jeder von uns…"

„Das eigentliche Ziel, die Sicherung der Küste, war längst erreicht, aber man stand tief im Land und neue Ziele taten sich auf, neue Begehrlichkeiten. Reiche Städte, bis dahin vom Krieg noch nicht berührt und gefüllte Speicher.

Gustav Adolf fühlte sich nicht nur als Herr des Landes, er handelte auch so. Nach seinem Willen vergab er Land, beschenkte die Getreuen an seiner Seite, schuf Fürstentümer, ja sogar Herzogtümer. Eine neue Ordnung zog ein. Seine Ordnung. Offen sprach er davon, den Kaiser abzusetzen und sich selbst mit der Krone des Reiches zu krönen…"

„Ich hörte davon, " nickte Jannik, „…Ich hörte davon."

„Zu dieser Zeit wurde Frankreich nervös. Genauer gesagt, Kardinal Richelieu wurde es, denn den Weinbauern im Süden oder den Fischern an der Westküste interessierte der Krieg nur insoweit, wie er seine Einnahmen schmälerte.

Man erkundigte sich nach den Rheingebieten und schlug eine Teilung vor. Die Schweden sollten das Gebiet nördlich des Mains erhalten, die Westgrenze Frankreichs der Rhein bilden. Gustav II. Adolf empörte sich. Er warf den Unterhändler hinaus, denn er war der Herr im Reich. Was wollten die Franzosen denn jetzt von ihm? König Gustav Adolf wandte sich mit dem Heer gen Franken und schlug innerhalb von wenigen Stunden die Armee des Tilly erneut. Der Rat Nürnbergs huldigte ihm als Befreier. Aber dann geschah dies:

Tilly war in der Schlacht verwundet worden. Eine Kettenkugel hatte ein Bein zerschmettert und der alte Feldherr verstarb an der Verletzung. Zwar war er alt gewesen, rechthaberisch, aber nicht senil. Der Katholischen Liga fehlte nun der militärische Kopf.

In Panik und voller Angst flüchtete der bayrische Herzog Maximilian nach Regensburg. Sein Land lag offen da, eine reiche Beute, die man nur nehmen musste."

Jannik schlug mit der Faust auf den Boden.

„Ich weiß es. Auch dort war ich dabei. Der Schwede jagte uns quer durch das Land. Ingolstadt, Augsburg und Landshut. Man schlug uns, wo man uns traf und jagte uns bis München. Mit uns flüchtete das Volk; denn - der als Befreier erwartete - Schwedenkönig frönte längst seiner Beutegier und seine Söldner und Knechte taten es ihm gleich. Das war kein Kriegszug mehr, das war nur noch ein Raubzug."

„Waren wir anders?"

„Ja, das waren wir. Damals noch."

„Ja, damals, aber dann…?"

„Dann nicht mehr. Der Schwede lehrte es uns… Was haben wir nur getan…"

Jannik hielt sich mit den Händen die Ohren zu, als wolle er die unhörbaren Schreie der Sterbenden nicht in sein Ich lassen. Er hörte sie. Sie, die riefen: „Auch du warst dabei…Auch du…".

„Ich war in München", unterbrach ihn Walter, „der Schwedenkönig ritt vor die Residenz, plünderte sie aus und der Bürgermeister musste im Staub knien. Alles nahmen sie mit, selbst das Saatgut, um die Pferde damit zu füttern. Die Bitten der Bauern verlachte er.

Aber das Lachen verging ihm rasch, denn nun – da Tilly tot war – benötigte man einen fähigen Heerführer und welcher Name lag da näher, als der des Friedländers?

Aller Hader schien vergessen und er war das Rettungsseil, an welches man sich klammerte.

Hatte Gustav II. Adolf zuvor noch einen Triumphzug durch das Reich angeführt, unterbrochen von Schlachten, so trieben sein Benehmen und die Beutegier die Menschen zu Wallenstein förmlich hin, der innerhalb kürzester Zeit ein Heer aufstellte. Ganze Regimenter stellten sich freiwillig ein und kaum hatte der Schwedenkönig München verlassen, da war das Heer Wallensteins bereit."

„In dem auch ich war", lächelte Jannik.

„Wir nannten uns Friedländisch-Kaiserlich. Das brachte manchen geistlichen Herren zur Raserei, denn der Name des Herzogs wurde vor dem des Kaisers genannt, aber so waren die Machtverhältnisse. Ich glaube – wenn ich über das bisher gehörte nachdenke – wir hätten nicht gegen die Schweden ziehen sollen. Wir hätten genau in diesem Augenblick den Kaiser absetzen und den Friedländer küren sollen..."

„...Der sich dann gegen das ganze Reich zu behaupten gehabt hätte und gegenüber den Schweden und Franzosen...", fuhr Walter dazwischen, „ es hätte keinen Bestand gehabt. Das einigende Band war die schwedische Invasion. Nur diese."

Jannik zögerte

„...Du hast Recht, aber meine Gedanken waren voller Eifer und voller Wut über all das Geschehene...".

„Ich verstehe dich, mein Freund, " sagte Walter und legte die rechte Hand auf die Schulter des Nebenstehenden. „Ich verstehe dich...Auch mich packt oftmals die Wut, aber in den Augenblicken der Entscheidung weiß man nie, was man nach Ablauf der Entscheidungsdinge weiß... Ach, ein Übel ist dies...".

„Wir liegen allesamt in Gottes Hand", sinnierte Jannik, „ aber ich glaube, er hat dreißig Jahre lang weggesehen..."

„Wallensteins Armee schnitt den Schweden den Weg nach Norden ab…"

„Wir verschanzten uns südlich von Fürth, bei Zirndorf", fuhr Jannik fort.

„Zuerst verstand niemand, warum wir nicht angriffen. Immer mehr Regimenter zog Gustav II. Adolf heran, sein Heerhaufen wuchs gewaltig, aber dann begriffen wir es: Er konnte diese Menschen nicht versorgen. Der Hunger wurde unser Verbündeter. Noch heute danke ich dem Friedländer, dass er uns nicht in die fünfhundert Kanonen hat stürmen lassen, deren Münder mit ihrem Feueratem auf uns warteten. Fünfhundert Kanonen…

Dann gab es da noch etwas, was wir nicht verstanden. Wir legten keine Schanzlinie an, sondern vereinzelte kleine Schanzen, jeweils mit Kanonen bestückt. Das, was wir zuerst nicht verstanden, ließ uns das gesamte Schlachtfeld mit Kanonen bestreichen. Letztendlich griff der Schwedenkönig an. Er hatte keine Wahl. Abzug und Schande oder Angriff und Sieg.

Er wollte siegen und rannte gegen unsere Stellungen an. Vier Tage lang. An Schlaf war nicht zu denken. Vier Tage voller Kampf, ohne Unterbrechung, dann aber zogen die Schweden ab. Siebentausend Tote ließen sie zurück, auf unserer Seite starben mehr als zweitausend. Soviel Tod…".

„Sein Nimbus der Unbesiegbarkeit war dahin", fuhr Walter fort. Einige Wochen später trafen die Heere erneut aufeinander. Bei Lützen. In dieser grausigen Schlacht, wohl die Ärgste des Krieges, fiel der Schwedenkönig. Und mit ihm ungezählte andere. Die Vormachtstellung der Schweden war beendet. Der Herr des Reiches hieß Wallenstein. Und obwohl diese Schlacht sein Triumph war, begann damit auch sein Untergang, denn in Wien erschrak man schon bei der Namensnennung.

Sollte er es nun wagen, da die Schweden besiegt waren? Wagen, gen Wien zu ziehen und die Macht des Reiches zu nehmen? Den Kaiser zu stürzen? Wer könnte ihn daran hindern?

Wallenstein wagte es nicht, weil er es nicht wagen wollte, sondern weil er zu seinem Wort stand. Er war der Feldherr, nicht ein Throndieb. Die spätere Unvernunft der Fürsten ließ ihn jedoch an diesem Standpunkt zweifeln. Nicht weil er die Krone wollte, sondern weil er darin ein Mittel sah, den Krieg zu beenden."

„Vielleicht hätte er es nun tun soll, " murmelte Jannik.

„Ja", nickte Walter, „vielleicht hätte er es tun sollen, aber er hätte auch gegen Intrigen zu kämpfen gehabt. Im Jahr 1628, als die Dänen besiegt waren, da gab es bereits Stimmen gegen ihn. Mächtige Stimmen, denn eine kaiserliche Armee gab es nicht. Es gab die Armee Wallensteins, der sie dem Kaiser zur Verfügung stellte. Nicht auszudenken, wenn das gottlose Gedankengut dieses Bauern auch noch das Ohr des Kaisers fände.

Der Bayernherzog Maximilian stand Wallenstein immer mehr als distanziert gegenüber. Es war nicht nur der Standesdünkel der sie trennte, es war auch das Erkennen Maximilians, das seine Intrigen, die ihm den Kurhut unrechtmäßig einbrachten, von dem böhmischen Bauern – wie er ihn nannte – durchschaut wurden.

Auch missfiel es, das Wallenstein nach Befähigung aussuchte und nicht nach Stand. Ein fähiger Kopf ist wertvoller, als ein behüteter Kopf.

Oft warnte der Friedländer den Kaiser vor seinem Vetter Maximilian, der ein eigenes Spiel spiele, aber Ferdinand II. war zu sehr seinem Stand verpflichtet, als das er daran glauben mochte. Immer wieder beschwor der Friedländer den Kaiser, dass er der Herr des Landes sei und seine Abhängigkeit gegenüber den Kurfürsten beenden müsse."

„ Jetzt, am heutigen Tage wissen wir, das der Kaiser zwar hörte, aber wohl nicht zuhörte", pflichtete Jannik bei.

„So war es wohl. Aber Ferdinand der Zweite wollte ja seine Art von Frieden. Inneren Frieden. Eine Mission, ein Kreuzzug und inneren Frieden und dann das Übliche, die Versorgung der Familie.

Als der Krieg mit den Dänen beendet war, rief Ferdinand einen Kurfürstentag zusammen. Er wollte die Streitereien beilegen und zugleich seinen Sohn als Nachfolger durchsetzen. Man traf sich in Regensburg und Herren von allen Höfen kamen angereist. Ferdinand repräsentierte als Sieger. Er fühlte sich als Sieger, sah den Krieg schon als beendet an. Das war in den Tagen, als er auf die Fürsten und Gäste schaute, aber nicht nach Norden, wo Gustav II. Adolf bereits die Vorbereitungen der Invasion traf. Zu beschäftigt war der Kaiser mit sich und der Hofhaltung, als das er es bemerkte. Vielleicht wollte er es auch nicht bemerken..."

„Ist man nicht immer blind und kurzsichtig, wenn man sich im Siege wähnt? Denkt man mit vollem Beutel an die Tage des Hungers?"

„Jannik", grinste Walter, „in dir steckt ja ein Philosoph."

„Nein, nur ein hungriger Kerl, der gleich die Igel aus der Asche holt."

„Ja, auch mein Magen knurrt gewaltig."

„Ach, erzähle doch noch kurz von dem Fürstentag zu Regensburg."

„Nun, viel gibt es da nicht zu berichten, oder doch? Wie bereits gesagt, wollte Ferdinand seinen Sohn als Nachfolger bestimmt sehen und übersah dabei die Reihenfolge der Beratungspunkte, denn zuerst sollte über den Oberbefehl der Armee – also Wallenstein – gesprochen werden, erst später über die Nachfolge. Der Kaiser saß in der Zwickmühle. Würde er der Abberufung Wallensteins nicht zustimmen, würden die Kurfürsten den Nachfolgewunsch nicht respektieren.

Auf den Gängen und in Hinterzimmern trafen sich Unterhändler, jeder versuchte seine Interessen durchzusetzen und Frankreich – durch Père Joseph – versuchte die bayrischen Wittelsbacher gegen die Habsburger auszuspielen, um Bayern aus der Katholischen Liga heraus zu trennen. Zugleich informierten andere Unterhändler die Gegenseite. Eine Atmosphäre des Misstrauens breitete sich aus und Maximilian tastete sich gen Frankreich vor, die ihm – verschwiegen - Gold und fünfzigtausend Mann zusagten, die seine Regimenter füllen würden.

Maximilian war der Sprecher der Kurfürsten und forderte sogleich die Absetzung des Friedländers, insgeheim wohl daran denkend, im Ablehnungsfalle, sich auf die Seite Frankreichs zu schlagen.

Der Kaiser zögerte, doch Père Joseph überzeugte ihn schließlich, dass der Krieg vorbei sei und man Wallenstein nicht mehr benötige. Außerdem solle man die Kurfürsten nicht vergrämen. Er stimmte der Absetzung zu. Die Kurfürsten bedankten sich und bestätigten seinen Sohn nicht als Nachfolger. Das wolle man später tun. Irgendwann... Der Kaiser hatte alles gegeben, aber nichts erreicht. Vielleicht hat er sich in dieser Nacht wie eine Marionette gefühlt."

„Zu dieser Zeit lag ich im Felde bei Augsburg und hörte von einem Kurier, es sei auch um die Spanischen Niederlande gegangen," sagte Jannik und rollte mit einem Stecken die schwarz gebrannten Igel aus dem Feuer, schlug dann die Lehmkruste auf und mit einem schartigen Messer löste er das Fleisch heraus, welches er dann auf einen flachen Stein legte.

„Ah, das Fleisch, " schnupperte Walter, „ Lassen wir es noch ein wenig abkühlen."

Jannik nickte.

„Ja, über die spanischen Niederlande wurde auch gesprochen", bestätigte Walter und sah erwartungsvoll zu den wenigen Fleischbrocken, die auf dem Stein ruhten.

„Man verhandelte sehr lange darüber, wie man den Spaniern in den Spanischen Niederlanden helfen könne, doch letztendlich lehnte man ab, wohl auch durch die mahnenden Worte der französischen Unterhändler, die kein Interesse daran hatten, Spanien noch stärker zu machen."

„Aber was war denn mit den Dänen? " fragte Jannik", in den frühen Jahren kämpfte ich gegen sie."

„ Ach, " nickte Walter, „...Die Dänen... Die Dänen sind irgendwie eine eigene Geschichte, Du weißt es selbst, nach dem Frieden von Lübeck, im Jahr 1629, waren sie offiziell aus dem Kriegsgeschehen heraus. Kaiser Ferdinand II. diktierte einen milden Frieden, einen Vertrag, den Wallenstein aushandelte und der zu Wutanfällen beim französischen Kardinal Richelieu führte. Wie konnte er die Dänen aufstacheln? Wie dazu bringen, wieder ins Feld zu ziehen, wenn der Feind sie ehrenvoll behandelt? Er konnte es nicht, denn der Kaiser nahm weder Land, noch musste Dänemark eine Entschädigung zahlen."

„Das sieht nun ja ganz anders aus", schimpfte Jannik und reichte Walter das erste Stück Fleisch.

Es war durch das Feuer gut geraten und nicht so zäh, wie sie es befürchtet hatten. Wärme füllte ihren Mund und die wenigen Zähne kauten das Fleisch langsam und genüsslich. Sie achteten nicht darauf, dass es nicht gewürzt war, das ihnen das Salz fehlte, sie achteten nur darauf, endlich wieder etwas essen zu können, was nicht nach Unkraut oder Maden schmeckte. Ihnen schien es, als sei das Fleisch eine direkte Gabe Gottes.

„Und das Gute an dem Frieden war ja auch, beide Vertragsparteien hielten sich daran, bis zum Jahr 1643, als die Dänen wieder an die Seite der Schweden traten. Sie mussten es wohl tun, denn der Krieg näherte sich allmählich dem Ende zu. Wenn man dann von dem Kuchen noch einige Krümel haben wollte, musste man sich wohl sputen.

Hätte der Kaiser dieses besonnene Handeln doch allzeit gezeigt, aber durch das Restitutionsedikt schürte er förmlich den Zorn. Er sah nicht ein, das er das Rad der Geschichte nicht einfach achtzig Jahre zurückdrehen konnte, nur um seine persönlichen Religionsvorstellungen umgesetzt zu sehen. Der Lübecker Friede hätte den Krieg beenden können, aber er tat es nicht".

„Das Fleisch ist gut", kaute Jannik und schnitt mit seinem Messer kleine Stücke ab, die er sich umständlich in den Mund schob.

„Aber wie kam es denn nun überhaupt zu diesem großen Krieg", fuhr er fort, „ Wir hörten immer nur, in Prag sei der Statthalter aus dem Fenster geworfen worden. Das allein kann doch nicht der Grund gewesen sein."

„Das war auch nicht der wirkliche Grund", nickte Walter, „Es war nur einer der Gründe. Wie es genau dazu kam, lag an der Lage und den Spannungen im Land."

Jannik reichte Walter ein weiteres Fleischstückchen und mit vollem Mund fuhr Walter fort:

„Wer sich die religiöse und somit auch die politische Geschichte der Jahre vor und in der Anfangsphase des Krieges anschaute, der musste unweigerlich erkennen, dass die Welt sich gewandelt hatte. Ein wirkliches Zurück gab es nicht mehr. Nur Ferdinand wollte es nicht wahr haben und in seinem Eifer wurde er von den kirchlich-katholischen Beratern bestärkt.

Was er nicht sah, war, dass – eingehüllt in den Mantel der Religion - auch politische Forderungen erhoben wurden. Er sah die Verbindung nicht, wollte sie nicht sehen.

Als Ferdinand 1617 von den böhmischen Ständen zum König erhoben worden war, die Wenzelskrone trug, musste er zugleich den Majestätsbrief unterzeichnen."

„Majestätsbrief?"

„Ja, Kaiser Rudolf der Zweite hatte ihn 1609 erlassen und garantierte den Böhmen die Freiheit der Religion und bestätigte sie in ihren Privilegien. Dadurch war er ihrer Unterstützung sicher. Jeder Herrscher musste ihn unterzeichnen und nach Rudolf tat es auch Kaiser Matthias, der vor Ferdinand die Krone trug. Nun war also Ferdinand der König der Böhmen, aber man beäugte ihn misstrauisch, denn seine gegensätzlichen Äußerungen im Jahr 1609 waren noch nicht vergessen.

Ferdinand war – wie wir wissen – von den Jesuiten erzogen worden und jesuitisch-fromm war sein Denken und Handeln. Bevor er den Majestätsbrief unterschrieb, holte er sich Rat eben bei den Jesuiten, die ihm sagten, er solle nicht so sehr darauf achten. Er solle ruhig unterzeichnen, wenn er nur so auf den Thron käme. Ein mehr als sybillescher Rat.

Viele Stimmen wurden laut, die auf das Tun Ferdinands in seinen Erblanden, Steiermark, Krain und Kärnten verwiesen. Auch dort habe er, im Jahr 1592, die Rechte bestätigt, als man ihm huldigte, aber als er dann, vier Jahre, später die Regierungsgeschäfte unternahm, begann sofort die Rekatholisierung, bei der er nicht zimperlich vorgehen ließ. Die Frage war nun, würde sich Ferdinand an die Verträge halten, wenn er es in den eigenen Landen schon nicht tat, zumal sich immer mehr Menschen, überall im Reich, zum Protestantismus bekannten?

Man stritt über den Majestätsbrief, legte ihn unterschiedlich aus und wie es so denn nun ist, wenn die Herren Advokaten und Gelehrten streiten, so gab es bald die unterschiedlichsten Deutungen, einhergehend mit der Parteiung der Mächtigen und ihrer Untertanen."

„Aber der Vertrag bestand doch schon einige Jahre, was gab es da zu deuteln?"

„Jeder sieht Verträge doch so an, wie er sie gerne ansehen möchte", erwiderte Walter, „ Und Ferdinand sah den Vertrag so, wie seine jesuitisch geschulten Augen ihn lesen ließen. Es kam zum Eklat, als in Klostergrab kurzerhand eine protestantische Kirche niedergerissen wurde. Die Stände Böhmens protestierten und zogen nach Prag. Hier sandten sie dem König ein Schreiben, in dem sie auf die Einhaltung des Vertrages pochten und das es unsäglich sei, wie die protestantischen Gläubigen behandelt wurden.

Statt jedoch sich der Sachlage zu stellen, antwortete Ferdinand anmaßend und grob. Er verbot derartige Ansammlungen, dies sei Aufruhr und die Verantwortlichen hierfür würde er vor Gericht stellen. Die Stände Böhmens trafen zusammen und verfassten ein weiteres Protestschreiben, welches eine Abordnung den Statthaltern auf dem Prager Hradschin übergeben wollte. Bei dieser Übergabe kam es zu einem hitzigen Streit und kurzerhand warf man die Statthalter Martinez und Slawata aus dem Fenster, sowie den Sekretarius Fabricius hinterdrein. Siebzehn Meter tief war der Fall, aber keiner der drei Männer trug ernsthafte Verletzungen davon. Später wurden sie vom Kaiser reichlich entschädigt. Nun, der Schreiber natürlich nicht, denn er war ja jemand aus dem Volk. Er hatte zu dienen. Die adeligen Herren jedoch standen nach dem Fall mit gut gefülltem Säckel da.

Der Sturz wurde sogleich als Wunder der Mutter Gottes gepriesen, die schützend den Fall aufgehalten habe und nun so zeigte, dass sie den wahren Glauben - den katholischen Glauben - schütze.

Später kam jedoch heraus, dass man nicht nur ein Protestschreiben habe abgeben wollen, sondern zugleich auch eine Demonstration der Ständemacht zeigen wollte. Eben den Fenstersturz.

Dieser Fenstersturz war in Wahrheit der Versuch eines politischen Umsturzes und man bildete sogleich ein Direktorium, durch welches Graf Thurn den Auftrag erhielt, die Landesverteidigung zu mobilisieren und ein Heer aufzustellen.

Graf Thurn handelte rasch; man trat in Verhandlungen ein, um Verbündete zu gewinnen und marschierte in Richtung Wien, in Richtung des Habsburger Hofes."

„Und Kaiser Matthias? Was tat Kaiser Matthias?" fragte Jannik.

„Ja, noch war Matthias Kaiser, aber 1619 starb er und Ferdinand hatte nach dem Tod niemanden mehr, der im Wege stand. Zwar trug er die Krone Böhmens, aber er war jetzt ein König ohne Land.

Kaiser Matthias tat zuvor das, was er immer tat, er ließ verhandeln, doch derweil er verhandelte, rüstete man in Prag. Matthias rüstete nicht. Nach dem Tod des Kaisers sah Ferdinand seine Zeit als gekommen an, sandte kaiserliche Regimenter den Böhmen entgegen und setzte erneut Martinez, als auch Slawata als Statthalter für Böhmen ein. Zugleich bot er Pardon, wenn man sich ergäbe."

„Was man nicht tat", nickte Jannik und reichte das letzte Fleischstück an Walter weiter.

„Ja, was man nicht tat…"; wiederholte Walter. „Vielleicht hätte man es tun sollen, aber was wäre dann geworden? Vielleicht wollte man auch gar nicht, dass das Angebot angenommen wurde, denn Martinez und Slawata waren bei den Böhmen nicht gerade beliebt. Vielleicht sah Ferdinand hier eine Gelegenheit, endlich mit den protestantischen Ketzern abzurechnen, wie er sie nannte."

„Im Jahr 1619 wurde Ferdinand doch auch zum Kaiser gekrönt", erinnerte sich Jannik.

„Im Sommer war es, " bestätigte Walter, „als Ferdinand zum Kurfürstentag nach Frankfurt aufbrach. Er musste zum Main, den die Wenzelskrone Böhmens hatte man ihm aberkannt. Um Macht ausüben zu können, bedurfte er einer Krone. Die besaß er nicht und somit musste er – so sein Denken – sich zum Kaiser wählen lassen.
Die Stimmung beim Kurfürstentreffen war angespannt. Die protestantischen Herren kamen nicht selbst, ließen sich nur vertreten und Friedrich von der Pfalz, dreiundzwanzig Jahre alt, dazu Führer der protestantischen Union wollte ebenfalls zum Kaiser kandidieren. Als sich der bayrische Herzog Maximilian auf die Seite Ferdinands gestellt hatte, war die Sache entschieden. Aus Ferdinand wurde Kaiser Ferdinand II.

In Prag gärte es.
Das Land wurde neu geordnet und man suchte einen neuen König. Die Wahl fiel auf eben jenen Friedrich von der Pfalz, da man sich erhoffte, er würde der Sache dienlich sein. Nicht nur, weil er das Haupt der Protestantischen Union war, sondern weil seine Gattin Elisabeth auch die Tochter des englischen Königs war, man sich so militärische Unterstützung erhoffte. Eben jener Friedrich, der selbst noch seine Stimme für Ferdinand bei der Kaiserwahl abgegeben hatte.
Seine Regentschaft war kurz. Nur durch die Gewalt der Waffen konnte er sich auf dem Thron behaupten."
„Winterkönig nannten wir ihn", sagte Jannik mehr als beiläufig, „ Er war es doch auch, der die Kirchen leer räumen ließ und aus dem Ballsaal nicht herauskam…"
„Ja, er war calvinistisch geprägt und wollte dieses auch nach außen zeigen. Aber als er immer mehr Unterstützer verlor und auch aus England keine Hilfe kam, war sein Schicksal besiegelt. In der Schlacht am Weißen Berg im Jahr 1620 wurden die böhmischen Truppen von einem Heer des Kaisers und der Katholischen Liga vernichtend geschlagen. Maximilian bekannte sich zum Kaiser, doch sein Preis war hoch: Er wollte die Kurwürde Friedrichs von der Pfalz

und Ferdinand gab sie ihm. Damit brach er das Reichsrecht, ein weiterer Grund des großen Krieges.

In dieser Zeit begegneten sich Ferdinand und Wallenstein zum ersten Mal, Wallenstein, der kurzerhand die Kasse der böhmischen Stände beschlagnahmt hatte und sie dem Kaiser zum Geschenk machte."

„Was geschah mit Friedrich und seiner Frau? Ich hörte nichts mehr von ihnen"; fragte Jannik.

„Sie flohen und über sie wurde die Reichsacht verhängt. Die Führer des Aufstandes wurden exekutiert, anderen Rebellen wurde das Leben geschenkt, ihnen aber Hab und Gut genommen. Das Land wurde wieder neu verteilt und unter den Beutestücken befand sich auch die Originalschrift des Majestätsbriefes."

„Und Ferdinand las ihn erneut?"

„Nein. Er nahm eine Schere und zerschnitt ihn. Das war der erste Schnitt in das Herz des Friedens und aus diesem Stück Pergament tropfte bereits unsichtbar das kommende Blut von Millionen Menschen".

Jannik stand auf und reckte sich.

Mit schlurfenden Schritten trat er aus der Kate in die Dämmerung hinaus. In einer Mauernische saß zitternd der abgemagerte Hund.

Er betrachtete das letzte Fleischstückchen in seiner Hand und warf es dann vor die Pfoten des Tieres. Es erschrak, senkte dann jedoch den Kopf und roch daran.

Walter war zu Jannik getreten.

„Du fütterst den Hund?"

„Ja, " nickte Jannik, „Ja, ich füttere ihn…Vielleicht…Vielleicht werden wir doch wieder zu Menschen."

Das war er nun, der Große Krieg.
Der Krieg, der die Welt veränderte und durch das Testament des Kardinal Richelieus (Frankreichs Ostgrenze ist der Rhein) bereit

ein Saatkorn enthielt um das Sterben - bis in die Neuzeit hinein - nicht enden zu lassen.

Aber bleiben wir doch ein wenig in dieser Zeit. Nicht genau in dem Jahr sondern in der Epoche, denn in der Kate sprach man auch von Brandenburg. Und diesem Flecken möchte ich mich nun zuwenden, denn daraus entstand etwas, was später einmal bestimmenden für das Deutsche Reich werden sollte: Preußen.

Lassen Sie uns die Anfangsjahre betrachten und das sandige Land betreten.

Preußen

Ein Schwabe im sandigen Land

Preußen?
Was ist das denn nun, dieses Preußen?
Wer den Namen des Gebietes hört, der denkt zuerst an Friedrich den Großen.
Das war Preußen, alles fokussiert sich auf diese einzelne Person, hager, Dreispitz tragend und von einem Gemälde schauend...
Und er sieht Pickelhauben auf schurbärtigen Männerköpfen...
War das Preußen?
Ist das Preußen?
Wann begann eigentlich dieses Preußen, welches sich so in die Köpfe gesetzt hatte? Wo begann es?
Ich erzähle hier die kaum bekannte Geschichte, die Geschichte bis zum Jahr 1618.
Ein entscheidendes Jahr.
Denn das ist das Jahr des Beginns des großen Krieges...Ach, das war ja das vorherige Kapitel. Schmeckte Ihnen, werte Leserschaft, der Igel?

„Preußen". Den Anfang begründete ein Schwabe.
Sein Name:
Friedrich der Sechste.
Man zählt in diesen Kreisen seine Vorfahren und erinnert sich.
Das gemeine Volk erinnert sich an den Vater, an die Mutter, an die Großeltern vielleicht. Adel erinnert sich durch Zahlen.
Dieser Friedrich war seinerzeit Burggraf von Nürnberg, der im Jahr 1411 vom Deutschen König (Sigismund) - er war gerade vierzig Jahre alt –mit Brandenburg belehnt wurde.

Brandenburg?
Diese gottverlassene Gegend, hinterwäldlerisch, aus Mooren, Sand und Armut bestehend, sollte die Wiege Preußens werden?

König Sigismund sah in diesem Mann den rechten Kerl, dort Ordnung zu schaffen, denn so wie ein vereiterter Blinddarm entfernt werden muss, so musste auch das dort entfernt werden, was heute einen romantisierenden Namen trägt: Das Raubrittertum.

Brandenburg war Raubritterland.

Das Raubritterland! Wenn man von Raubrittern spricht, dann sollte – ja muss - man an Brandenburg denken.

Hierbei waren die geistlichen Herren keine Ausnahme und so wandte sich dieser Friedrich erst einmal gen Magdeburg, zog dem Erzbischof die Ohren lang, der nicht nur von der Kanzel drohte, sondern auch außerordentlichen Gefallen an der Fehde gefunden hatte und in dauernde Kleinkriegereien verwickelt war.

Der geistliche Herr bekam einige „Ohrfeigen", Friedrich brachte ihn zur Räson, heuerte einige Kriegsknechte an, schaute ob seine Stiefel noch gut besohlt waren und zog mit diesem Trupp weiter nach Osten und freute sich das ihn die „faule Grete" begleitete, die erste Kanone, die man nördlich des Mains gesehen hatte:

Ein gusseisernes Rohr, welches Steinkugeln verschoss, mehr als zweihundert Kilogramm schwer. Dank der weiter entwickelten Gußtechnik, brach das Ding nicht sofort auseinander, sondern die Kugeln kamen vorne heraus und flogen sogar in die gewünschte Richtung.

Eine Neuerung, die da durch den Schnee transportiert wurde, eine Lafette gab es noch nicht, dafür hatte die „faule Grete" an den Seiten Griffe, damit kräftige Knechte sie tragen und in Stellung bringen konnten.

Die Menschen in den Dörfern und Städtchen begrüßten den Friedrich, der sich nun Friedrich der Erste (Friedrich I.) nannte.

Ein neues Gebiet, ein neuer Name, eine neue Zählweise.

Diese Städtchen waren es leid, als dauernde Beute irgendwelcher Herren herzuhalten, die nichts anderes waren als Raubgesindel auf und in festen Plätzen.

„He, Kerl, " beugte sich Friedrich etwas zu einem Köhler hinab, der am Wegesrand stand und das gewaltige Heer (zeitgenössische Berichte nennen Zahlen von 200 bis 600 Bewaffnete) bestaunte.
„Wo ist denn jetzt diese Burg Friesack?"
„Da entlang, edler Herr", erwiderte der Köhler und der Arm deutete die Richtung an, „Einen Tag Fußmarsch ist es noch."
Friedrich reckte sich und grinste zur „faulen Grete" hin, die gerade aus einer Schneewehe befreit wurde.

Herr der Burg Friesack war Dietrich von Quitzow, der sich gerade am Kaminfeuer wärmte und seine Witze über den Friedrich machte, der da gegen ihn zog.
Wohl dachte er auch an seine Kumpane, Kaspar von Putlitz und Wichert von Rochow, Raufbolde und Raubgesindel wie er.
Soll er nur kommen, der Hohenzoller (Der Name taucht in der Geschichte als regierendes Haus später noch oft auf), er würde ihm schon zeigen, aus welchem Holz ein Quitzow geschnitzt sei. Es klopfte und statt des erwarteten Bierkruges trat ein Bote ein:
„Entschuldigung edler Herr, der König hat gerade die Reichsacht über Euch verhängt."
Das Lachen verging ihm vor dem Kamin, denn Reichsacht bedeutete völlige Rechtlosigkeit. Jeder der wollte, konnte ihn töten.
„Da werde ich doch mal rasch die Spießgesellen herbei rufen und den Bruder Hans von Quitzow ebenfalls", dachte er wohl bei sich, „Dann nehmen wir den Nürnberger in die Zange und aus ist es mit der Ruhestörung. Nicht mal sein Bier kann man in Ruhe trinken...."
Seine Kumpane kamen nicht, die Wege waren blockiert, aber dafür kam ein Gruß von der „faulen Grete".
Ehe er sich versah war aus seiner Burgmauer ein Steinhaufen geworden.
Oh, das ging aber schnell. Was nun?
Dietrich von Quitzow schwang sich auf sein Pferd und verschwand, Galopp reitend, durch die Sümpfe.

Friedrich winkte ihm nach, grinste erneut zu der „faulen Grete" herüber und sein Heerhaufen wandte sich gen Goltzow, wo der Wichert von Rochow hauste, der ihn jedoch mit einem Strick um den Hals bereits fast erwartete.

Er unterwarf sich, genauer, er warf sich Friedrich vor die Füße.

Pferde mögen schnell sein, ein Gerücht ist schneller und das, was die „faule Grete" mit der Quitzowburg gemacht hatte, war dem Herrn schon bekannt.

Ein Warnschuss (Vorführeffekte waren auch damals schon wichtig) knallte dennoch eine Bresche in seine so schöne Burgmauer. Ein Loch darin zeigte ihm nun deutlich, dass er sich dahinter nicht sicher fühlen konnte.

Nun war die Burg Plaue auf der abzuarbeitenden Raubritterliste an der Reihe, eine wirkliche Festung.

Dicke Mauern (Noch dicker! Ganz dick.) gewährten guten Schutz und Hans von Quitzow kratzte sich am Hals, als er auf der Burgmauer stand und das Kommen erwartete.

Er hatte noch keine Nachricht von seinem Bruder bekommen und er hatte nur Unbestimmtes von der „faulen Grete" gehört.

Er glaubte es wohl nicht und goss sich erst einmal voll, als er fröhlich den „Fastel-abend" feierte, wie die beiden Tage vor Aschermittwoch genannt wurden.

Am Aschermittwoch selbst war es soweit.

Das, was da dröhnte war - neben seinem Brummschädel - der Einschlag der Felsbrocken gegen seine festen Burgmauern.

Er lachte.

Plaue hielt stand... Vier Tage lang, dann sattelte auch Hans von Quitzow sein Pferd, lachte nicht mehr, sondern schimpfte gewiss wie ein Rohrspatz. Er wollte es dem Bruder gleichtun, schwang sich auf den Gaul und wollte ebenfalls durch die Sümpfe verschwinden.

Man stellte ihn. Er wehrte sich mit dem Schwert in bester Ritterart, wurde dann überwältigt und kettengefesselt in den Stock (eine Art Pranger) geschlossen und eingekerkert.

Die Alvensleben, die Itzenplitz, die Lossows, die Bredows und wie sie alle hießen, unterwarfen sich dann ganz rasch.

Friedrich selbst sah diese Leute nicht als „Raubritter" an, das ist eine neuere Wortschöpfung.

Er sah sie als Rebellen gegen die bestehende Ordnung und die Ordnung stellte er dar. Er nahm es wohl sehr persönlich. Raubgesindel waren sie allesamt, denn die Herren nahmen sich stets was sie wollten. Auch er. Nun war er also der Herr des Landes, eines Gebietes, das wirklich noch „hinter dem Mond" lebte. Wenige kamen dort hin, keiner wollte dort hin.

Ja, im Süden, da war man fortschrittlicher.

Badestuben kamen auf, gemeinschaftliches Baden von Mann und Frau, hohe Gäste wurden ins Freudenhaus eingeladen und zum Konzil in Konstanz hatte man sehr viele Freudenmädchen anreisen lassen. Mehr, als es dort delegierte Priester gab. Nun ja, die Geistlichkeit musste doch von der Sünde kosten, sie ausführlich kennen, wenn man gegen sie von der Kanzel wetterte.

Das war Fortschritt... Aber hier?

Das jedoch hätten die Quitzows ebenso wenig verstanden, wie ich es heute als erstrebenswert und fortschrittlich empfinde. Dass man in Konstanz einen Ketzer wie den frühen Reformator Jan. Hus verbrannte, das verstanden sie schon eher, aber besonders interessiert haben dürfte es sie nicht. Wo lag denn dieses Konstanz überhaupt? Irgendwo. Weit, weit weg jedenfalls.

Das Selbstverständnis dieser Herren war, dass sie eben Herren über ihr Land waren.

Der König?

Ach der ist irgendwo, auch weit, weit entfernt. Das Interregnum hatte im Reich mit Rudolf von Habsburg geendet, hier war es noch an der Tagesordnung.

Na gut, dachten sie sich wohl, jetzt haben wir einen neuen Landesherren und der geht auch wieder. Viel würde sich nicht ändern und nach einiger Zeit könne man wieder gemütlich einige Kaufleute ausplündern oder mal eine Kirche niederfackeln.

Sie irrten.

Nach zwei Jahren im Kerker begnadigte Friedrich I. die Quitzows, nun arm wie Bettler.

Er schenkte dem Hans (der richtigerweise „Johannes" hieß) die Burg Lenzen, gab ihm einen Beutel Geldes und verlangte: „Hört auf zu klauen."

Nun lehnte sich Friedrich I. zurück und sagte sich, der ganze Einsatz müsse sich doch gelohnt haben, Rendite nennt man es heute und Rendite wollte auch er, vor allem aber wollte er zurück nach Nürnberg. Der ständige Sand in den Stiefeln reichte ihm und oft im Sumpf zu waten gefiel ihm auch nicht besonders.

Dann tat er dies:

Der (Raub)Adel wurde wieder zum Adel und wurde wieder eingesetzt.

Der Adel freute sich, jubelte und lachte über den Narren Friedrich. Das Lachen verging ihnen rasch, denn auch sie hatten das Kleingedruckte nicht gelesen:

Sie mussten Steuern zahlen und die Wut richtete sich nun gegen die anwesenden Steuereintreiber, denn dieser Friedrich lebte inzwischen auf der Cadolzburg, im Nürnberger Land. Friedrich starb im Alter von 68 Jahren.

Auf Friedrich I. folgte Friedrich II., sein Sohn.

Er war 27 Jahre alt und bereits Witwer.

Durch seine Heirat - mit einer polnischen Prinzessin - sah man ihn bereits auf dem dortigen Thron, aber als die Dame starb, stand er vor seinem Vater und fragte, was er tun solle.

„Ach, ich habe da so ein feines Ländchen, da kannst du mich vertreten...".

So schwang er sich dann auf sein Pferd, galoppierte nach Brandenburg um das Land zu verwalteten und am Abend in den Kamin zu schauen, denn das war die einzige Belustigung dort... Na ja, aus dem Fenster konnte man auch noch sehen.

Da war Nichts.

Arbeitende Menschen, immer noch Sand und immer noch Sümpfe.

Aber doch. Halt!

Da war noch was: Er war Kurfürst.

Und da die Kurwürde auf dem Land lag, war er nun einer der mächtigen Herrn des Reiches.

Dem Namen nach, nicht der Wirklichkeit entsprechend.

Dann tauchte ein Problem auf, ein Problem, an dem bereits einmal ein Kaiser zuvor scheiterte; Kaiser Friedrich Barbarossa, als er die Städte Norditaliens belagerte.

Städte gab es auch.

Klein, aber befestigt (Frankfurt an der Oder hatte der Belagerung durch die Hussiten getrotzt) und mit etwas darin, was man gar nicht so gerne von Adelsseite sah:

Wachsendes Selbstbewusstsein.

Aber er war der Herr im Haus und er gedachte auch, dieses den Städten zu zeigen.

Der Anlass kam rasch.

Berlin und Cölln lagen in Fehde, außerdem hatte sich Berlin der Hanse angeschlossen. Das gefiel ihm auch nicht. Der Streit drehte sich um Handelsrechte.

Berlin selbst war ein wichtiger Handelsplatz geworden, Läden gab es noch nicht und auf Tischen und Bänken wurde die Ware feilgeboten. (der richtige Name dafür ist „Schragen").

Der Misthaufen lag neben der Schmiede, die Schneiderei neben der Gerberei.

Ein wildes Durcheinander an den Rändern schlammiger Wege, wenn es einmal geregnet hatte. Und es regnete oft.

Der Name Berlin leitet sich von dem wendischen Begriff „Wehr" ab, der Name „Cölln" vom lateinischen Wort „Collis", welches „Hügel" bedeutet.)
Dass sich der Kurfürst nun in den Streit einmischte, gefiel beiden Städten nicht, denn man war der Ansicht, man könne das allein lösen. Das allerdings interessierte Friedrich II. nicht.
Er sammelte in der Stadt Brandenburg seinen Heerhaufen und zog gegen Berlin. Wieder eine mächtige Streitmacht. 600 Mann stark.
„Soll er nur kommen, " sagte der Rat von Berlin, „unsere Mauern sind fest."
Und er kam.
Doch was nützen feste Mauern, wenn eine Schlafmütze von Torwächter vergessen hatte, das Spandauer Tor zu schließen?
Genau das war geschehen und schnurstracks schlug Friedrich II. seine behandschuhte Faust auf den Ratstisch und sagte:
„Guten Tag, die Herren. Hier gibt es Probleme? Ich löse sie rasch."
Er schloss einen milden Frieden, denn er brauchte die Menschen und ließ zugleich auf der Spreeinsel eine Burg bauen. Seine Burg. Seine Leute...
„Vertrauen ist gut, Kontrolle ist besser ", das wusste auch er bereits. Und das dieser Spruch dem Herrn Lenin zugeschrieben wird ist eine ebensolche Erfindung wie die, dass ich sie dem Friedrich II. gedanklich anhänge. Passen würde es jedoch.

Dann vergrößerte er das Land.
Nicht wie üblich durch Raub und Krieg, nein, er verwendete die Steuereinnahmen dafür und kaufte den Cottbuser Kreis, Wernigerode und Neumünster.
Grüne Gebiete.
Die „Streusandbüchse" hatte einen Garten bekommen und zugleich ein neues Wappen: Den Bären.

Zu Lebzeiten bekam er den Beinamen „Der Eiserne" und zum Lebensende hin übergab er die Regentschaft seinem Bruder Albrecht, während er sich zurückzog und Gott zuwandte.

Dieser Albrecht hatte auch einen Beinamen, man nannte ihn „Achill", was sich auf seinen klassischen Bildungsstand bezog. Er packte sogleich das Köfferchen und verlegte die Residenz nach Salzwedel, ein Kaff irgendwo „im Westen".
Überliefert sind nicht nur seine Bildung, sondern auch sein Hang zum Pomp und seine Arroganz. Hochnäsige Arroganz und der Hang zum Streit. Es gab kaum eine Auseinandersetzung an der er nicht beteiligt war. Das Sandgebiet im - von seiner Residenz aus gesehenen Osten – gefiel ihm nicht und er schuf ein „Hausgesetz".
Er teilte das Gebiet, kümmerte sich um die schönen, ertragreichen Gebiete und der Sandhaufen konnte zusehen, wo er bliebe. Als Regenten setzte er seinen Sohn Johann ein, auf den sich der Hass (dieser war in den Gebieten inzwischen entstanden, weil man stiefmütterlich behandelt wurde) des Volkes gegen seinen Vater übertrug. Er war das Gegenteil von seinem Vater und in seinem erhaltenen Testament steht:
„Vom Kriegführen halte ich nichts, es gebiert nichts Gutes." Im Alter von 44 Jahren starb er bereits. Sein Sohn (Joachim I.) trat in seine Fußstapfen.

Ich muss gestehen, wenn ich an Preußen denke, denke ich an Joachim I.
Das ist Preußen.
Er war gerade fünfzehn Jahre alt, als er sich 1599 den Kurhut aufsetzte und die Herrschaft übernahm. Noch minderjährig sollte ein Onkel regieren, der hatte aber keine Lust, Joachim aber umso mehr. Ein Fünfzehnjähriger?

Wir betreten mit ihm nun das 17. Jahrhundert, die Zeit, in der auch der dreißigjährige Krieg (1618 -1648) stattfand.
Und dann diese bösen Vorzeichen:

Blut ist vom Himmel gefallen und die Kanzeln kündeten von der kommenden Pest.

Heute wissen wir, es war eine Raupenplage, bei der die Art rote Säfte absonderte.

Dennoch:

Die Pest kam. Heilung gab es nicht. Die Ärzte waren Kurpfuscher, die Menschen starben wie die Fliegen, Dörfer starben aus, das Vieh verreckte.

Und, wie es in derartigen Zeiten üblich ist, verrohten auch die Menschen. Kranke wurden mit Toten in Gruben geworfen, jeder dachte nur an das eigene Überleben.

Zu dieser Zeit, inmitten in der wütenden Pest, heiratete Joachim. Er war jetzt achtzehn Jahre alt, sie eine Prinzessin aus Dänemark, die beide nichts dabei fand, in ein Pestgebiet zu reisen.

Mutig? Gewiss. Mut macht immer einen Unterschied aus.

Auch das Raubgesindel nutzte die Zeit. Überall wurde geplündert. Im Alter von 20 Jahren zeigte Joachim zum ersten Mal öffentlich, wer er wirklich war:

Ein Kaufmann war überfallen worden, man hatte ihn - für tot haltend - in einen Sumpf geworfen, aber er überlebte.

Er trug dem Kurfürsten die Klage vor und sagte, er habe einen der Räuber erkennen können.

Es war der Berater des Kurfürsten, der Herr von Lindenberg. Dieser gestand die Tat nicht nur, er prahlte sogar damit. Nicht sehr lange – Kurfürst Joachim ließ ihn köpfen.

Ein Schock:

Ein Adliger wurde wie ein Verbrecher hingerichtet. Das Volk war beeindruckt.

Sollte das Recht Einzug gehalten haben?

Der Kurfürst fand am Abend auf seiner Schlafzimmertür – mit Kreide geschrieben – die bekannten Worte:

„Joachimken, Joachimken, hüte dy, fange wy dy, so hange wy dy."

(Joachim, Joachim, hüte dich, fangen wir dich, so hängen wir dich).

Der Anschlag fand wenige Tage später statt.
Ein Bauer (!) hatte jedoch den Kurfürsten gewarnt!
Siebzig Verschwörer wurden verhaftet, verurteilt und öffentlich durch Köpfen hingerichtet.
Wütende Adelsproteste waren die Folge.
Die Antwort Joachim I. ist überliefert:
„ Adel? Ihr irrt. Ich habe das Land von Ungeziefer befreit."

In Frankfurter (an der Oder) wurden Kaufleute von einen „Ritter" ausgeraubt, sie bewaffneten sich hernach, belagerten seine Burg, schleppten ihn in die Stadt und richteten ihn hin.
Wie handelte Joachim I. darauf?
Nun, Joachim entzog der Stadt die Gerichtsbarkeit, richtete die Anführer und der Bischof sprach den Kirchenbann aus.
Das Volk jubelte: Rechtssicherheit! Keine Willkürgerichte. Etwas völlig Neues!
Zugleich schuf er das erste unabhängige Gericht, den „Kammergerichtshof", gründete die Universität in Frankfurt an der Oder und hielt das Land aus allen Kriegen heraus.
Was geschah außerhalb dieser kleinen Welt?
Habsburg führt Krieg gegen Frankreich, Frankreich marschiert in Italien ein, haufenweise Fehden im Reichswesten...
...Hier?
Nichts.
Käfer liefen über Sandflächen und irgendwo heulte ein Wolf.
Das Ende der Welt. Die Provinz der Provinz.

Ihm folgt Joachim II. nach.
Das Land tritt zum Protestantismus über (der Herrscher bestimmt die Religion), aber sonst ändert sich nicht viel. Immer noch nicht.
Der Müller mahlte das Mehl, der Arzt quacksalberte immer noch herum und die Marktfrauen schimpfen über die Qualität des Gemüses.
Alltag.

Joachim II. schloss Erbverträge, erwarb durch Kauf (nicht durch Krieg) Magdeburg und Halberstadt und wurde mit der Herzogswürde über ein eigenartiges Gebiet belehnt, das Gebiet des ehemaligen Deutschen Ordens, arg geschrumpft, aber immer noch da: Das „Herzogtum Preußen".

Hier taucht der Name nun auf.

Es war eine Enklave, zehn Tageritte entfernt, irgendwo im Nordosten, an der Ostseeküste, dem Mare Baltikum.

Weit, weit weg.

Die Verbindung zwischen den Ländereien geschah erst zwei Generationen später.

Das Gebiet dort…Was war das, dieses Preußen? Wieder ein Schritt zurück in der Entwicklung?

Noch immer gab es dort die Vielehe (Frauen wurden gekauft); die Waffe war die Keule, Priester beteten unter Bäumen und selbst nannten sie sich „Prusai", daraus entwickelte sich das Wort „Pruzzen", dann „Preußen".

Durch den langen Kontakt mit dem Deutschen Orden war diese Lebensart aber bereits im Verschwinden begriffen.

Tacitus zählte sie zu den Germanen, wahrscheinlich ist jedoch die lettische Volkszugehörigkeit.

1618 kam dieses Gebiet durch Erbschaft zu Brandenburg fest hinzu. Dem Joachim II. folgte Friedrich Wilhelm nach, der „Grosse Kurfürst".

1618 begann der dreißigjährige Krieg.

Und hier endet der kleine Überblick….das Sterben im ganzen Land begann.

Am Ende des Großen Krieges (so nannte man ihn damals) lagen Menschen tot danieder.

Jeder Mann wurde – auch von der Kirche – angehalten mehrere Frauen zu nehmen um den Blutzoll vergessen zu machen und um das Land wieder zu bevölkern.

Und Preußen?
Dort schaute der spätere „Soldatenkönig" aus dem Fenster und ersann seine „langen Kerls und Ideen die Staatskasse zu füllen. Aber das ist eine andere Geschichte.

Gefällt Ihnen dieses Preußen?
Oder lehnen Sie es ab?
Ich muss sagen, mir gefällt der Gedanke der Rechtssicherheit und der Gleichheit vor den Gerichten. Vielleicht zeigte Ihnen dieser kurze Blick auf Preußen einmal ein anderes Preußen, eines welches Sie so nicht kannten.

Apropos kennen?
Kennen Sie John Hanson?
Nein, er lebte nicht in Preußen, er lebte in dem Land, welches man umgangssprachlich heutzutage „Amerika" nennt, welches aber nur ein Land auf diesem Kontinent ist. Ich stelle ihnen einmal John Hanson vor. Sie werden sich wundern.

John Hanson
Der erste Präsident der Vereinigten Staaten! (1781-1782)

Der Erste.

Wie?

Der erste Präsident war doch George Washington. Das sagt doch jeder und so liest man es auch.

Ein Irrtum:

George Washington war nicht der erste Präsident der Vereinigten Staaten. George Washington war in Wirklich der achte Präsident der Vereinigten Staaten! In der Tat war der erste Präsident der Vereinigten Staaten ein Mann, mit Namen John Hanson. Nachforschungen in der Enzyklopädie über diesen Namen verlaufen ins Leere - er ist einer der großen Männer, welche in der Geschichte verloren gingen. Wenn Sie extrem Glück haben, können Sie tatsächlich eine kurze Erwähnung seines Namens finden.

Das neue Land bildete sich am 1. März 1781 mit der Annahme des Schriftstückes „The Articles of Confederation".

Dieses Dokument wurde am 11. Juni 1776 vorgeschlagen, aber bis zum 15. November 1777 nicht vom Kongress ratifiziert. Maryland weigerte sich solange, dieses Dokument zu unterzeichnen, bis Virginia und New York ihre westlichen Länder abgetreten hätten. (Maryland hatte Angst, dass diese Staaten zu viel Macht in der neuen Regierung von einem so großen Land gewinnen würde).

Als die Unterzeichnung 1781 stattfand, war ein Präsident erforderlich, um das Land zu führen. John Hanson wurde einstimmig vom Kongress gewählt (in dem auch George Washington Mitglied war). In der Tat, es weigerten sich potenziellen Kandidaten gegen ihn zu kandidieren, die, wie er, die Hauptakteure in der Revolution - und äußerst einflussreiche Mitglieder des Kongresses - waren.

Der erste Präsident, Hanson, musste in große Schuhe steigen. Niemand war schon einmal Präsident gewesen und die Rolle war schlecht definiert. Seine Handlungen im Büro würden für alle zukünftigen Präsidenten zum Präzedenzfall werden.

Er übernahm das Amt als der Unabhängigkeitskrieg beendet war. Sogleich forderte er, dass die Truppen zu bezahlen sind. Wie nach einem langen Krieg zu erwarten war, gab es keine Mittel, um die Forderungen zu erfüllen. Die Soldaten drohten, die neue Regierung zu stürzen und Washington - als Monarchen auf dem Thron - einzusetzen.

Alle Kongressesmitglieder fürchteten um ihr Leben und verließen Hanson, der als einziger Mann nun die Regierung bildete. Irgendwie gelang es ihm, die Truppen zu beruhigen und das Land zusammen zu halten. Wäre es ihm nicht gelungen, wäre die Regierung fast sofort gefallen und jeder würde sich vor König Washington verneigen. In der Tat schickte Hanson achthundert Pfund Sterling Silber, die er von seinem Bruder Samuel Hanson erhalten hatte, zu George Washington, um die Truppen (mit Schuhen)auszurüsten

Präsident Hanson, ordnete an, dass alle ausländische Truppen vom amerikanischem Boden zu verschwinden hätten und zugleich auch die Entfernung aller ausländischen Flaggen. Dies war eine Meisterleistung, denn viele europäische Länder besaßen - seit den Tagen Columbus –Beteiligungen oder Besitztümer in den Vereinigten Staaten.

Hanson führte auch das große Siegel der Vereinigten Staaten ein, welches alle Präsidenten, seitdem, auf allen offiziellen Dokumenten verwenden.

Präsident Hanson richtete auch die erste Schatzkammer (Finanzministerium) ein -, das erste Kriegsministerium und das erste Amt für auswärtige Angelegenheiten.

Schließlich erklärte er den vierten Donnerstag im November zum Erntedankfest, was auch noch heute gilt.

Die Konföderationsartikel erlaubten nur ein Präsidentum mit einer einjährige Amtzeit während eines Zeitraums von drei Jahren, so dass Hanson in so kurzer Zeit tatsächlich einiges erreicht.

Sechs andere Präsidenten wurden nach ihm gewählt - Elias Boudinot (1783), Thomas Mifflin (1784), Richard Henry Lee (1785), Nathan Gorman (1786), Arthur St. Clair (1787) und Cyrus Griffin (1788) - alle vor dem Amtsantritt Washingtons.

Man reibt sich die Augen. Nanu?
Warum erfahren wir nicht immer von den ersten sieben Präsidenten der Vereinigten Staaten?
Es ist ziemlich einfach:
Die „The Articles of Confederation" funktionierten nicht gut. Die einzelnen Staaten hatten zu viel Macht und es konnte nichts vereinbart werden.
Es wird eine neue Doktrin benötigt – das, was heute in den USA als „Verfassung" bezeichnet wird.
Und das bringt uns zum Ende unserer Geschichte.

George Washington war definitiv nicht der erste Präsident der Vereinigten Staaten. Er war der erste Präsident der Vereinigten Staaten im Rahmen der Verfassung, der die USA heute folgt.
Die ersten sieben Präsidenten sind in der Geschichte vergessen.

Ach ja, ich vergaß etwas zu erwähnen:
John Hansons Hautfarbe war schwarz.

Wir befinden uns in Übersee. Amerika, genauer in Nordamerika und nun in dem Land, welches wir heute kurz als die USA kennen. Bleiben wir doch ein wenig hier.
Ich lade Sie zu einer ungemütlichen Teegesellschaft ein:
Der Bostoner Tea Party.

Bostoner Teaparty
Eine ungemütliche Teegesellschaft

Wer sich mit der Bostoner-Tee-Party befasst, (es war keine „Party" im eigentlichen Sinne) sollte mehr wissen, als das vorgenannte Schlagwort und das profane „Sie warfen Teekisten von Bord". Das weiß man vielleicht (wenn man überhaupt etwas darüber weiß), aber ganz so einfach war es nicht. Das alles ist eine sehr komplexe Geschichte, die mehr war, als nur ein "Kistenwerfen". Es war das Ergebnis der Weltverteilung zwischen England und Frankreich. Das Zünglein an der Waage war jedoch ein ganz anderes Land, nämlich Preußen.

Nanu? Preußen?

Oh, ich sehe schon, ich muss ein wenig weiter ausholen. Gießen Sie sich einen Tee ein (vielleicht auch Kaffee), denn es wird etwas länger dauern. Hier muss ich – damit man es versteht – sehr weit ausholen. Vielleicht doch lieber einen Tee, denn das passt besser.

Die Bostoner Tee-Party...

.... Der dreißigjährige Krieg war beendet, man stand vor den Trümmern der Zeit und versuchte sein Leben zu ordnen. Das tat das Volk. Herrscher und Staatsmänner tun etwas anderes, denn sie gehen ihren Visionen nach. Zumindest jedoch dem, was sie dafür halten. In Frankreich und England ordnete man auch, denn das sind nun unsere beiden Hauptakteure. Allerdings ordnete man die Staatsfinanzen, sowie die Landkarten und schaute, was man denn so tun könne, denn – trotz der Unbilden des Krieges in Europa – gab es da noch ein anderes Gebiet. Ein riesiges Gebiet, welches nach Verteilung förmlich schrie: Amerika.

Und dann gab es da noch einen Engländer. John Locke mit Namen. Nie gehört? Nun, er war ein „Aufklärer" und ist heutzutage ein wenig in Vergessenheit geraten. Es war die Zeit der Aufklärung. So sah man sich selbst, eine Zeit, die in der Renaissance begann und die immer noch andauerte.

Auslöser der Renaissance war - man glaubt es kaum – die Pest. Indem sich die Menschen in dieser Seuchenzeit Gott zuwandten und um Hilfe flehten, die Priester Bittgottesdienste abhielten und der Schwarze Tod trotz alledem in jedes Haus schlich, begann der Mensch an der Allmacht der Kirche zu zweifeln, ja stellte den Glauben selbst in Frage. Dieser Gedanke führte letztendlich auch zu den religiösen Aufständen und war einer der Auslöser der Reformationsbewegung. Aber, wir sind gerade bei John Locke angelangt, kehren wir zu ihm zurück.

John Locke war einer der maßgebliche Wortführer in seiner Zeit. Kurz gefasst sagte und lehrte er, dass der menschliche Verstand das Beste sei, was Gott sich erdacht hatte; man müsse kritisch denken und der Staat sei der Souveränität des Volks zu unterstellen. Das hört sich gut an, nicht wahr? Nur:
Es interessierte niemanden, außer der – sich elitär gebenden - Bildungsschicht. Das war jene Schicht, die sich selbst dafür hielt, die mehr als ein Buch gelesen hatte und in der Lage war einen Satz aus mehr als drei Worten zu bilden. Die Volkssouveränität interessierte den Bauer nicht, er interessierte sich für den Wuchs der Rüben und die Dirne (- zu der Zeit stets züchtig gekleidet, im Gegensatz zu der busenfreien Mode der eleganten Damen – Hollywood zeigt es so nicht -) wollte nur ihr Tagesgeschäft - das war es, denn um neun Uhr am Abend beendete die Sperrstunde alles öffentliche Treiben und das Volk hatte von der Straße verschwunden zu sein - erledigen. Es hätte sich dafür interessieren sollen, denn es betraf ihn, denn das was „Gebildete" sich ausdenken, badet zu allen Zeiten das Volk aus. Aufklärung? Was sich da in den Gesprächszirkeln der Bildungsschicht traf und gesprochen wurde, registrierten die Herrschaften nur am Rande. Sollen sie reden, ändern werden sie doch nichts. Wichtiger war der neueste Klatsch am Hofe oder in den Ballsälen -

auch in der Provinz, wo man die Pracht zu imitieren suchte. Man irrte.

Man irrte sich gewaltig, wie man so oft irrte, wenn eine Idee sich erst einmal in den Köpfen eingenistet hat. Und sie hatte sich eingenistet. Bildlich gesprochen kann man sagen, der Vogel „Freiheit" brütete schon seine Eier aus, darunter leider auch sehr üble Kuckuckseier. Diese Idee der Volkssouveränität fiel allmählich auf fruchtbaren Boden, denn bei den Pionieren in Amerika kam dieser Gedanke sehr gut an. Der König saß in London oder Paris und Einnahmen waren allein das, was interessierte. Solange die Schatullen gefüllt waren, da kratzte es sie, die Elite, sehr wenig, was da in den „Kolonien" getrieben wurde.

Ein Fehler wie man später merken sollte.

Die Hefe in diesem, nun gärenden Gedankenteig, waren die Pilgrimväter, - eher als Pilgerväter bekannt - jene Gruppierung, nach deren Verschwinden man in Europa hinter ihnen drei Kreuze gemacht hatte. In ihrem Glaubenseifer – gepaart mit Geschäftssinn und Fanatismus – sahen sie überall nur Gottlosigkeit und Ketzer, wobei die Katholiken als Hauptgegner ausgemacht wurden.

Ich glaube, ich stelle ihnen diese Herrschaften einmal vor.

Vielleicht gefallen sie Ihnen ja… Immerhin werden sie immer wieder als wahre Pioniere und mutige Frauen und Männer dargestellt, jene Wagemutigen. die Amerika besiedelten und die Zivilisation über den Atlantik brachten.

Somit hier ihre Geschichte, kurz gefasst. Ich werde es etwas flapsig schreiben, denn anders ist es nicht ertragbar.

Die Pilgerväter… ein hehrer Name für eine Gruppe verbohrter, eifernder, religiöser Fanatiker. So friedlich wie sie sich gaben, war der Haufen nicht. Und die Übersiedlung nach Amerika geschah keineswegs freiwillig; all die Namen der indianischen Stämme, die ihnen über den Weg liefen, habe ich leider auch nicht im Kopf. Na dann, hin zu ihnen…

Als Königin Elisabeth I. die Krone trug, sammelten sich diese exzessiven Puritaner (Calvinisten der extremsten Form), schlossen sich zusammen und wollten den Staat nicht als Oberhoheit akzeptieren. Allein das, was in der Bibel stand (- und wie sie es auslegten, nur sie allein auslegten -) war ihr Gesetz.

Als Elisabeth I. starb und James I. den Thron bestieg (1603), glaubten sie, ihre obskuren Vorstellungen durchsetzen zu können. Das konnten sie nicht, denn der König hatte keine Lust, sich auf der Nase herumtanzen zu lassen. Kurzerhand warf man den Haufen raus. Die religiöse Heimat sollte nun Amsterdam werden, also schiffte man über, aber im Jahr 1620 hatten auch die Niederländer die Nase gestrichen voll und man warf sie ebenfalls aus dem Land hinaus.

Die Puritaner standen nun vor einem Problem:

Niemand wollte sie haben. Kein Land wollte die ‚Gotterleuchteten' aufnehmen und so segelten sie über den Atlantik, hin nach Amerika. Dort sollte nun das Paradies Gottes entstehen.

Ganz Europa atmete auf, als sie die Plagegeister endlich loswurden. Zuvor segelten sie nach Südengland und nahmen weitere Glaubenseiferer mit sich, die sich dort als Grüppchen gehalten hatten. Aber wie das so ist: Die Bibel kannten sie, die Schifffahrt nicht, von der Planung einer weiten Seereise ganz zu schweigen. Es wurde ein förmlicher Schlag ins Wasser, die besorgten Schiffe für die Überfahrt entpuppten sich als moderige Schiffswracks und man musste ein Frachtschiff anmieten – die heute bekannte „Mayflower" – und segelte in geringer Zahl ins „gelobte Land". Den Platz auf dem Schiff mussten sie sich außerdem mit Glücksrittern teilen, die ebenfalls – mit bezahlten Schiffspassagen - ins Paradies wollten, jedoch um irdische Güter zu gewinnen.

Geplant war eine Anlandung am Hudson, aber fehlende Navigationskenntnisse und Stürme trieben sie ab. Letztendlich strandete man an der Küste, knapp zweihundert Kilometer nördlich vom eigentlich geplanten Landungspunkt.

Da stand man nun, durchnässt an der Reling und schaute auf das Land. Das war also der Ort an dem man das Paradies schaffen wollte. (Genau: In der Nähe des heutigen Ortes Provincetown)

Na, dann mal rasch angelandet…
Ich raffe dieses Anlanden mal ein wenig:

Man ging an Land, stöberte etwas herum, klaute den dort lebenden Eingeborenen das Saatgut für das Folgejahr (der Name des Stammes ist mir entfallen), betrachtete es als Gottesgeschenk und baute sich Unterkünfte. Dort, wo heute Plymouth steht. Dass sie dort Gräber fanden, interessierte sie auch nicht. Immerhin hatte ihr Gott sie ja hierher geführt. Gräber von heidnischen Wilden? Waren das eigentlich richtige Menschen?
Nur, es waren Seuchengräber und als der Winter vorüber war, lebte nur noch knapp die Hälfte der Pilgerväter. Die Seuche hatte auch einen großen Teil der dort beheimateten Indianer hinweggerafft und diese suchten nun Verbündete in ihrem Zwist mit den verfeindeten Indianern eines benachbarten Stammes. Kurzerhand sandte der Häuptling einen Botschafter, jemanden, der bereits Kontakt mit den Engländern hatte und einige Brocken der Sprache konnte.
Genauer:
Er war in früheren Jahren versklavt, nach England verschleppt geworden und vor einiger Zeit mit anderen Siedlern zurückgekommen. (Er mochte die Engländer übrigens nicht. Er hieß Sqanto).

Ja, die Pilgerväter waren nicht die ersten Siedler. Man wollte Medizin.
Dass die Weißen Arzneien besaßen, hatte sich wohl herumgesprochen. Dusselig, wie sie waren, hatten die gottbeseelten Pilgerväter von Feldwirtschaft keine Ahnung (steht ja nicht in der Bibel) und ohne die Hilfe der Indianer waren sie nicht einmal in der Lage, Mais zu anpflanzen. Das Saatgut, welches man mitgebracht hatte, war entweder verdorben oder gegessen worden. Dass sie das geklaute Saatgut der Indianer verwendeten, sah man ihnen nach, denn im Austausch dafür gab es Messer und Gerümpel, welches man aus Europa mitgebracht hatte.
Jedenfalls lebte man einige Zeit recht friedlich zusammen. Die Indianer lehrten, besorgten Fleisch und Felle, die Pilgerväter …machten

irgendwas, wahrscheinlich beten... Jedenfalls schien man ihnen nicht zu trauen, denn sie mussten den Natives (richtiger Name für die „Indianer", sie nennen sich heute selbst so) eine Geisel stellen, damit der Frieden bewahrt blieb.

Etwas was man wissen sollte:
Die Indianer verfügten über eine Art „Geld". Es nannte sich Wampun. Das waren aufwendig hergestellte Perlenketten mit Flechtwerk. Als sie nun aber Eisenbohrer von den Pilgervätern bekamen, war die Herstellung nicht mehr so schwierig, die Produktion wurde rationeller und ... der Wert der Wampuns verfiel: Inflation.
Ein Wampun entsprach in etwa dem heutigen Wert von rund eintausendfünfhundert Dollar.
Die Hauptware waren Biberfelle. Ganz Europa war wild darauf. Man brauchte mehr Felle. Und man besorgte sie, bald gab es kaum noch Wild.

Rund zehn Jahre nach der Anlandung der Pilgerväter, kamen etwa eintausend weitere Pilgerväter aus England. Man hatte sie in Boote gesetzt und ein freundliches „Lasst euch hier nie wieder sehen" hinterher gerufen.
Jedoch:
Eintausend Menschen sind aber mengenmäßig viel. Zumindest im Vergleich zu einstmals fünfzig fast Verhungernde. Man freute sich über die Ankunft der christlichen Brüder und Schwestern, verbreitete das Christentum und die Pocken....Indianer starben.... Ein freudiger Ausruf: „Gott hat das Land von den Wilden gereinigt"(...Aha...Es beginnt!) und man machte sich breit, gründete Dörfchen - eines wurde später zur Stadt Boston - und weitere Siedler kamen. Europa schickte die Eiferer und jedwedes Gesindel, welches man loswerden wollte einfach nach Amerika.
In dieser Zeit tobte in Europa der 30-jährige Krieg. Ebenfalls teilweise von religiösen Fanatikern geführt... Man, was müssen die Puritaner erst für Typen gewesen sein, wenn man die loswerden

wollte, - eben in so einer Zeit! Jedenfalls besiedelten bald etwa zwanzigtausend Menschen das Küstengebiet. Und viele Menschen brauchen viel Land.

Was macht man?

Man bringt Gottes Wort, Pulver und Tod zu den Indianern, rottet mal eben einige Kleinstämme aus, singt Halleluja und preist den Herrn, der ihnen das Land gab.

Die ermordeten Frauen und Kinder des so genannten „Pequotkrieges", die man in diesem einfach abschlachtete, sangen nicht mit. Es wäre auch schwerlich möglich, denn sie befanden sich auf dem Weg in die „ewigen Jagdgründe", in welche man sie gottgefällig geschickt hatte.

Und die Indianer, die den Pilgervätern geholfen hatten?

Na, was soll ich sagen? Es waren halt nur Indianer... Wilde. Sie hatten gefälligst den Willen der Engländer zu befolgen, jenen gottesfürchtigen Frauen und Männern. Und wer es nicht tat... Nun Gottes Hand richtete sie. Und sie waren diese Hand. Und sie richteten schnell. Oh, das gefiel diesen primitiven Wilden nicht? Dann musste man es ihnen beibringen... Es kam zum Krieg, eigentlich seitdem ein Dauerzustand....Und die Indianer verloren.

Ihr hehren Pilgerväter, kniet nieder und preiset... „Halleluja!", preist euren Gott, der euch das Land gab, gesegnet mit verspritztem Blut unter dem Gesang eurer Kirchenlieder. Die Indianer können nicht preisen, denn ihr habt den freien Geist erschlagen.

Nun, gefallen Ihnen diese Pioniere. Sie selbst nannten sich übrigens nicht „Pilgerväter". Sie waren viel bescheidener. Sie nannten sich „Heilige". Ich sage jetzt einmal nichts dazu.

Aber wieder zurück zur „Bostoner Tee-Party", sofern ich Ihnen nicht gerade den Tee vermiest habe.

Katholisch, das war zuerst einmal Frankreich und somit war jeder Franzose ein Feind der Anglikanischen Kirche Englands. Dazu kamen noch die Spanier, die den südlichen Teil Amerikas (auch den

Süden der heutigen USA) besiedelten. Entgegen der oft verbreiteten Propaganda, war das spanische Reich zwar militärische im Verfall befindlich, jedoch die Verwaltung funktionierte und zivilisatorisch war man den Pionieren im Norden einige Stufen voraus und der oft dargestellte tumbe Spanier, fand sich eher in der Gestalt desjenigen wieder, der mit Bibel und Muskete das Wort predigte. Zumeist mit der Muskete, denn danach genügte oft nur eine einzige Bibel, um das überlebende Häuflein von der Güte des Gottes des weißen Mannes zu überzeugen.

Nun, durch die Puritaner begründet, gab man sich auch einen eigenen Namen. Schließlich geht es hier ja um die Bostoner Teaparty, nicht um die Geschichte der Spanier in der Neuen Welt.
„Amerikaner" nannte man sich nun, das Selbstbewusstsein wuchs, welches sich auch in der Kleidung zeigte. Man wollte sich bewusst abgrenzen. Die Perücken wurden eingemottet, man trug einen Zopf – einen Dreispitz darauf - die Hosen wurden knielang getragen und ein farbiges Jackett dazu. Es war eine einfache Kleidung, wenn man es mit den Prunkkleidern an den europäischen Höfen verglich (das Volk trug diese Kleider in Europa nicht. Es trug wie immer das, was Volk trug: Eben das, was man gerade besaß).
Aber noch etwas setzte sich in der Kleidung durch, etwas entscheidendes, auch wenn es belanglos klingt:
Das Militär (ja, gab es auch schon), zog die Halbschuhe aus und die Schaftstiefel an. Belanglos? Nun, das erhöht die Marschgeschwindigkeit um etwa zwanzig Prozent und Erkältungskrankheiten reduzierten sich ebenfalls. Kurz gesagt, die Kampfkraft der Truppen wurde erhöht.

Und wie es immer in der Geschichte ist, so auch hier:
Es bildeten sich Ballungsräume. Handelsorte, Häfen und Ortschaften. Nicht weil man gerne zusammen hockte, sondern weil es eine logistische Notwendigkeit darstellte.

Boston wurde bereits ein bedeutender Anlegeplatz, später Hafen und hatte ein prächtiges „Regierungsgebäude", wie man das Rathaus nannte, welches einen steinernen Balkon besaß, zudem eine Freitreppe. Ein imposantes Gebäude, wenn man auf die umstehenden Hütten schaute, die allerdings alsbald bis zu drei Stockwerken in die Höhe wuchsen.

In dem Schlamm davor (befestigte Straßen besaß man noch nicht) herrschte ein reges Treiben und am Kamin sprach man von der „Guten alten Zeit" als alles so schwer war. Tut man dies nicht immer? Nun, schwer war das Leben außerhalb der Städte noch immer, aber für die finanziell besser Gestellten nicht mehr so, denn die Arbeit verrichteten Sklaven.

Sklaven?
Nein, nicht jene, an die man nun denkt, geraubte Menschen aus Afrika, sondern es waren weiße Sklaven.
Einwanderer, die nichts hatten und die sich – um die Überfahrt zu finanzieren – für fünf bis zehn Jahre verkauften. In London zahlte man ihnen zu der Zeit etwa zehn Pfund für den Kontrakt, aber sie zahlten mit ihrer Freiheit und Arbeitskraft zurück. Und die Überfahrt nahm ihnen auch schon einen Großteil des Geldes.

Amerika...
...Was war es zu dieser Zeit?
Eine Ansammlung von Dörfern, Handelsstationen (der Pelzhandel in der Hand der Franzosen am St. Lorenzstrom), im Süden spanische Ländereien und sonst? Gar nichts. Na gut, es gab noch die Indianer, aber das Problem würde man später schon beseitigen....Nur daran dachte man im Augenblick noch nicht.
Gewiss, es gab schon die Städte Boston, New York (zuvor „Neu-Amsterdam"), Baltimore und Philadelphia, Jamestown (Richmond) und Charleston. Aber sonst?
Wenig, besser: Fast nichts.
Etwa dreihunderttausend Menschen lebten dort. Auch ein Nichts, wenn man die Landmasse betrachtet. Reisen wir doch gedanklich

einmal kurz nach Süden. Florida bot Felder, Gärten, Haziendas, Plantagen, Sklaven in Ketten, Spanier…Und am Mississippi saßen die Franzosen.

Gut ging es den dortigen farbigen Sklaven – hieß es – sie wohnten in Hütten und bekamen Kinder, was den teuren Transport aus Afrika überflüssig machte. Sie sangen schwermütige Lieder und die Priester lehrten sie christliche Choräle. Wenn sie allerdings nicht an den christlichen Gott glauben wollten, dann half man ein wenig nach. So eine Peitsche oder auch mal ein Galgen überzeugte da schon…

Langweile ich?

Ich hoffe es nicht, denn um Dinge zu verstehen, bedarf es einer Einleitung in das Thema, um eben zu wissen, wo man sich befindet.

Die nächsten Jahre liefen relativ ruhig ab. Man ging dem Tagesgeschehen nach, bestellte den Acker, knallte einige Indianer ab, plünderte ein wenig bei den Franzosen, die ebenfalls plünderten, schaute sich eine spanische Hazienda an und staunte, dass Stein doch nicht so rasch brennt wie eine Holzhütte und freute sich an dem gestohlenen Viehzuwachs, den man dabei nach Norden trieb…

Machen wir nun einen kleinen Sprung in der Zeit, denn jetzt kommt Preußen ins Spiel.

Preußen eroberte Amerika. Na gut, die Preußen wussten es nicht und so ganz direkt war es auch nicht. Aber sie taten es - für andere.

Wir schreiben das Jahr 1756 und es herrscht ein geschäftiges Treiben an den Höfen in Wien, Petersburg und Versailles. Moment, war nicht gerade die Rede von Preußen? Gemach, gemach!

In den drei vorgenannten Städten saßen, besser gesagt residierten, drei Frauen. Kaiserin Maria Theresia von Habsburg, Zarin Elisabeth von Russland und Marquise Jeanne-Antoinette Poisson, (genannt Madame Pompadour, deren Name „Poisson" mich treffend immer an das englische Wort „Poison" für Gift erinnert) in Frankreich und empfingen Boten und Botschafter. Ihr Lieblingsthema war: Preußen. Auch hier genauer:

Der Flötenspieler von Sanssouci, Friedrich, später „Friedrich der Große", welcher soeben die beiden Schlesischen Kriege gewonnen hatte. Die drei Damen einigten sich und er, der „Alte Fritz" wunderte sich sehr, dass die Franzosen nun auf der Feindseite standen, zumal sie ihn zuvor unterstützt hatten.

Ja, die Franzosen standen gegen ihn... Auf Rat der englischen Boten und Botschafter, die den Hof in Frankreich davon überzeugten.

Wie? Was? Engländer und Franzosen gemeinsam?
Nun, wir werden sehen...
Wer jedoch je Schach gespielt hat, erkennt den genialen strategischen Zug. Eine Eigenschaft (die des Erkennens) welche heutzutage vielen Politikern fehlt. Da war er also, der Krieg. Nein, nicht in Amerika, sondern in Europa. Und trotzdem ging es um die „Neue Welt". Ich sehe Ihren fragenden Blick, denn es wird etwas verzwickt. Ich hoffe, ich erkläre es verständlich.

Drei Fronten umklammerten Preußen. Österreich, Russland und Frankreich setzten die Truppen in Marsch und die Kanonen bezogen Stellung. Die Schlinge zog sich zu. In London grinste man, goss sich einen Tee ein (wird man durch Tee verschlagen?) und machte einen Freudensprung. Es hatte geklappt, alle waren in die Falle getappt und großzügig wandte man sich nun an Preußen. Die anderen ließ man im Stich.

Der englische Premierminister, William Pitt, bot Preußen unbegrenzte Unterstützung an. Geld. Keine Soldaten, denn während die Franzosen auf den Schlachtfeldern gebunden waren und verbluteten, wurden englische Regimenter eingeschifft....Und segelten nach Amerika.

In der neuen Welt war man irritiert. Man mobilisierte die Miliz, eine Art Volksheer (Chef der Miliz war ein gewisser George Washington... Ja, genau der George Washington, der später Präsident wurde) und gemeinsam ging man gegen die Franzosen im Land vor. Ja, gegen die Franzosen, denn würde England sofort die Karten aufdecken, hätten sich die Pioniere womöglich auf deren Seite geschlagen. So sollten sie ruhig auf den Schlachtfeldern verbluten und die Franzosen schwächen.

„Sehr, sehr unfein" würde der englische Gentleman sagen, denn der Milizauftrag lautete „kill and destroy". Und Washington hielt sich eng an diesen Auftrag...

In dieser Zeit erschien und spielt auch ein Propagandabuch. Sie kennen es gewiss, zumindest dem Namen nach. „Lederstrumpf" (Originaltitel „The Leatherstocking Tales") von J.F. Cooper, in dem die Engländer stets die Guten waren und die Franzosen immer gemein und verschlagen wirken. Natürlich nicht so offensichtlich, denn es war sehr gut verpackt, erzielte jedoch seinen Zweck, denn der englische Gentlemen kämpfte augenscheinlich gegen das Böse.

Eine geniale Szene in der Geschichte (im Sinne der Zielsetzung) ist das Bestreben der beiden liebreizenden Ladys Cora und Corinne, die doch nur ihren Vater in einem Fort besuchen wollen und sich nun in einer brennenden Hütte befinden, umzingelt von einer blutgierigen Horde. „Shocking", sagte die Lady beim Tee und entrüstete sich, wie man so etwas den lieben Mädchen antun könne. Das Ziel hatte die Köpfe erreicht:

England ist gut, die Welt muss gut werden, die Welt muss englisch werden. Notfalls mit Gewalt. Denn englische Gewalt war auch gut... Es war schon ein Unterschied darin zu sehen – und so empfand man es – wenn eine englische Lady voller Furcht zitterte oder ob nebenbei ein paar Feinde abgeknallt wurden. Sie hatten es ja auch verdient...Sie waren eben nicht gut...

Louisborg fiel, man machte fünftausend Gefangene und in ganz Amerika befanden sich nur noch etwas über dreitausend französische Soldaten. General Montcalm bewaffnete die Bürger und konnte so ein Heer von rund zehntausend Bewaffneten aufstellen. Fünfzigtausend Amerikaner und Engländer standen ihnen entgegen. Man verteidigte Quebec, Quebec fiel, darunter auch General Montcalm, danach fiel Montreal. Kanada war plötzlich eine englische Provinz.

William Pitt schaute in London aus dem Fenster, schlürfte ein Tässchen Tee und überlegte.

Reicht es?

Ist es genug des Krieges?

Ach, der preußische Friedrich beschäftigt die Franzosen doch so gut, dann können wir ja noch weiter machen. Er schaute auf die Landkarte, sein Blick fiel auf Florida. Chic. Das kassieren wir auch ein und haben sogleich Zugriff auf das Karibische Meer. Sind eh nur böse Spanier dort...Sogleich wurden die Soldaten eingeschifft, man segelte nach Süden, erklärte kurzerhand Spanien den Krieg und ...eroberte Kuba, sowie Martinique.

Wie?

Nicht Florida?

Ach, Strategie ist doch kein Kinderhüpfspiel. Ich glaube aus Ihnen wird nie ein General oder Feldherr. Aus mir aber auch nicht. Wer Ziele erreichen will, muss sie doch nicht sogleich offenbaren.

Pitts Plan war – aus seiner Sicht – genial. Florida befand sich in einer Zangenlage. Im Norden die englischen Kolonien (Amerika genannt) und im Süden Kuba. Großzügig (ich sehe Pitts zynisches Lächeln) bot man Spanien Kuba an – im Tausch gegen Florida und den Frieden. Den immerwährenden Frieden natürlich, aber ist das nicht allzeit so?

Spanien willigte ein und genau an diesem Tag wurden die Hilfszahlungen an Preußen eingestellt. Man hatte sein Ziel erreicht.

Im Frieden von Paris (1756) verlor Frankreich Kanada, Louisina und die Gebiete in Indien an die Engländer, Spanien verlor Florida. Das „Britische Empire" erblickte die Welt. Ein Weltreich.

Man goss sich ein weiteres Tässchen Tee ein, freute sich beim Blick auf den Globus und spürte nicht den bitteren Nachgeschmack in dem Getränk, denn es sollte ein böses Erwachen aus dem Freuden – und Siegestaumel geben.

Frieden war nun (wieder einmal) eingezogen in die Welt der Menschen. Man roch an Blumen, schimpfte über den Nachbarn und erregte ich über die etwas angezogenen Preise.

Es hätte Frieden sein können, gäbe es dort - in der „Neuen Welt" nicht ein Problem. Das Problem waren die Indianer. Sie begriffen einfach nicht, dass der „Weiße Mann" immer weiter nach Westen drängte, alles als seinen Besitz ansah und nahm was er wollte. Die Gier war ihnen unverständlich. Und Skrupel kannte man wirklich nicht, denn man muss auch sehen, wer da nun – nach dem Kriegsende – ins Land kam:

Statt ins Gefängnis gesteckt zu werden, verschiffte man Verbrecher einfach nach Amerika, (teilweise auch nach Australien), wo sie ihre „Zweite Chance" bekommen sollten.

Zudem sparte man sich die Verpflegungskosten. Hauptsache man war den Abschaum los. Und was genau Abschaum war, das bestimmten die Herrschenden. Gewiss, einige ergriffen die Chance, aber andere ergriffen das was sie in die Finger bekamen, denn Recht und Gesetz war außerhalb der Städte nur ein Wort.

Pontiac, Häuptling der Ottawa-Indianer (er kämpfte im Krieg auf Seiten der Franzosen) organisierte den Widerstand, redete mit anderen Stämmen und genau das gefiel den Engländern gar nicht. Major Rogers wurde zu ihm gesandt, jener Rogers, der sich selbst rühmte, einen ganzen Stamm ausgerottet zu haben und führte - ganz Gentlemen – das Gespräch: „Wir haben die Kanonen, Truppen und die Gewehre. Die Franzosen sind fort. Wir sind die Herren. Und jetzt ist Frieden. Aus."

Man trennte sich, der Frieden war nur ein Wort, es kam zu Übergriffen und der Indianerkrieg brach aus. Pontiac hatte das Unmögliche erreicht: Er vereinigte die Stämme und brannte die Forts nieder. Er wollte nur eine feste Grenze für sein Volk, mehr nicht. Pontiac wurde verraten, von einer Frau. Man gewährte - ganz Gentlemen – Frieden, beendet die Gespräche ...Und dann ermordete man Pontiac.

Schauen wir uns doch nun einmal den Kontostand an: Gesiegt hatten die Engländer, aber 140.000.000 Pfund Staatsschulden sind nicht gerade wenig, besonders dann, wenn das Steueraufkommen nur 3.000.0000 Pfund im Jahr beträgt. Also muss Geld her.

Im besetzten Indien war es einfacher. Die korrupte Herrscherkaste hatte man im sprichwörtlich „im Sack". Das Volk wurde einfach ausgeplündert, also gab es dort keine Probleme.
Aber in Amerika war es etwas anders. Dort gab es nämlich eine Sache noch gar nicht: Steuern.
Man führte die Stempelsteuer ein, denn irgendeinen Gewinn musste das Land ja einbringen.
Shocking!
Die Teetasse fiel aus der Hand, denn die Amerikaner wollten das nicht bezahlen. Es waren doch jeweils nur geringe Beträge, aber die Amerikaner sahen nicht die Geldsumme, sondern das Wollen:
Man mischte sich in ihr Leben ein, denn der König hatte ihnen einst Selbstverwaltung zugesichert, denn sie seien keine eroberte Kolonie.
Findige Juristen erklärten es dann auch:
Das Parlament könne nur über Gebiete entscheiden, die auch durch Abgeordnete vertreten seien. Amerika hatte aber keine Abgeordneten im Parlament von London, somit interessiere es auch nicht. Man habe seine eigenen Parlamente, seit der Verfassungsänderung von 1688 unterstehe der König dem Parlament und er habe sich daran gefälligst zu halten. Somit unterstehe der König auch den Parlamenten in Amerika. Diese (richtige) Rechtsauffassung ließ nicht nur die Teetassen aus den Händen fallen, sondern auch den Verfasser grinsen:
Samuel Adams war sein Name und er war ein begnadeter Redner, der die Massen mobilisieren konnte.

Welche Massen mobilisiert man?
Natürlich die Massen, die einen Heilsbringer suchen, der ihre unartikulierte Wut auf Alles und Jedes in Worte fassen kann. Er suchte die Unterschicht auf, die Habenichtse, die immer Andere für ihr Scheitern verantwortlich machen, verteilte etwas Geld unter den Menschen (er stammte aus wohlhabendem Haus, - stammen die

Köpfe von Revolutionen immer -) und schuf sich so eine Klientel. Diese Klientel schloss sich in einem Bund zusammen, der sich selbst „Söhne der Freiheit" nannte. Ihr Tagesvertreib war es, englandtreue Bürger zu belästigen und zu drangsalieren. Sie machten „Stimmung".

Steuereinnehmer wurden geteert und gefedert und sie schlugen Lager kurz und klein. Mutig wie sie waren, natürlich vermummt. Der Druck und der Terror wuchsen an, letztendlich beugte man sich und die Kaufleute stimmten zu, keine Waren mehr aus England einzuführen. Das war übel, traf es doch den englischen Handel direkt und die Stempelsteuer wurde nun aufgehoben. Samuel Adams triumphierte und die Lage beruhigte sich.

In England goss man sich wieder seinen Tee ein, glaubte, alles sei gut und zwei Jahre nach der Stempelsteuer startete man einen erneuten Versuch:

Man führte die Steuer für Papier, Glas, Farbe und Tee ein. War das Aufbegehren gegen die Stempelsteuer noch als Unmutsäußerung zu sehen, mit Übergriffen, so war das, was nun geschah bereits ein Flächenbrand.

Abgeordnete wurden zusammengeschlagen, Lagerhäuser geplündert, Waren aus England wurden boykottiert und man zahlte gar nichts mehr, nicht einmal irgendwelche Rechnungen.

Dazu dies:

Man weigerte sich die Sklaven zu nehmen, die in den Schiffen überlebt hatten, wenn sie nicht zuvor verreckten. Das waren gewaltige finanzielle Einbußen, die kein Gentlemen so einfach hinnahm, denn etwa fünfzehntausend Sklaven jährlich waren auch ein finanzieller Verlust. Und es ist so unappetitlich, die Toten ins Meer zu werfen, da musste die englische Lady doch sehr oft zum Riechtüchlein greifen.

Inzwischen schreiben wir bereits das Jahr 1770 und im März des Jahres griffen einige „Söhne der Freiheit" einen englischen Wachposten in Boston an, der darauf seinen Säbel zog. Als sei es ein Startsignal gewesen, rottete sich eine Menge zusammen und warf mit Steinen.

Weitere Soldaten erscheinen, ein Soldat fällt, aus seinem Gewehr löst sich ein Schuss. Die Masse greift die Soldaten an, diese schießen auf die Menge, fünf Menschen werden erschossen.

Die Masse weicht zurück, die Wut steigt und das danach erscheinende Flugblatt „Das blutige Massaker von Boston" wird den Verteilern landesweit aus den Händen gerissen. Es ist natürlich mit einer Zeichnung versehen, damit es sich auch der letzte Hinterwäldler bildlich vorstellen kann...

Tee...

Ja, es ist wieder der Tee, der den Engländern Sorge bereitet; denn es hatte sich inzwischen ein Teeschmuggel etabliert. Organisator war John Hancock und diesem wollte London persönlich das Handwerk legen.

Der Plan war einfach...Und dumm:

Die Händler sollten direkt beliefert und der Tee sogleich unter dem Schwarzmarktpreis angeboten werden. Das rief die „Söhne der Freiheit" auf den Plan. In Charleston verhinderten sie das Löschen der Ladung, andere Häfen wurden gesperrt, so dass die Schiffe umkehren mussten. Für die Stadt Boston hatte man sich ein Fanal ausgedacht. Organisiert von Adams und Hancock verkleideten sich „Die Söhne der Freiheit" als Indianer, kaperten die Schiffe und warfen rund dreihundert Teekisten in das Wasser.

Erneut: Shocking!

„Was erlauben sich diese Kolonisten"? empörte man sich in London und beschloss – in typischer Manier eines Gentlemans - die Sache endgültig zu beenden.

Am 1. Juni 1774 kreuzten englische Kriegsschiffe vor dem Hafen von Boston. Das war ein Schlag, denn als Hafenstadt lebte Boston vom Handel und Hunger drohte. Hunger ist das, was niemand braucht, besonders die Herrschenden nicht (Der Hungernde selbst auch nicht), denn Hunger schafft Wut, Solidarität und wird zum Treibmittel für Revolutionen.

So war es auch hier. Die Menschen des Umlandes versorgten die Stadt, ein Gemeinschaftsgefühl wuchs, England reagierte. Vier Regimenter wurden nach Boston verlegt, Privathäuser wurden beschlagnahmt und das Parlament von Massachusetts aufgelöst. Man traf sich im Untergrund, John Hancock (der Schmuggler) wurde Präsident des nun gegründeten Provinzialkongresses. Man organisierte eine Untergrundarmee, für die Stunde X. Die Mitglieder nannten sich „Minute-Men".

Eine geografische Problematik gab es aber noch.
Durch den Frieden von Paris waren die Grenzen so gezogen worden, dass der Gebirgszug der Allegehnies die Grenze bildete. Jeder, der nun jenseits der Berge wohnte, stand nun unter englischer Oberhoheit. Es war eine Grenze, die man ohne Genehmigung nicht passieren konnte. Das gefiel gar nicht.
Im September 1774 trafen sich Abgesandte aller Koloniegebiete in Philadelphia (Georgia sandte niemanden) und verfassten eine Erklärung. Zugleich begann man zu rüsten, wurde jedoch verraten. Die Zeit war knapp.
Paul Revere (er hatte das Bild des Massakers von Boston gezeichnet) schwang sich auf sein Pferd, alarmierte die anderen Minute-Men. Die Engländer, welche die Waffenlager ausheben wollten? Sie gerieten in einen Hinterhalt, von achthundert ausgeschickten Engländern erreichten nur rund fünfhundert die Stadt Bosten, in heilloser Flucht.
In Philadelphia traten die Abgesandten rasch zu einer Beratung zusammen, die zu einem Geschrei ausartete. Die Lautesten gewannen die Oberhand, die Besonnen – die Verhandlungen wollten – wurden niedergeschrien. Die Aufständischen wurden zur „American Continental Armee" erhoben, ein Bündnis mit Frankreich wurde beschlossen und in den Kolonien sollten sich autonome Regierungen bilden.
In London schmeckte König George III. der Tee nicht mehr.
Der amerikanische Unabhängigkeitskrieg hatte begonnen, Auftakt war die „Boston-Tee-Party", nicht jedoch dessen Ursache.

Schmeckte ihnen der Tee noch? Ich gebe es ja zu, ich habe soeben einige liebgewordene Gewissheiten zerstört. Das macht nichts, denn man sollte mit dem leben, was wahr ist und nicht mit dem, was wahr sein soll.

Doch jeder Krieg braucht auch eine Parade. So auch hier.
Gewiss kennen sie die (German-American) Steuben Parade, eine Festivität die in jedem Jahr am dritten Samstag im September durchgeführt wird. Unzählige Passanten stehen am Straßenrand und winken irgendwelchen vorbeimarschierenden Gruppen zu. Den Namen selbst werden sie inhaltlich kaum zuordnen können. Es war eben Steuben. Gehört hat man ihn wohl schon, aber sonst? Na, dann stelle ich ihn den Herrn mal vor…
Immerhin sind wir eh gerade in der Neuen Welt und sparen uns so eine Reise.

Steuben

Der General von eigenen Gnaden.

Ich erwähnte ihn gerade und machen wir es kurz.
(Na gut, so kurz wird es nicht, denn auch hier muss ich ein wenig ausholen).

Der Unabhängigkeitskrieg – jener auf den vorherigen Seiten erwähnte – dauerte zäh an.
Washington hatte sich soeben bei Philadelphia verschanzt. George Washington?
Natürlich nicht er selbst, so was machten andere, er saß dort irgendwo, knirschte sinnbildlich mit seinem Eichenholzgebiss (feinste Schnitzkunst) und schaute zum Himmel, denn der nahende Winter malte bereits angegraute Wolken an den Himmel.
Lord Howe, der Befehlshaber der Engländer griff ihn nicht an, sondern wartete ab.
Das Lager Washingtons (ich bleibe mal bei dem Namen, das verkürzt es) befand sich am Zusammenfluss zweier Flüsse. Sehr feucht und feucht wurde es auch von oben, denn Wolkenbrüche verwandelten den Boden in einen Morast. Etwa dreitausend Mann hatte er unter seinem Kommando. Hungernde Menschen, erbärmlich frierend und auf Hilfe hoffend.
Der Kongress würde sie doch nicht im Stich lassen?
Doch, das tat er, denn der neue Stern am Himmel hieß Gates, ein Intrigant, der sich eine – heute würde man sagen „Lobby" zusammen suchte. Washington war nicht mehr die „Erste Wahl" (sind Verlierer nie, ganz gleich, warum sie verloren) und so harrte er aus und schaute auf die fiebernden oder typhuskranken Soldaten, sah Deserteuren hinterher und hoffte auf… Irgendwas.

Dieses „Irgendwas" geschah, denn Amerika verbündete sich 1778 mit Frankreich, Truppen unter General Forge brachen durch die

englischen Linien und Washington war gerettet.... der armselige Haufen seiner Leute natürlich auch.
Moment?
Ging es hier nicht um Steuben?

Natürlich, denn jetzt ist er da.
Durch Vermittlung Frankreichs kam er. Er, nach dessen Namen später in US-Amerika sogar Städte benannt wurden. Das ehrt und das kostet nichts. Zudem kann man so auch sehr gut an Legenden weben.
Siebenundvierzig Jahre alt war er zu der Zeit, jener in Magdeburg geborene Friedrich Wilhelm von Steuben, der im preußischen Heer gedient hatte, mit vierundzwanzig Jahren aus eben diesem Heer als Hauptmann herausgeflogen war, dann in die Dienste Badens trat (zu jener Zeit sehr frankophil). Er wurde im Alter von fünfunddreißig Jahren zum Oberst ernannt und schiffte sich dann 1777 nach Amerika ein.
Er war ein Hasardeur, aber strategisch begabt.
Die menschliche Natur erkennend, beförderte er sich mal rasch selbst zum General, denn Menschen schauen zuerst auf den Titel, dann auf das Können, zumal man zu der Zeit andere Sorgen hatte, als irgendwelche Offizierspatente zu überprüfen und traf mit Washington zusammen.
Dieser war begeistert, machte Steuben zum Generalmajor der Armee und dann zum Generalinspekteur.
Man sieht:
Jetzt war er, der Hochstapler, General, er selbst hatte nur ein wenig der Zeit vorgegriffen.

Steuben sah sich die Freiheitsarmee an, zog sich den Dreispitz vor das Gesicht und musste entweder lachen oder weinen, doch beides kam auf selbiges hinaus, denn diese „Armee" war ein beseelter – pardon - Sauhaufen. Militärische Disziplin war ein Fremdwort und die Männer glichen einer herunter gekommenen Räuberbande.

Er führte den preußischen Drill ein. Man murrte, schimpfte und marschierte dann doch zu seinem Takt.

Aus der Horde war in kürzester Zeit eine Armee geworden. Eine schlagkräftige Armee, wie man auch in Paris bemerkte und verbündete sich eben dann rasch mit den Amerikanern, denn die Schmach der Niederlagen gegen England und der Verlust der überseeischen Ländereien waren noch nicht vergessen worden. Zugleich erklärte Frankreich den Engländern offiziell den Krieg. Spanien schloss sich rasch an, aber auch Holland, Russland, ...Irgendwie schien man die Gentlemen nicht gemocht zu haben, denn auch Schweden trat – „neutral" - diesem Bündnis gegen England bei. („Neutralität" ist immer gut, denn im Siegesfalle ist man immer auch ein wenig Sieger, im Falle einer Niederlage hatte man ja nichts damit zu tun....).

Die Engländer waren empört!
Wie kann man es wagen, gegen England aufzubegehren?

London reagierte und schickte Eliteeinheiten nach Amerika.
General Clinton führte sie jedoch nicht zu den Schlachtfeldern im Norden, sondern – „Elite" erklärte sich hier rasch auch im strategischen Denken – nach Süden. Er nahm einfach die Gebiete in Besitz, die nicht direkt Kriegsschauplatz waren.

Dieses neue Land, Amerika, schrumpfte enorm.

Georgia und Carolina wurden rasch überrannt, aber es kam zu einem Problem, denn man siegte zwar, aber man hatte plötzlich Unmengen von Gefangenen zu versorgen. Eine schwierige Aufgabe, wenn man sich selbst nur schwer versorgen kann.

Was tat man?

Man entließ die Gefangenen einfach, die sich danach sofort zu neuen Einheiten zusammen fanden und einen Partisanenkrieg begannen. Man muss von allen guten Geistern verlassen gewesen sein, militärisch betrachtet.

Im Norden hatte Lord Cornwallis General Gates (genauer: dessen Truppen) geschlagen und von Süden marschierten die Truppen Clintons auf Richmond zu. Eine Zange, aber diese Zange klemmte, denn Cornwallis war ein Zauderer, der alsbald von neu eingetroffenen französischen Truppen abgedrängt wurde. Er verschanzte sich und wartete auf weitere Unterstützung aus England.

Er würde wohl heute noch warten, aber der „Feind" handelte.

Gemeinsam belagerten die Franzosen (unter General Lafayette) und die Truppen Washingtons die Stellung bei Yorktown und überrannten sie. Lord Cornwallis kapitulierte, während von Süden her General Clinton herbeischlich.

Ja, er schlich, denn er hatte mal wieder gesiegt und schon wieder einige tausende Gefangene dabei. Das bremste den Entsatzversuch.

General Clinton schaute sich die Landkarten an, ging auf und ab und beschloss das zu tun, was er noch tun konnte: Nichts.

Er muss – so stelle ich es mir vor – mehrfach mit dem Kopf vor die Wand gerannt sein, wenn er an das Parlament in London dachte, denn dort hatte man den Krieg verloren.

Man kann ein Land nicht mit wenigen Regimentern erobern, dazu bedarf es einer Armee, zumal die Franzosen nicht irgendwelche Soldaten nach Amerika geschickt hatten, sondern die Gardetruppen, zu der damaligen Zeit die Elite der Elite.

Sinnbildlich:

Kneipenraufbolde streiten sich mit militärischen Eliteeinheiten. So ähnlich muss man es sich vorstellen.

König George wird wohl etwas zu viel Tee getrunken haben, denn er traf eine Entscheidung:

Nein, er verstärkte die Truppen nicht, sondern berief die Soldaten zurück (einige „Ewiggestrige" kämpften aus einigen Forts weiter).

Chancenlos, denn ihn sorgte etwas anderes, für ihn viel wichtiger: Der revolutionäre Gedanke, der sich in Frankreich durchgesetzt hatte. Und Frankreich war nah. Etwas Wasser zwischen Calais und

Dover, das konnte rasch überwunden werden, zumal Gedanken fliegen können und nicht unbedingt auf eine Schiffspassage warten müssen.

Kurz und gut:
In der Thronrede vom 5. Dezember 1782 erkannte König Georg die „Vereinigten Staaten von Amerika" an. Die Vereinigten Staaten von Amerika wurden gegründet durch die persönliche Angst einen englischen Königs um seinen Thron, nicht durch einen „Sieg" im Unabhängigkeitskrieg.
Militärisch gesiegt hatten Solidarität, preußischer Drill – durch Steuben – und die Elitetruppen der Franzosen.

Würde man den US-Amerikanern sagen:
Frankreich und Preußen hat euch geschaffen, würde man gewiss ein ungläubiges Staunen erreichen und eine Verneinung.
Typische Antwort: „Washington hat gesiegt, sonst niemand"!
Ja, ja,…
Gott erhalte Lieschen Müller (Pardon, es ist Amerika, also nicht Lieschen Müller sondern John Doe) das naive Denken.

Soviel – einfach einmal nebenbei - über Steuben.
Eine Person des Unabhängigkeitskrieges. Mehr nicht.

Lassen sie uns nun wieder Europa betreten. Wir verlassen das Schlachtengetümmel und wenden uns nun etwas Friedlichem zu.
Einem Lied. Und dieses Lied wurde zum Streitfall.
Das Lied der Deutschen.
Kurz: Das Deutschlandlied.

Lied der Deutschen
Missverstandene Verse

Es ist wohl das umstrittenste Lied der Welt, falsch interpretiert von vielen Menschen. Auch heute noch. Es wurde missbraucht von Verbrechern, die ihren Sinn hineindeuteten und gerade den ersten Satz der Hymne in einem Sinne auslegten, die der Dichter nie beabsichtigte. Die Rede ist von dem "Lied der Deutschen".

Was trieb den Dichter, August Heinrich Hoffmann von Fallersleben (1798 – 1874), an?
Wie waren die Lebensverhältnisse in der Zeit, in der er lebte? Eine Zeit, die ihn bewog, gerade diese Worte zu schreiben? Wie empfanden die Menschen diese Zeit?

Der Wiener Konferenz (heute bekannt als „Wiener Kongress") war beendet, jene Zusammenkunft der Diplomaten, die, nach Napoleons Niedergang, Europa neu ordnen wollte um den ewigen Frieden zu verkünden. Wieder einmal.... Es entstand – durch Metternichs Politik - aus dem ehemals Deutschen Reich eine Ansammlung vieler kleinerer Länder. Jedes kleine Ländchen hatte seine Hymne und so sangen die Bayern „Heil unserm König...", Preußen schmetterte „Heil dir im Siegerkranz" und selbst Kleinststaaten hatte ihre Lieder. Herrschaftsbezogen waren sie, nicht Volksbezogen, den Gedanken an ein einigendes Band des Landes hatte man vergessen.
Was war das schon, dieses „Deutschland". Nur ein Wort?

Bis zum Krieg des Jahres 1866 galt das Lied „Was ist des Deutschen Vaterland" (Ernst Moritz Arndt/ Gustav Reichardt) indirekt als die gemeinsame Hymne. Im Zuge des Krieges von 1870/71 wurde „Die Wacht am Rhein" (Max Schneckenburger) gesungen.
Am 11. August 1922 machte Friedrich Ebert das Lied der Deutschen (gegen den Widerstand der Alliierten) zur Nationalhymne.

Die Verbrecher des Dritten Reiches interpretierten es auf ihre Art und machten es zum „Vorlied" ihrer eigenen Hymne. Sie sangen zugleich ... (ist egal, gehört hier nicht hin).

1952 wurde das Lied der Deutschen, durch Anregung Adenauers, wieder zur alleinigen Nationalhymne, wobei bei offiziellen Anlässen die dritte Strophe gesungen wird.

Entgegen vieler Vermutungen ist es nicht verboten, es in Gänze zu singen. Am 19 August 1991 legte ein Schriftwechsel zwischen Bundespräsident und Bundeskanzler die 3. Strophe als alleinige Nationalhymne fest.

Doch was trieb den Dichter an, den eigentlichen Germanistiklehrer, der sich nach dem heutigen Wolfsburger Stadtteil „von Fallersleben" nannte, dieses am 26. August 1841 auf der damals britischen Insel Helgoland zu schreiben? (Helgoland wurde später eingetauscht gegen die Insel Sansibar)

Sein Verleger Neff bezahlt ihm für den Text vier Louisdor (Louis d'or). Wenn man allein den Goldwert des Jahres 2017 als vergleichende Grundlage nimmt, entspricht es in etwa (er wog ca. zweiundzwanzig Karat), der Kaufkraft von knapp eintausend Euro.

Fallersleben führte ein unruhiges Leben.

Er wurde genauso oft ausgewiesen, wie es Kleinländer gab: Etwa vierzig Mal musste er einen der Kleinstaaten aus politischen Gründen verlassen.

Der Grund war seine demokratische Haltung, die man im beherrschenden Preußen nicht goutierte. Er verlor sogar seine Professur in Breslau und ging damit seiner Pension verlustig.

Ziellos wanderte er durch Deutschland und fühlte sich heimatlos. Es nimmt nicht Wunder, ihn 1848 auf revolutionärer Seite zu finden.

Als Kind erlebte er die politische Umgestaltung und Einführung von Bürgerrechten durch Napoleon (öffentliche Gerichtsverfahren, Religionsfreiheit, formelle Gleichheit vor dem Gesetz), die nach der Re-

Installierung des Königshauses Hannover wieder rasch beseitigt wurden.

Doch ein Vogel, der einmal seinen Käfig verlassen hat, denkt nur noch ans Fliegen und jeder Gitterstab bedeutet ihm seelische Pein. So fühlte auch Fallersleben, der besonders unter der Polizeiwillkür und Pressezensur litt.

Zugleich ist er Dichter verschiedener bekannter Volkslieder, wie „Kuckuck, Kuckuck", „Alle Vögel sind schon da", oder auch „Ein Männlein steht im Walde", um nur einige zu nennen. Er starb am 19. Januar 1874 in Corvey. Dort wurde er in dem gleichnamigen Kloster beigesetzt.

Im „Deutschen Bund" nur lose organisiert, bestand Deutschland zu der Zeit aus knapp vierzig einzelnen Ländern.

Kleinbürgertum, heute als die Zeit des Biedermeier bekannt, beherrschte das Handeln und Denken.

Gegen diese Zerrissenheit wollte Fallersleben anschreiben und so ist – vom Wollen her – die erste Strophe allein innenpolitisch zu sehen.

Es ging ihm um das einigende Band eines Gebietes, welches er in dem Text zugleich fasst:

Begrenzend im Westen durch die Maas, im Osten durch die Memel, im Süden durch die Etsch und im Norden durch die Meerenge des Belt. Kein territorialer Anspruch, allein die Eingrenzung des Sprachraumes, ja auch des gemeinsamen Kulturrraumes.. Ein Appell an die Kleinpotentaten, den Egoismus beiseite zu räumen und sich begreiflich zu machen, das Gemeinsamkeit eine bessere Grundlage bietet, als Separatismus.

Die geschichtliche Entwicklung hat diese imaginäre Grenzdenkung ad acta gelegt, beschreibt aber dennoch das ehemalige Siedlungsgebiet der Deutschen.

Im Jahre 1840 kam es in Frankreich zu einer politischen Krise, der Orientkrise. Das Kabinett Thiers lenkte das Interesse auf das Gebiet Elsass-Lothringen, da französische Interessen im Orient nicht mehr durchsetzbar waren. Das Ziel war erneut der Rhein als Ostgrenze Frankreichs.

Aus diesem Beweggrund entstand auch das Lied „Die Wacht am Rhein".

Auf Fallersleben hatte die politische Situation Einfluss und er dichtet sein Lied.

Der Hass damals, zwischen Frankreich und Deutschland, war groß und die französische Übersetzung, hier ein Angriffslied zu finden, entsprach nicht dem Gewollten des Dichters. Dennoch, hier ist die Grundlage des Falschverständnisses zu finden.

Fallerleben verwendete Fragmente Walthers von der Vogelweyde und bediente sich bei Ernst Moritz Arndt in dessen Gedankengängen.

Unter diesen Gesichtspunkten, ist das Lied der Deutschen ganz anders zu sehen, als es gemeinhin betrachtet wird.

Die Originalhandschrift des Liedes kam 1945 nach Polen und befindet sich heute in Krakau.

Vielleicht konnte ich ein wenig zur Klärung beitragen und ich freue mich, wenn Sie sich den Text einmal neutral ansehen würden und ihn so verstehen können, wie ihn der Dichter gemeint hat. Das Lied der Deutschen, dessen Melodie Franz Joseph Haydn (1732 – 1809) verfasst hatte. Zum Ruhme des Kaiser. Nicht für dieses Lied selbst.

Sahen Sie die Nationalhymne der Deutschen auch so neutral? Bei der Antwort bitte nicht schwindeln...

Aber was war das denn für eine Zeit?
Ich langweile Sie jetzt nicht mit der gescheiterten Revolte von 1848 (viele nennen es eine Revolution, aber das war es nicht. Es war nur der Versuch, die Situation zu ändern. Ach, bei Revolutionen fällt Ihnen sicher Name des Karl Marx ein. Soll ich ihm eigene Seiten zubilligen? Nein. Das tue ich nicht. Ich möchte mich einer anderen Person zuwenden, verbunden mit einem anderen Ereignis,

welches den Aufstieg des Landes einleitete, aber zugleich auch die Saat für den Untergang in sich trug. Ach, Sie glauben das sei so nicht ganz richtig?

Sie wissen doch noch gar nicht, was ich und wen ich meine. Ich rede von der Kaiserproklamation des Wilhelm des Ersten und seiner Zeit.

Die Kaiserproklamation des Wilhelm I.
Oder: Otto von Bismarck baut ein Reich
Oder auch: Die „Gute alte Zeit"
Und: Was hat Richard Wagner damit zu tun?

Als er - Wilhelm - sich am 18. Oktober 1861, in Königsberg, die Krone auf dem Haupt gerade rückte, schaute er auf ein Land, welches die Gedanken des Jahres 1848, jenes deutschen Revolutiönchen (Deutsche machen keine Revolution, sie warten auf den Revolutionsmacher, dem sie dann blind und gehorsam folgen und ihn - bei einer Niederlage - zutiefst verdammen) noch nicht vergessen hatte.

Der liberale Gedanke, in der Frankfurter Paulskirche einst beschworen, war etwas, was dem Monarchismus und seinen Repräsentanten gar nicht gefiel.

Bereits vor der Krönung erklärte – ich bleibe einmal respektlos – Wilhelm, was er von den Abgeordneten hielt, nämlich dieses:

Die Aufgabe eines Abgeordneten sei es lediglich, der Krone Ratschläge zu geben, wenn er danach gefragt würde.

Am Abend vor der Krönung folgte dann dies:

„Die Herrscher Preußens empfangen ihre Kronen von Gott. Ich werde morgen die Krone vom Tische des Herrn nehmen und auf mein Haupt setzen. Dies ist die Bedeutung des Königtums von Gottes Gnaden."

Die Krone, die er dann am Folgetag trug, bestärkte ihn in dieser Meinung.

Im Herbst 1862 spazierten zwei Männer in Berlin an der Havel entlang.

Einer davon ist ein Gutsherr, zuvor Gesandter an verschiedenen europäischen Höfen (und mit einer sehr hohen Stimme versehen, wenn man den Berichten glauben kann, die seiner Körperlichkeit völlig widersprach) und gerade siebenundvierzig Jahre alt. Sein Name: Otto von Bismarck. Der andere Herr war Wilhelm Friedrich

Ludwig von Preußen, seit einem Jahr König von Preußen und zukünftig Kaiser Wilhelm der Erste. Aber an diesem Tag sind wir noch nicht angelangt.

Jener jedoch war ziemlich niedergeschlagen und befasste sich gedanklich mit seiner Abdankung, denn der Landtag und die darin sitzenden Abgeordneten machten ihm nicht nur Ärger, sondern bereiteten ihm Magenschmerzen und Schwierigkeiten. Er war doch der Monarch, wie konnten sie da einen eigenen Willen haben und Forderungen stellen?

Bismarck redete auf den Monarchen ein und das Ergebnis dieses Gespräches war die Entscheidung, welche die Zeit für die nächsten Jahre entscheidend prägen sollte:

Der König berief den Gutsherrn zum Ministerpräsidenten.

Bismarcks Gedanken waren einfach:

- Politik ist in erster Linie Außenpolitik.

- Erfolgreiche Politik handelt und behält Trümpfe in der Hand.

- Abgeordnete können zwar alles essen, müssen aber nicht alles wissen.

- Der Zustand Deutschlands ist das Ergebnis des Dreißigjährigen Krieges. Die Kleinländerei, jeder Misthaufen ein Fürstentum, muss beendet werden.

- Ein verlässlicher Verbündeter muss her, nur wer?

- Frankreich ist zu wankelmütig und den Franzosen gefällt der Rhein als Westgrenze nur zu gut.

- England? Spielt immer den Unterstützer des anscheinend Schwächeren, und wechselt sehr rasch egoistisch die Seiten. Englisches Ziel ist die Stärkung des eigenen Empires und das Niederhalten anderer Nationen.

- Österreich? Der Vielvölkerstaat? Nein, zu unruhig.

- Was bleibt? Italien? Nein, zu schwach und fern.

- Nordeuropa? Belanglos. Die Ostsee ist zu trennend, zu tief sitzt zudem noch der Stachel der Einverleibung norddeutscher Gebiete durch die Schweden in ihren Einflussbereich.

Aber da gab es noch ein großes Land im Osten: Russland.

Und dieses Land war auf der Suche nach einem Handelspartner, derweil seine Bestrebungen selbst gen Osten gerichtet waren.
Also Russland.
Schnell musste es gehen, denn auch die Engländer hatten Interesse an Russland.
(Besonders die Krim hatte es ihnen angetan, denn als Seemacht dürstete es sie nach einem dortigen Stützpunkt. Der Krimkrieg (1853-1856) war der Beleg für dieses Bedenken, denn die Russen standen allein gegen das Osmanische Reich und die – mit den Osmanen verbündeten – Franzosen und Engländer, denen sich, zum Ende hin, auch Sardinien-Piemont, damals noch unabhängig, anschloss. Auch wenn sie von diesem Krieg nur das Wort kennen sollten, so dürfte der Name Florence Nightingale etwas sagen, die großen Anteil an der medizinischen Verbesserungen der Lazarettversorgung anstieß. Bedeutsam war der Krimkrieg – politisch gesehen – deshalb, weil der den „Ewigen Frieden" der während des Wiener Kongresses ausgerufen wurde, ad absurdum führte. Zudem kreuzten englische Schiffe in diesem Krieg auch in der Ostsee. Doch hier soll nicht von diesem Krieg die Rede sein, der letztendlich die Machtverhältnisse in Europa änderte - also der damals beherrschenden Welt - sondern von dem, was der Herr von Bismarck sich so ausdachte).

In seiner ersten Rede vor den Abgeordneten sprach Bismarck nicht nur Klartext, das – seiner Ansicht nach - kleinliches Gequatsche keine Politik sei, sondern nur das befriedigen persönlicher Eitelkeiten, sondern auch die Worte, die man ihm (und uns) bis heute an den Kopf wirft:
„Nicht durch Reden und Majoritätsbeschlüsse werden die großen Fragen der Zeit entschieden – das ist der Irrtum der Jahre 1848 und 1849 gewesen – sondern durch Blut und Eisen."

Gegen den Willen der Abgeordneten, die wohl mit offenen Mündern schimpfend staunten, erhöhte er den Wehretat. Roon und Moltke begannen mit ihrer Arbeit und Bismarck schaute, was wohl geschähe. Nichts geschah, denn auch er wusste:

Revolutionen macht man hier in Preußen oder im deutschen Gebiet nicht, man schimpft und redet nur. Hat sich daran etwas geändert? Sagen Sie es mir....

Zugleich kam das Bündnis mit Russland zustande, denn Bismarck (damals Gesandter am Hof von Peterburg) hatte für die Neutralität der Deutschen im Krimkrieg gesorgt, als sich Russland dort mit den Osmanen, Frankreich und England schlug.

Außerdem hielt Bismarck den König aus dem tagespolitischen Geschehen heraus, selbst den Fürstentag (Österreich lud ein) besuchte er nicht. Es schien, als sei der Herrscher unnahbar geworden. Aus dem „Herrscher" wurde das Staatsoberhaupt.

Sein handelnder Arm: Bismarck.

Der Deutsch-Dänische-Krieg von 1864, erzeugte durch die Eroberung von Schleswig-Holstein – hierbei waren Preußen und Österreich verbündet – einen Konflikt:

Dänemark glaubte ein Anrecht auf Schleswig und Holstein zu haben.

Der Feldzug war rasch vorbei, aber Österreich beanspruchte nun dieses Gebiet. Das Haus Habsburg sammelte schon immer gerne Ländereien. Bismarck bot eine Teilung an: Eine Hälfte des Landes zu Deutschland, die andere Hälfte zu Österreich. Das fand man in Wien nicht lustig.

1866 knallte es. In den Annalen als „Deutscher Krieg" gelistet. Preußen gegen Österreich. Preußen siegte.

Zugleich schielte Frankreich nach Norden: Belgien würde sich doch als neue Provinz gut machen...

Bismarck empfing einen französischen Gesandten und erklärte diesem die Lage, dass es sofort England und Österreich gegen sich haben würde.

Deutschland wäre zu einer Verständigung bereit... Wenn Frankreich Deutschland gegen Österreich unterstützen würde.

Österreich war sauer und klagte Preußen an.

Bismarck grinste, schaute aus dem Fenster und nickte Moltke zu, der mit drei Armeen in Böhmen einmarschierte.

Zugleich wurde Hannover, Kurhessen und Holstein besetzt. In der Schlacht von Königgrätz fiel die Entscheidung. Österreich wurde absolut besiegt....Preußen jubelte und der König wollte sofort Wien einnehmen.

Bismarck sagte „Nein" und Österreich wurde freundschaftlich behandelt.

Da stand plötzlich Napoleon der Dritte, Herrscher Frankreichs auf der Matte – wie man es leger sagen kann - und sagte sinngemäß:

„So, wir waren ruhig, haben Euch gewähren lassen. Wie wäre es denn mit einer kleinen Aufmerksamkeit?"

„An was dachtet Ihr denn so?"

„Ja, die Pfalz wäre doch ein passendes Geschenk, dazu noch Luxemburg, Hessen und Belgien."

„Könnt Ihr mir das aufschreiben?"

„Natürlich."

Und so hatte Bismarck dieses Verlangen in Schriftform. Erpresserbriefe sind besonders dann ein Fehler wenn man weiß wer sie geschrieben hat. Das ahnte der französische Gesandte dann wohl auch.

„Danke schön. Aber das gefällt uns nicht."

Der französische Gesandte schaute betroffen, Bismarck ließ das Schriftstück verbreiten und das Land kochte.

Die Kleinstaaten baten um sofortige Aufnahme in den „Norddeutschen Bund", wie das Landesgebilde genannt wurde.

Bismarck handelte, schaffte sofort die Zollgrenzen ab und freie Wahlen gab es nun auch.

Letzteres macht sich gut. Kostet nichts und jeden freut es, denn er kann ja (gefühlt) mitbestimmen.

Rasch gab es eine Bundesverfassung, Bismarck wurde Kanzler (Graf wurde er nun auch) und ein Attentat, bei dem er erschossen werden sollte, gab es ebenfalls. Wenn man sowas überlebt, gibt es dem Opfer

sogleich den Nimbus der Unbesieglichkeit. So trat er dann auch auf.
Ganz nebenbei sicherte sich Preußen die Militärführung.

Man schrieb das Jahr 1870.
Es brodelte in Europa.
Frankreich hatte sich in Polen eingemischt, war von Deutschland
durch die unbegründeten Gebietsforderung öffentlich bloß gestellt
worden und das Eroberungsabenteuer in Mexiko war ebenfalls
schief gegangen. Dazu kam dann auch noch der missglückte Kriegszug nach Syrien (den die Engländer vereitelt hatten) und zugleich
das „Schlimmste": Frankreich war pleite.
Noch schlimmer:
Der Kaiser hieß Napoleon III. An den Namen erinnerte die Presse
täglich und verwiesen darauf das so ein Name auch Ruhm bedeute,
ja quasi fordere. Dass er durch einen Staatsstreich (1851) an die
Macht gekommen war und die Diktatur einführte, verschweigt man
heutzutage sehr gerne. Im Jahr 1852 krönte er sich – ‚bescheiden' wie
sein Vorfahr – selbst zum Kaiser. Dieser Ruhmwollende taktierte
und lieh sich Geld in England und sicherte sich auch bei den Habs-
burgern ab.

Kenne Sie die berühmte „Emser Depesche"?
Na, gehört hat man es bestimmt, aber was war das nun? Ich versuche es einmal einfach zu erklären, denn dieses ist die Initialzündung
zur Gründung des späteren Zweiten Reiches.

Also:
In Spanien suchte man einen König. Aufgrund historischer Verbin-
dungen bot man den Thron einem Prinzen aus dem Hause Hohen-
zollern (Leopold von Hohenzollern-Sigmaringen) an, der es auch
akzeptierte.
Napoleon III. tobte.
Eine Klammer von Deutschen? Eine Umklammerung! Spanien im
Süden... Und dann noch dieser Bismarck im Norden?

Er schickte seinen Botschafter, Graf Benedetti, zu Wilhelm I. der in Bad Ems kurte und dieser sagte, der Prinz möge entscheiden. Der Prinz willigte ein und verzichtete, als ihm die politische Problematik bewusst wurde.

Nun verlangte Frankreich, genauer Napoleon der Dritte, der sich durch diesen Thronverzicht als machtvoller Sieger fühlte: Niemals darf ein Hohenzoller den spanischen Thron besteigen.

Wilhelm I. sagte dem Botschafter, die Angelegenheit sei erledigt und wies ihm durch einen Diener zur Tür.

Frankreich tobte weiter:

"Die Boche" haben einen Franzosen durch einen Diener (Es war Fürst Radziwill, das sagte man aber nicht) die Tür gewiesen. Die „Grande Nation" war beleidigt, ja, fühlte sich gedemütigt. Das empfand nicht nur ihr Herrscher so, sondern auch das aufgebrachte Volk.

Napoleon III. erklärte den Krieg...

...Doch bereits nach sechs Wochen war die französische Armee besiegt und Napoleon dankte ab. Das tun Herren (und in der heutigen Zeit auch Damen) sehr oft, wenn sie die sprichwörtliche Karre in den Dreck gefahren haben und sich dann aus der Verantwortung stehlen. Aber die jetzt entstandene Republik kämpfte weiter.

Nun tat Bismarck strategisch etwas Geniales:
Er verhandelte mit dem Zaren von Russland, das dieser den Verbotsvertrag einer Schwarzmeerflotte (mit den Engländern) aufkündigte. Das hatten die Engländer, nach dem Krimkrieg, einfach so durchgesetzt, sich immer noch als Herren der Welt fühlend.

London erschrak und stellte sofort jede Zahlung und Waffenlieferung an Frankreich ein, denn es sah nun seine Interessen bedroht. Wie immer, denn dieser rote Faden zieht sich durch die Geschichte seitdem Königin Elisabeth (die Erste) Kaperbriefe für Piraten ausgestellt hatte, mit denen ihre Freibeuter feindliche Schiffe plündern durften.

Die Legitimation? Es gab keine. Wer war feindlich? Jeder der Beute an Bord hatte. Das füllte die Schatzkammer. Aber ich schweife ab.

Frankreich kapitulierte, nachdem der Geldnachschub ausblieb. Es wurde ein maßvoller Friedensvertrag ausgehandelt.
Am 18. Januar 1871 wurde im Spiegelsaal von Versailles Wilhelm I. zum Deutschen Kaiser ausgerufen und das Deutsche Kaiserreich gegründet. Wilhelm I. starb 1888.
Sein Nachfolger, Friedrich III., verstarb bereits neunundneunzig Tage nach seiner Thronbesteigung.

Der neue Mann:
Kaiser Wilhelm II., neunundzwanzig Jahre alt und es kam ein neuer Wind auf, der Bismarck wegblies (jemand „Frisches muss her") und dessen Atem wir noch heute spüren.
Das ist sie, die oftmals beschworene „gute alte Zeit"

Ja, ja....Ach, die „Gute Alte Zeit"... Tja, war sie denn wirklich so gut?

Wer sich das Leben der damaligen Zeit vorstellen will, möge einmal „Germinal" von Émile Zola lesen. Das, was er in diesem Buch schildert, war in dieser Zeitspanne praktisch Eins zu Eins auf die Industriegebiete Deutschlands der damaligen Zeit übertragbar, ja auf die Verhältnisse der Arbeiterschaft in allen aufstrebenden Industrienationen.

Das Deutsche Reich war ein landwirtschaftlich geprägtes Gebiet, welches sich im Wandel befand.
Gutsherren waren immer noch Herren, das Wahlrecht für Frauen eine Illusion und ansonsten gab es den Kaiser, Bismarck und das Geschimpfe am heimischen Küchentisch, dass das Geld auch nicht mehr das wert sei, was es „in der guten alten Zeit" gewesen ist.
Ja, man konnte aufrecht gehen, man war wieder „Wer" in der Welt und wenn Knecht Josef zur Magd Grete sagte, das Reich habe nun sogar Kolonien, da wuchsen beide innerlich um einige Zentimeter.
Zwar verstanden sie es nicht richtig, was das sein solle, aber es hörte

sich gut an. Wo sich diese Kolonien befanden wussten sie auch nicht. Irgendwo in Übersee, aber wie erklärt man dies jenen Leuten für die, nach einigen Tagesreisen - zu Fuß -, bereits eine neue Welt begann?

Ein Wort machte die erneut Runde:
„Stadtluft macht frei", jene mittelalterliche Losung setzte sich wieder in den Köpfen fest und die wachsende Industrialisierung lockte auch Josef und Grete vom Gutshof weg, denn in der Stadt und in den Fabriken konnte man sein Glück machen. Ein wenig, wie das aufstrebende, sich entwickelnde Amerika. Aufbruchsstimmung. Und so schnürten sie ihr Bündel und gingen in die Stadt, in die Häuser in die Höhe wuchsen. Mietskasernen mit lichtlosen Hinterhöfen. Eine günstige Wohnung musste es sein, denn nur wenig hatten sie erspart. So wurden sie Trockenmieter, eine der Auswüchse der damaligen Zeit. Manche Verschläge- anders kann man es kaum nennen - hatten eine Raumhöhe von 1,60 oder 1,70 Metern. Gerade erstellte Häuser waren feucht und die „Trockenmieter" zogen in die feuchten Löcher, bewohnten und heizten sie , bis sie bezugsfertig waren und flogen dann wieder raus, weil nun zahlungskräftigere Leute Interesse an den Wohnungen hatten. Grete hatte sich in der feuchten Wohnung eine Lungenentzündung zugezogen, denn man sollte die Wohnung zwar beheizen, aber das war nur machbar, wenn man auch Feuerholz oder Kohlen besaß. Das kostete Geld und die Entscheidung, Brot oder Kohlen zu kaufen war einfach. Man kaufte Brot und bewunderte im Winter die Eiskrusten an den Zimmerwänden, während man bitterlich fror.

Der Börsenkrach von 1879 (USA) hatte auch seine Auswirkungen auf das Deutsche Reich.
Waren konnten kaum abgesetzt werden und die Arbeiter wurden entlassen.
Stadtluft macht frei…Ja, man konnte sie täglich atmen, wenn man durch die Gassen schlich und nach einer Hilfstätigkeit schaute, die ein wenig Geld einbrachte.

Wer die Miete nicht zahlen konnte, wurde auf die Straße gesetzt, derweil der Herr Geheimrat mit seiner Frau des Abends in die Oper ging, sich im Salon traf und dem Portrait Bismarcks zuprostete, der doch alles so gut geregelt hatte.

„Gut geht es uns", neigte sich der Fabrikant zu seinem Gast, dem Bankier zu und bot ihm eine der Zigarren an, die joviale Herren nach dem Essen im Salon zu rauchen pflegten, während sich die Damen des Hauses, üppig (heute würde man sagen dick) in ihren formenden Korsetts auf die Sesselkante setzten und an einem Tee nippten.
„Im Grunde müssten die Löhne etwas angepasst werden", sagte der Bankier und der Fabrikant nickte.
„Ja, es sind schwere Zeiten, " erwiderte dieser und zog den schweren Plüschvorhang beiseite und sah auf die Menschen, die in dem Winter an den Häuserwänden entlang strichen, den Kragen hochgeschlagen, den Kopf gesenkt.
„Dann können wir auch wieder Leute einstellen und die lungern nicht auf den Straßen herum. Zudem sind sie dann des Abends rechtschaffen müde und schlafen. Sie haben dann auch keine Zeit sich mit diesem Unsinn zu beschäftigen, den diese neuen Arbeitervereine verkünden."
Der Bankier grinste und goss sich den in Mode gekommenen Sherry ein.
Die Löhne wurden gesenkt, die Frau als Arbeitskraft in den Fabriken eingestellt und wenn sie dann nach einem Zwölfstundentag, welcher die Normalität war, müde nach Hause kam, sah ihr Mann in ein verhärmtes Gesicht.
Alt sahen sie aus, die Arbeiter.
Wer Bilder der damaligen Zeit sieht, erkennt in Vierzigjährigen, alte Menschen.
Abgearbeitet.
Hoffnungslos.
Der Gedanke drehte sich um das tägliche Brot.
Nur um das Überleben.

Die Arbeiterklasse entstand, Menschen, die sich ihres Wertes bewusst wurden und denen die Villen des Bürgertums ein Gräuel waren. Neid der Besitzlosen, doch hoffend dereinst auch dort zu wohnen.

Die Wirtschaft erholte sich, die Kohlegruben spuckten verrußte Menschen aus.
Ostarbeiter aus „Polen" kamen, die der Sprache nicht mächtig waren. Es waren zumeist Masuren, aus den eigentlich polnischen Gebieten kaum jemand, aber wer achtete schon darauf? Zudem gab es Polen - als Land – zu dieser Zeit gar nicht. Aufgeteilt zwischen Russland, dem Deutschen Reich und Österreich-Ungarn war es nur eine beliebige Landschaft.
Sie lebten zusammen, bildeten ihre kleine Gemeinde in den Städten und lebten ihr hergebrachtes Leben. Fern der Heimat akzeptierten sie alles, denn sie benötigten Arbeit. Lohndrückerei war an der Tagesordnung, Kinder spielten im Schlamm, abseits der Prachtalleen, auf denen der Geheimrat am Sonntag mit seiner Frau flanierte und sich überlegte, ob er denn eines der neuen Automobile kaufen solle, die man nun immer wieder sah, derweil die Pferde ob des Geräusches beiseite sprangen.
Josef überlegte, ob er sich einen neuen Anzug kaufen solle, denn die Gebrauchtläden gab es nun an jeder Ecke und ein wenig hatte er gespart.
Ja, einen gebrauchten Anzug konnte er sich leisten, und sogar zwei Hemden besaß er schon, derweil sich Kinder am Abend unter der Laterne für einige Groschen gefällig zeigten, damit sie Brot hatten. Selbst der Herr Geheimrat besuchte sie manchmal, denn er war ja sozial, und diese Kinder brauchten seine Hilfe…

Die „gute alte Zeit" hatte den Fortschritt gebracht und der Kaiser war ein Mann von Welt. Hochfahrend, dynamisch, seine Körperbehinderung (Wilhelm der Zweite hatte einen verkrüppelten Arm) immer kaschierend.

Berlin war das Ziel der Träume und jedes Dorf pflanzte seine Kaiserlinden. Der Reisekaiser (wie er genannt wurde) besuchte viele Orte und sobald er ein Dörfchen betreten hatte, wurde rasch eine Straße nach ihm benannt. Heiliger Boden, Staub, den man nur mit Ehrfurcht bestaunte.

Auch die durchschnittliche Lebenserwartung der Bürger stieg an, denn man hatte erkannt, dass satte Arbeiter nicht nur die Produktivität steigerten, sondern auch nicht murrten. Wurde man bei der Reichsgründung 1871 im Durchschnitt etwa 37 Jahre alt, so erreichte man zur Jahrhundertwende schon 45 Jahre. Ein biblisches Alter.
Die Bevölkerung wuchs rasch und man überschritt die 50 Millionenmarke.
Städte wuchsen, Stromleitungen wurde verlegt und der Himmel wurde dunkel, wenn die Schornsteine rauchten; Eisenbahnlinien durchschnitten das Land und der Güterverkehr nahm zu.
Die Schutzzölle auf ausländischen Waren hatten Wirkung gezeigt und die Landwirtschaftskrise (um 1870 herum) war vergessen. Die Krise, welche die Menschen in die Städte gezogen oder in das gelobte Land Amerika, wohin man auswanderte. Der Schiffstransfer war kein Problem. Jeder, der sie nicht bezahlen konnte, bezahlte sie mit einem Kontrakt:
Man verpflichtete sich für den Kreditgeber zehn Jahre lang zu arbeiten. Moderne Sklaverei, man verkaufte sich für diese Zeitspanne und fühlte sich frei. Frei wie der Käfigvogel, der gefüttert wurde, durch die Stäbe seines Vogelbauers schauend und von der wirklichen Freiheit träumend.
Zehn Jahre nur, zehn Jahre... Aber dann, dann war man wirklich und immer frei...Und arm.
In den USA wuchs das Proletariat und man drängte dort nach Westen, wo gerade das „Indianerproblem" per Abschuss gelöst wurde und es zu besiedelndes Land gab (Aber das ist eine andere Geschichte).

Diese Auswanderung stellte aber auch ein Problem dar:

Die jungen, kräftigen Menschen verließen das Land und der Fabrikant kratzte sich am Kopf und erhöhte die Löhne ein wenig. Nicht zu viel, denn „sie" sollten ja nicht übermütig werden.

„Unverschämt, dieses Gesindel, " dachte er und zwirbelte seinen Bart, den er nach der Art des Kaisers trug. „Ich gebe ihnen Arbeit und Brot und sie verschwinden einfach nach Amerika..."

Kurzfristig wurden weitere Arbeiter aus dem Osten importiert.

Man versuchte sich auf Saisonkräfte zu beschränken, (Prozentual gesehen hatte Deutschland die zweitgrößte „Arbeitskrafteinfuhr" in der Welt), derweil die Arbeiter sich „sozialdemokratisch" gaben und dennoch das Bild des Kaisers in der Wohnstube hängen hatten.

„Wenn das der Kaiser wüsste...." Wurde zum geflügelten Wort und jauchzend zog man 1914 nibelungentreu in den 1. Weltkrieg und zugleich in den Untergang, die gesellschaftlichen Unterschiede brachen auf.

Die alte Welt zerbrach, der Arbeiter schielte nach Russland, dessen Revolution Deutschland erst möglich machte, als die Heeresleitung Deutschlands den Herrn „Lenin" - der als Müßiggänger, bei Baron Thyssen als dessen Hausgast auf der Insel Capri herumlungerte - in den Osten schickte, dem ein gewisser Herr Bronstein folgte, die Taschen voller Wallstreetgeld.

Bronstein nannte sich alsbald Trotzki und man putschte gegen den Zaren... Obwohl dieser bereits nichts mehr zu sagen hatte und die sozialdemokratische Regierung Kerenski die Amtsgeschäfte führte.

Den Zaren, samt seiner Familie, ermordete man später.

Doch das ist eine andere Geschichte.

Aber zurück zum Anfang, hin zu dem Kaiser und der Kaiserproklamation.

Da es hier nicht nur um die Zeit geht, sondern auch um die Person, sollte man doch auch wissen, wer das denn nun konkret war, dieser Wilhelm, später der Erste genannt.

Immerhin der erste Kaiser aus dem Haus Hohenzollern.

Ein abgekürzter Lebenslauf:

Geboren wurde er 1797 als zweiter Sohn des nachmaligen Preußen-
königs Friedrich des Dritten und der Königin Luise, eng verwandt
mit Friedrich d. Grossen.
Seine Schwester Charlotte brachte es immerhin auf den Zarenthron
Russlands. Adelsherrschaft als Familienherrschaft.
Aufgewachsen ist er in Berlin und Paretz, einem Gut an der Havel.
Als die preußische Armee im Jahre 1806 von der Armee Napoleons
bei Jena und Auerstedt zusammengeschossen wurde (Mit in Reih
und Glied vorrückenden Männern marschiert man nicht gegen Ar-
tilleriesalven! Das verstanden die friderizianischen Offiziere ebenso
wenig wie die Heeresleitung) floh die Familie nach Ostpreußen und
kam erst drei Jahre später nach Berlin zurück. Ein Jahr später starb
Königin Luise, seine Mutter.
Wilhelm selbst wurde, mit Beginn des sechsten Lebensjahres, militärisch erzogen. An den so genannten Befreiungskriegen des Jahres
1813 / 1814 nahm er als Hauptmann teil und zog mit seinem Vater
im Jahr 1814 in Paris ein. Das Kind war siebzehn Jahre alt und bereits
befehlender Hauptmann. Die Geburt allein berechtigte zum Kom-
mandieren. Ein Kind schickte Soldaten ins Feuer!
Hernach wurde er zum General befördert, worüber man einmal
nachdenken solle, denn das sagt etwa über die Gesellschaftsstruktur
aus.

In der nun kommenden Zeit (Wiener Kongress, Zerstückelung
Deutschlands, Neuverteilung der Machtverhältnisse in Europa),
machte er das, was Nichtstuer üblicherweise tun: Herumlungern
und die Damen „beglücken", wobei er auch das Fräulein von Viereck (geflügeltes Wort damals: „Der Wilhelm macht ein Viereck
rund") schwängerte.
Unehelicher Vater?
Ach, das war doch ein Prinz, ein edler Herr, da sieht man das doch
locker…
Dann verliebte er sich in Eliza, aus dem Hause Radziwill. Fünf Jahre
lang dauerte die Beziehung, bevor er dann 1829 Augusta (Sachsen-
Weimar) heiratete.

Radziwill? Das war nur eine Fürstentochter, nicht standesgemäß. So eine Frau heiratet königliches Blut nicht, so eine Frau ist nur ein Zeitvertreib... Leitete sich Adel nicht einst von Edel ab? Ach, Schwamm drüber.

Als sein älterer Bruder - Friedrich-Wilhelm der Dritte - starb wurde Wilhelm der Thronfolger, da die Bruderehe kinderlos geblieben war. Sein Titel nun: „Prinz von Preußen".

Im Jahr 1848 tobte in Deutschland die Märzrevolution. Wilhelm bedrängte seinen Bruder, den Aufstand zusammen zu schießen. Das Volk murrte jedoch so stark, dass er sich mit „vollen Hosen" verdrückte und nach England floh.

Doch er kam zurück, bereits 1849 war er wieder da und bekam nun einen neuen Beinamen: „Der Kartätschenprinz".

Warum?

Die Aufstände in Baden und Berlin ließ er einfach zusammenschießen. Soldaten knallten das eigene Volk ab, das seine Menschenrechte durchsetzen wollte.

Blut in den Gassen, verreckende Menschen hinter Schanzen...Wo kommen wir denn dahin, wenn das Volk auf einmal Rechte bekommt?

Das Volk soll arbeiten, dienen, in Kriegen sterben und den Mund halten. Immerhin muss der Adel und sein Tagediebleben finanziert werden.

Beschreibe ich es böse? Ja, ich schreibe es böse, aber es war real!

Seinen Namen „Kartätschenprinz" wurde er nie wieder los. Nach diesem Massenmord – ich nenne es so - wurde er der Generalgouverneur der preußischen Rheinlande und residierte in Koblenz.

Oberhalb von Koblenz, rechtsrheinisch lag – und lieg - die Festung Ehrenbreitstein, ein in Felsen gehauenes Bollwerk, nach Westen drohend. Stand er oft an den Mauern und schaute nach Westen? Ich kann es nicht sagen, aber ich ahne es. Wer je diese Festung gesehen hat, sie im Inneren erkundete, bekommt eine Ahnung davon, was ein wirkliches Befestigungswerk ist. Die Burgen des Mittelalters wirken dagegen wie Gartenlauben.

1854 traf Wilhelm erstmalig mit Bismarck zusammen, als es um den etwaigen Eintritt Preußens in den Krimkrieg (an der Seite Russlands) ging.

Verwandtschaft saß auf dem Zarenthron, Verwandtschaft sollte man unterstützen. Das Königreich Preußen blieb jedoch neutral.

König Friedrich-Wilhelm IV. starb 1861 und Wilhelm I. wurde König. Bereits seit 1858 hatte er die Regentschaft geführt. Er setzte sich die Krone selbst auf, er ließ sich nicht krönen.

Sein Hauptanliegen und sein Hauptinteresse war das Militär. Er reformierte es nach seinen Vorstellungen.

Die Dienstzeit wurde von zwei auf drei Jahre erhöht, die Landwehr (Männer im Alter von sechsundzwanzig bis vierzig Jahren) dem Militär direkt unterstellt. Das Abgeordnetenhaus protestierte. Auf den Vorschlag des Kriegsministers Roon wurde Bismarck berufen, der Ordnung schaffen sollte. Nicht im Land, sondern im Landtag. Zu eigenmächtig waren die dort schwadronierenden Abgeordneten.

Das Ergebnis der Berufung des Herrn von Bismarck ist bekannt.

Ohne Legitimation des Parlaments, allein durch die Absicherung durch die Polizei und das bestehende Militär wurde die Heeresreform durchgesetzt.

Wilhelm I. wurde letztendlich zum Kaiser gekrönt. Er wollte diese Würde nur annehmen, wenn alle Fürsten dieser Proklamation zustimmten.

Ludwig II. von Bayern widersetzte sich. Nicht sehr lange, denn die Zahlung von Schmiergeldern in Millionenhöhe überzeugte ihn sehr schnell. Er stimmte nun zu, zumal er so genug Kapital besaß, seine Märchenschlösser weiter zu bauen. Wilhelm selbst wusste davon nichts. Bismarck hatte eigenmächtig die Stimmen des Bayernkönigs gekauft.

Wilhelm I. starb im Alter von einundneunzig Jahren.

Sein Nachfolger, sein Sohn, Friedrich der Dritte, heiratete die englische Prinzessin Victoria (die Tochter der gleichnamigen Königin Englands), verstarb aber bereits nach neunundneunzig Tagen des Königtums. Durch seine Gattin zog der Gedanke des englischen Parlamentarismus in die politischen Überlegungen ein und die Geschichte Deutschlands und der Welt wäre anders verlaufen, wären diese Überlegungen Teil des realen politischen Lebens geworden. Es kam anders. Es kam Wilhelm der Zweite... ich erwähnte ihn bereits.

...Ein Absolutist, der sich nach dem Ersten Weltkrieg nach Holland verdrückte und dessen Söhne keine Skrupel hatten, dem neuen Herren, Hitler, dienlich zu sein. Wilhelm von Preußen (1882–1951) trat in die SA ein, August Wilhelm von Preußen (1887-1949) wurde SA-Obergruppenführer.

Wilhelm der Erste legte den Grundstein für diese Gedanken und Handlungsstränge.

Ach, gerade kommt mir erneut das fliegende Wort der „Guten alten Zeit" in den Sinn. Ich möchte noch kurz hierbei verweilen.
Etwa zehn Prozent der Einwohner in Berlin wohnten in Kellern.
Etwa die Hälfte der Bewohner besaß nur einen einzigen beheizbaren Raum. Ob sie ihn beheizen konnten, kann ich nicht sagen. Statistisch kamen auf einen beheizten Raum fünf Personen.
Die Versorgungslage änderte sich erst durch die Anlage von Kleingärten, das "erholsame Freizeitvergnügen" nach Arbeitstagen von über zwölf Stunden. Manchmal sogar fünfzehn.

Der Garten als „Ort der Erholung" ?
Nein, er wurde zum Überleben dringend gebraucht. Ist es uns heute eigentlich bewusst, wie man vor rund einhundertzwanzig Jahren lebte? Eine sehr kurze Zeitspanne ist es und wenn wir dann noch weiter zurück denken, so wird die Lebenssituation für unsere Vorfahren nicht unbedingt besser. Ja, auch das ist Teil der eigenen Geschichte, der Gedankengang, was und wie es der eigenen Familie

damals ging. Nicht nur den Großeltern, die man vielleicht noch kannte, oder gar die Urgroßeltern, sondern deren Großeltern...

...Wenn man die Geschichte betrachtet, so muss man die Geschichte als Gesamtheit sehen.

Die Geschichte und das Leben der Menschen sind nicht das Leben der Herren und das Leben am Hofe. Das findet sich zumeist in den Geschichtsbüchern wieder, reduziert auf Jahreszahlen und Kriege. Das ist nicht das Leben, das sind Ereignisse, die das Leben mit sich brachte und im Extremen die Menschen bedrückte.

Jede monarchistische Gesellschaft ist zugleich eine Standesgesellschaft, eine Pyramide mit vielen Menschen unten und sehr wenigen Menschen oben, die aber das Sagen und die Gewalt haben. Zur Jahrhundertwende gehörten etwa fünf Prozent der Oberschicht an, etwa zehn Prozent bildeten das, was man heute Mittelschicht nennt, aber der Rest, jene übrigen fünfundachtzig Prozent waren arm. Und das bedeutete nicht zu wissen, was in einem Monat war. Der Adel interessierte sich nicht dafür. Es herrschte eine subjektive, willkürliche Gewalt. Man wollte Gelder aus dem Volk pressen – und man tat es –, damit das eigene Wohlleben so angenehm wie möglich ablief.

Humanitäre Krümel wurden gestreut, damit dieser Sand die Augen verklebt und der aufrechte Gang den Menschen zum Wirtshaus trägt und nicht zum Pulvermagazin.

Herrschaftsstrukturen, wie das Verkaufen von Menschen an fremde Mächte, (z.B. der Landgraf v. Hessen-Kassel, der Bauern als Kanonenfutter im nordamerikanischen Bürgerkrieg an die Engländer verkaufte) damit diese dort kämpfend verreckten und so der nächste Festball bezahlt werden kann, zeigen den erbärmlichen Charakter dieser "Herren".

Wenn man von jedem Herrscher stets nur das Positive listet, dann kommt man zu dem Schluss, dass nie etwas Negatives geschah. Das tun sehr viele Autoren und Geschichtsschreiber. Sie beschreiben das Leben der Herrschaftshäuser, nicht das der Handwerker, Tagelöhner oder Bauern. Wie auch? Sie schrieben mit Tinte in einer Kammer;

das Leben der einfachen Menschen muss aber oftmals mit Blut und Tränen geschrieben werden, sitzend an einem Hungergrab.

Auch die - heute hochgelobte - Sozialgesetzgebung Bismarcks entsprang dem puren Eigennutz, denn die stärker werdende Arbeiterklasse hätte das System über kurz oder lang weggefegt. Das war der Selbstschutz eines Systems, das vom Volk lebte, aber nicht für das Volk.
Wenn der Prinz Wilhelm, in Baden, das Volk hatte abknallen lassen - verzeihen Sie mir bitte die drastische Wortwahl -, dann musste und muss er mit dem Schimpfnamen des Kartätschenprinzen leben. Viel schlimmer aber ist dies:
Er hat NIEMALS für diese Grausamkeit um Entschuldigung gebeten. Derartige Menschen (verdient er diesen Namen nach dieser Tat?) tun sowas nicht, das sind die "Herren", das Verblutende ist nur das störrische „Volk"; Volk hat zu zahlen, zu parieren und im Krieg zu krepieren.

Nun einmal etwas zur Meinungsfreiheit in der „Guten alten Zeit":
In der Mitte des Jahres 1863 gab es die Pressenotverordnung und in der Regierungszeit Bismarcks das so genannte Sozialistengesetz. Von freier Meinung keine Spur. Strafrechtlich wurde es geschickt formuliert:
„Zum Schutz des Staates, der persönlichen Ehre, der Religion, der Sittlichkeit."
Freie Rede? Ja, wenn sie genehm war. Die Beschlagnahmung von Schriften fand fast täglich statt, darunter waren Veröffentlichungen von Wilhelm Busch, Ludwig Thomas, Knut Hamsuns, Frank Wedekind oder Arthur Schnitzler, Dies sind nur einige Namen, die hier stellvertretend genannt seien.
Drastisch war auch die Theaterzensur. Als namhafte Beispiele nenne ich hier stellvertretend
Gerhart Hauptmann, Henrik Ibsen, Carl Sternheim und Frank Wedekind.

Die Meinungsfreiheit gab es in der „Guten alten Zeit", nur eben etwas „eingeschränkt".
Diese Zeit war nicht gut, sie war hart. Gut war sie – wie alle Zeiten – für die, die sich an die Spitze gesetzt haben.
Wer hier von der guten Zeit spricht, gleicht dem Sklaven, der in Freiheit jammert, dass ihn sein Herr nicht füttert. Die Prügel und die Ketten vergisst er rasch.

Diese Zeit war durch einen beherrschenden Polizeistaat geprägt. Spitzel schlichen herum und man war Obrigkeitshörig und wurde diktatorisch regiert.
Der oft beschworene „Reichsgedanke der Einigkeit" war nur eine leere Phrase. Dieser Gedanke starb mit Ausbruch des dreißigjährigen Krieges endgültig, die ersten Wunden schlugen der Bauernkrieg und die Reformation. Der wirkliche Reichsgedanke starb in der Schlacht von Lützen und durch den Mord in Eger.
Danach wurde nur immer wieder versucht einen dahin Siechenden zu beleben. Preußen war nicht Deutschland, es war nur ein Teil des Gebiets. Den letzten Todesstoß gab ihm letztendlich Napoleon Bonaparte und den Rest erledigte der Wiener Kongress.
Wer an diesen Kongress denkt, der mag vielleicht auch einen Filmtitel im Kopfe haben. „Der Kongress tanzt". Nun, die Menschen dort tanzten und ich nehme diesen Gedanken auf, denn er beinhaltet die Musik. So wende ich mich einem Komponisten dieser „Guten alten Zeit" zu, der durch sein Schaffen ein typischer Vertreter eben dieser Zeit ist. Gespielt werden seine Stücke auch heute noch, aber man beschränkt sich auf die musikalische Darbietung, den Menschen blendet man sehr gerne aus.
Ich rede von Richard Wagner.
Schreiben ist die Schriftform von Gedanken, das Zeigen des Ichs, die Demaskierung des Selbst. Ich zitiere ihn selbst, in der von ihm verwendeten Rechtschreibung.

(…) „Ich sagte oben, die Juden hätten keinen wahren Dichter hervorgebracht. Wir müssen nun hier Heinrich Heine erwähnen. Zur

Zeit, da Goethe und Schiller bei uns dichteten, wissen wir allerdings von keinem dichtenden Juden: zu der Zeit aber, wo das Dichten bei uns zur Lüge wurde, unsrem gänzlich unpoetischen Lebenselemente alles Mögliche, nur kein wahrer Dichter mehr entsprießen wollte, da war es das Amt eines sehr begabten dichterischen Juden, diese Lüge, diese bodenlose Nüchternheit und jesuitische Heuchelei unsrer immer noch poetisch sich gebaren wollenden Dichterei mit hinreißendem Spotte aufzudecken. Auch seine berühmten musikalischen Stammesgenossen geißelte er unbarmherzig für ihr Vorgeben, Künstler sein zu wollen; keine Täuschung hielt bei ihm vor: von dem unerbittlichen Dämon des Verneinens Dessen, was verneinenswerth schien, ward er rastlos vorwärtsgejagt, durch alle Illusionen moderner Selbstbelügung hindurch, bis auf den Punkt, wo er nun selbst wieder sich zum Dichter log, und dafür auch seine gedichteten Lügen von unsren Componisten in Musik gesetzt erhielt. – Er war das Gewissen des Judenthumes, wie das Judenthum das üble Gewissen unsrer modernen Civilisation ist." (…)

Auch dieses ist Wagner. Wussten Sie es?
Möchten Sie noch mehr?
Ungern, aber ich gebe es Ihnen:

(…) „Unsere ganze europäische Zivilisation und Kunst ist aber für den Juden eine fremde Sprache geblieben; denn, wie an der Ausbildung dieser, hat er auch an der Entwicklung jener nicht teilgenommen, sondern kalt, ja feindselig hat der Unglückliche, Heimatlose ihr höchstens nur zugesehen. In dieser Sprache, dieser Kunst kann der Jude nur nachsprechen, nachkünsteln, nicht wirklich redend dichten oder Kunstwerke schaffen."(…)

Oder dies:

(…) „Der Jude ist nach dem gegenwärtigen Stande der Dinge dieser Welt wirklich bereits mehr als emanzipiert: er herrscht, und wird so lange herrschen, als das Geld die Macht bleibt, vor welcher all unser Tun und Treiben seine Kraft verliert." 8...)

Ich bekomme das Grausen, das ist der Jargon der späteren Nazis.

(...) „Der Jude, der an sich unfähig ist, weder durch seine äußere Erscheinung, noch durch seine Sprache, am allerwenigsten aber durch seinen Gesang, sich uns künstlerisch kundzugeben, hat nichtsdestoweniger es vermocht, in der verbreitetsten der modernen Kunstarten, der Musik, zur Beherrschung des öffentlichen Geschmackes zu gelangen."

Wenn Sie dieses und weitere Ergüsse Wagners lesen möchten, so verweise ich Sie auf das Werk „Das Judentum in der Musik", erschienen 1869 in Leipzig. Der Autor: Richard Wagner.

Ich empfinde seine Sprache als sehr distanziert und sie nähert sich dem Jargon der Nationalsozialisten an.

Warum erwähne ich dies?

Nun, um eben zu zeigen, dass Wagner nicht allein stand. So empfand die Mehrzahl der Menschen und selbst König Ludwig der Zweite, jener Märchenkönig, stand im Briefkontakt mit Richard Wagner. Dieser Schriftwechsel beinhaltete beispielsweise dies:

Richard Wagner im Jahr 1881.

Ein Brief an Ludwig II.:

(...) ...daß ich die jüdische Rasse für den angeborenen Feind der reinen Menschheit und alles Edlen in ihr halte: daß namentlich wir Deutschen an ihnen zugrunde gehen werden, ist gewiß, und ich bin vielleicht der letzte Deutsche, der sich gegen den bereits alles beherrschenden Judaismus als künstlerischer Mensch aufrechtzuerhalten wußte. (...)

(-Rechtschreibung entspricht dem Original)

Dass ein Herrscher dieses tolerierte, zeigt die Gesinnung. In Adels und Bürgerkreisen lehnte man dieses Gedankenungut nicht ab. Hier ist bereits das Saatkorn für den aufkeimenden, überzogenen, Nationalismus zu sehen, der das Land in den Abgrund führen sollte. Der Totengräber wurde in dieser Wilhelminischen Zeit geboren, in Braunau, im Jahr 1889. Er mochte die Musik Wagners, er träumte von einer Welt, die wie das Rheingold glänzte und doch so unfassbar war wie das Wasser. Gedankengänge, wie die Wagners, finden sich später angelehnt in seinen Reden und Schriften wieder. Wir werden ihm noch begegnen. Nicht als Person, sondern als unguter Geist der Vernichtung. Jetzt gerade, eben in dem Jahr 1889, macht sich der kleine Schreihals, Adolf Hitler, noch in die Windeln.

Oh, habe ich Sie erschreckt?
Das wollte ich nicht, aber es ist Teil unserer Vergangenheit.
Sagte Ghandi nicht einmal, dass das, was der Mensch aus der Geschichte lernt eben das ist, dass er eben nichts aus der Geschichte lernt? Man kann traurig den Kopf schütteln, aber das Schütteln des Kopfes erzeugt vielleicht Schwindel oder eine Muskelverspannung, aber es bringt keine Problemlösung.

Wir lernten gerade Herrn Wagner auf sehr unmusikalische Art und Weise kennen und zugleich einen kleinen Schreihals, aber auch Anfänge des Nationalismus. Gewiss erwarten sie nun, dass das folgende Kapitel sich damit befasst. Oder mit dem ersten Weltkrieg. Sie irren, denn wir begeben uns nun geradewegs noch einmal über den Atlantik und treffen dort am 23. Dezember des Jahres 1913 ein. Ein bedeutsamer Tag. Sie werden gewiss an das kommende Weihnachtsfest denken, welches alsbald stattfinden würde. Das wird es auch, aber das vorgenannte Datum brachte ein viel größeres Geschenk mit sich, als das es in einen Geschenkstrumpf passen würde, den man am Kamin aufgehängt hat.
Aber kommen Sie doch einfach mit, ich erzähle Ihnen davon…

23. Dezember 1913
Der Trick mit dem Federal Reserve Act

Die Welt...Ach, ein sehr komplexer Begriff.
Die Welt des Greifbaren und die Welt des Gedanklichen. Zwei Formen der Existenz. Unsere Gedanken bilden die Welt, eine Welt wie wir sie sehen und empfinden, ja jeder Mensch erfühlt und erdenkt sich seine eigene Welt.
Dann gibt es jedoch noch die Welt, den Planeten, der uns allen Heimat ist. Um diese Lebensgrundlage geht es.
Betrachten wir die Erde einmal als eine Art Maschine.

Um eine Maschine anzutreiben benötige ich ein Treibmittel (zugleich natürlich auch Rohstoffe, um gegebenenfalls Ersatzteile herzustellen, sowie Servicepersonal und Maschinenführer, welche diese Maschine steuern und Aufgabenpläne für das Servicepersonal erstellen usw.).
Das Treibmittel der Welt ist der Tauschhandel. Durch die Schaffung des Geldes ist dieses vereinfacht worden, denn letztendlich ist Geld nichts anderes als eine Art Gutschein, der von jedermann akzeptiert wird, in dem Wissen hier für eine bestimmte Menge Ware zu erhalten, oder eine gewisse Leistung.
Je mehr Geld ich habe, desto mehr Produkte, aber auch Leistungen kann ich erwerben.

Aber:
Ich bin immer noch abhängig von dem, der diesen Gutschein herausgibt. Wenn er mir sagt, ab morgen gelten andere Gutscheine, dann kann ich mit meinem Geld nichts mehr machen.
Die von mir gedachte Möglichkeit der freien Entscheidung durch eine bestimmte Gutscheinmenge (Geld) Produkte oder Leistungen zu erwerben, ist eingeschränkt. Letztendlich ist jeder in Abhängigkeit befindlich.-

Schlussfolgerung:
Der Herausgeber dieser Gutscheine bestimmt im Grunde wirklich, in wieweit sich meine Möglichkeiten ausgestalten. Kontrolliere ich die Gutscheine, so kontrolliere ich auch die Möglichkeiten der "Maschine", in der Beschaffung von Rohstoffen, Servicepersonal, und Ersatzteilen.

Nun glaubt man im Allgemeinen, Länder haben die Finanzhoheit, abgedeckt durch einen Gegenwert (Gold/Bruttosozialprodukt/Arbeitskraft/Wirtschaftsleistung).
Dass dieses nicht so ist, zeigt und beweist die wichtigste Währung der Welt, der Dollar.

Mit dem „Federal Reserve Act" (Bundesrücklagengesetz), am 23.12. 1913, wurde Banken in den Vereinigten Staaten das Recht zugesprochen, Geld ohne Gegenwert zu schaffen, und es dem Staat zu leihen. Gegen Zinsen zu leihen!
Der Staat verschuldet sich bei Privatinstitutionen und letztendlich bei Privatpersonen! Das ist der Weg in die Abhängigkeit und die Selbstbindung.
Doch der Reihe nach, denn man sollte wissen wie es dazu kam. Hierzu bedarf es eines historischen Rückblickes. Ich bemühe mich es kurz zu halten.

Nach dem Niedergang Spaniens als Weltmacht, stieg eine neue Macht in der aufkommenden Neuzeit auf: England.
Zugleich bildeten sich - wie im Grunde überall - Interessenverbände. Einer dieser bedeutendsten Interessenverbände nannte sich "die Krone". Dieser Vereinigung organisierte – beispielsweise - die Durchführung der "Kolonisation" Indiens. Ihr bekanntester Name war jener der „Ostindischen Kompanie". Wenn von der „Krone" gesprochen wird, ist damit dieser Interessenverband gemeint, NICHT das Königshaus, obwohl jeder gedanklich eine Verbindung hierzu schlägt: Das ist eindeutige Gedankenmanipulation.

Parallel - zu dem Aufstreben der neuen Weltmacht - fand die Besiedlung Nordamerikas statt. Ein Wettkampf zwischen Spanien, Frankreich und England.

Die entscheidende Phase dieses Wettkampfes fand zur gleichen Zeit statt, als der siebenjährige Krieg tobte. (Ich erwähnte es kurz in einem eigenen Kapitel).

Durch seine exponierte Insellage genoss England einen gewissen natürlichen Schutz und durch die finanzielle Unterstützung Preußens wurden zugleich große Militärverbände auf dem Festland gebunden, eben die Militärverbände der Kontinental-Mächte. Dieses ermöglichte eine Expansion in dem "neuen Land". Amerika. Es wurde besiedelt. Gezielt besiedelt.

Die dortigen Neusiedler erhielten Freibriefe, darunter diese, dass jede Kolonie ihre eigenen Gesetze erlassen durfte, sofern sie nicht den englischen Gesetzen entgegenstanden.

Eines dieser Gesetze war das Recht eine eigene Währung zu erschaffen. Zugleich waren die Menschen sehr religiös geprägt und im Grunde war die Bibel das Gesetzbuch.

Gegen Ende des siebenzehnten Jahrhunderts fand nun in Europa ein dramatisches Ereignis statt. England - genauer gesagt der König - war pleite. Zahlungsunfähig. Bankrott...

Eine Handelsgesellschaft (William Paterson) bot dem König, William III., an, ihn finanziell zu unterstützen. Der Zinssatz betrug 8%, verbunden mit dem Recht, dass diese Handelsgesellschaft zugleich das Recht habe, die Banknoten zu drucken.

Es handelte sich um 1,2 Millionen Pfund Sterling, die zugleich als Hartgeld aus dem Umlauf gezogen wurden.

Diese Handelsgesellschaft gab sich alsbald einen neuen Namen, sie nannte sich nun "Bank von England".

Sie staunen? Ich sehe es!

Zugleich betrachtete diese Handelsgesellschaft die neuen Kolonien mit skeptischem Blick, da ihnen die Gewinne - durch den normalen Handel - zu gering erschienen.

(Wer sich für diese Sachlage interessiert, dem empfehle ich die Schriften Benjamin Franklins, der den amerikanischen Unabhängigkeitskrieg als reinen Wirtschaftskrieg analysiert und ansieht).

Im Jahre 1720 erging ein Erlass an die Gouverneure Amerikas, keinerlei Gesetzgebung zuzustimmen, die eine koloniale Währung in Umlauf bringt. Das Ergebnis war, dass das eigene Geld verfiel. Zugleich stieg der Wert des englischen Pfundes, was den, nach Autonomie strebenden, Kolonisten nicht behagte.

Im Jahr 1773 wurde den Kolonien verboten, eine eigene Währung herzustellen oder herauszugeben. Der Einfluss der Interessenverbände war sehr stark angewachsen.

Benjamin Franklin sagte hierzu:

„Der Plan unserer Gegner ist es, die Versammlungen (- die Generalversammlungen, also die Gesetzgebungskörperschaften der Kolonien) in Amerika sinnlos zu machen... Unser Interesse ist es, das zu verhindern." (The works of Benjamin Franklin, bei Putnan).

Zugleich bestand England (also die Interessensverbände) auf der Bezahlung von exportierten Waren durch Gold oder Silbermünzen. Papiergeld wurde nicht akzeptiert. Dadurch entzog man den Kolonien die Währungsgrundlage und schuf eine Abhängigkeit gegenüber diesen englischen Interessenverbänden, der „Bank of England".

Nach einer gewissen Zeit war kaum mehr Gold oder Silbergeld zu finden, Waren wurden jedoch benötigt und so borgte man sich bei eben jenen Interessenverbänden, die zuvor das Metall aus dem Land geholt hatten.

Hier ist ursächlich einer der Gründe für den Ausbruch - neben den Zöllen - des amerikanischen Unabhängigkeitskrieges zu sehen. Nicht das hochgelobte Wort der menschlichen Freiheit war ausschlaggebend, sondern die Freiheit des Handels.

Nach dem Erreichen der Unabhängigkeit endete aber nicht der Versuch der Einflussnahme der Interessenverbände. Die Bank von Nordamerika wurde gegründet.

Tausende starben für die Unabhängigkeit ihres Landes, für die Freiheit und übergaben danach sofort die Hoheit über die Finanzen an jene Interessenverbände, gegen die sie zuvor gekämpft hatten.

Diese Bank von Nordamerika (Thomas Jefferson, der dritte Präsident der Vereinigten Staaten, war dagegen) wurde von der Mehrheit der Staaten nie anerkannt. Aber dieser Unabhängigkeitskrieg hatte eine schwere Belastung für die Menschen mit sich gebracht:

Man hatte sich Geld geliehen. Etwa zwölf Millionen Dollar betrug die Summe, die privaten Geldgebern in Europa geschuldet wurde; hinzukamen über vierzig Millionen Dollar Schulden bei privaten Geldgebern in den Kolonien. Man war ratlos.

George Washington berief nun Alexander Hamilton zum Finanzminister, einem Freund der Interessenverbände, der zugleich vorschlug die Verschuldung in verzinsbare Schuldscheine umzuwandeln und es wurde über die Gründung einer Zentralbank debattiert.

Man gründete sie auch sofort. Nun, fast jeder gründete eine Zentralbank. So nannte man sich zumindest.

Letztendlich gab es über neunzig „Zentralbanken". Man konnte sich nicht einigen.

1812 kam es zum zweiten Krieg mit England. Man einigte sich letztendlich bezüglich der Zentralbank. Im Jahr 1816 wurde die Bank der Vereinigten Staaten etabliert. Eine Bank, bei der private Interessen dominierten.

Als Abraham Lincoln (1808-1865) zum Präsident gewählt wurde, war der Staat praktisch pleite.

Um Finanzen für den Bürgerkrieg zu bekommen wurden einhundertfünfzig Millionen Dollar an Schuldverschreibungen in Umlauf gebracht.

Zugleich weigerten sich die Banken der Regierung Geld zu leihen... Begründung: „ Da sie keine Rücklagen mehr hätten".- „Sie" war in diesem Fall die Regierung. Man war völlig pleite, um es umgangssprachlich auszudrücken.

Um die Krise zu meistern, handelte Lincoln, ja, er musste handeln.

Im Jahr 1862 beschloss der amerikanische Kongress die Ausgabe einer eigenen Währung. Die Banken wurden nicht gefragt. Hinter den Kulissen rumorte es.

Bereits 1863 wurde das Recht der Geldprägung - gegen die Stimmen Lincolns - wieder privaten Gesellschaften übertragen.

Dieses Gesetz ermächtigte die Banken Papiergeld zu schaffen, indem man einfach Schuldverschreibungen dem Schatzamt der Vereinigten Staaten vorlegte und dafür Geld erhielt. Zugleich erhoben die Banken auch noch Zinsen für die Schuldverschreibungen.

Der damalige Finanzminister Salomon Chase bekannte öffentlich: „Meine Mitwirkung am Zustandekommen des Nationalbankgesetzes war der größte Fehler meines Lebens."

Zusammen mit Lincoln plante er die Autonomie über das Geld wieder herzustellen.

Dazu kam es nicht mehr, da Lincoln ermordet wurde.

Das Ergebnis war – kurz gesagt – der eingangs erwähnte Federal Reserve Act von 1913.

Treibende Kraft hierbei war der, aus Hamburg stammende, Bankier Paul Warburg, der das Bankensystem reformieren wollte. Im September wurde der Vorschlag zur Reformierung des Bankensystems angenommen, die letzte Abstimmung fand am 23.12.1913 statt.

An dem Tag, als sich fast alle Abgeordnete in Weihnachtsferien befanden. Lediglich achtundachtzig Abgeordnete waren anwesend und das Gesetz wurde mit vierundfünfzig zu vierunddreißig Stimmen beschlossen. Bei der Beratung im September waren noch dreihundertzweiundsiebzig Abgeordnete anwesend. Präsident Woodrow Wilson setzte es in Kraft, ein System mit einem Verwaltungsrat, bestehend aus sieben Personen und dazu die Verpflichtung das unabhängige amerikanische Banken sich dieser Vereinigung anschließen müssen und zudem ihr Kapital einzubringen haben. Sie erhalten dafür eine Dividende – 1913 waren es sechs Prozent – aber sie waren nicht am Gewinn beteiligt.

Und, so werden Sie fragen, wo ist denn jetzt der Pferdefuß?

Ganz einfach:

Diese neue Bank entsprach strukturell der Bank of England. Es war ein Privatunternehmen geworden. Keine Staatsbank. Der Dollar wurde zu einem Privatgutschein.

Präsident Kennedy wollte es ändern, ebenso wie Präsident Lincoln, wollte er die Banken an die Leine nehmen. Beide konnten es nicht mehr tun. Private Geschäftsleute hatten nun das Geldmonopol in der Hand und die Münzhoheit. Sie bestimmten – als Geldgeber – die Richtung.

„Willst Du nicht wie ich will, so drehe ich dir den Geldhahn zu" kann man dieses nennen. Und ihr Interesse bestand nur aus dem Bestreben: Mehr Geld, mehr Einfluss.

Vielleicht verstehen Sie nun das Wort der „Staatsverschuldung" besser, denn haben Sie sich je gefragt, bei wem ein autonomer Staat eigentlich verschuldet sein kann, wenn er die Währungshoheit besitzt?

Nun, machen Sie sich Ihre eigenen Gedanken hierzu. Es dürfte nicht schwer sein.

Inzwischen war der Schreihals, den ich bereits vorgestellt hatte, den Windeln entwachsen und brüllte fast täglich in Wirtshäusern herum. Er schimpfte auf Alles und Jeden, besonders aber auf die Versailler Verträge und die Juden.
Wie wir leidlich wissen, gelangte der Schreihals an die Macht und so werden auch wir uns nun in diesen Machtbereich begeben. Durchatmen, denn es wird sehr übel, denn wir schauen erneut auf ein Datum. Auf dem Abreißkalender ist das Datum des 9. Novembers zu lesen.
Nicht der 9. November 1989, als die Berliner Mauer fiel, sondern wir befinden uns rund fünfzig Jahre vor diesem Ereignis.
Genauer gesagt sind es einundfünfzig Jahre und soeben zerklirrt eine Fensterscheibe…

Kristallnacht
Gegen das Vergessen

Damals, in der Nacht vom 9. November 1938...

...Die Scheibe zerbrach.
Klirrend fielen die Scherben zu Boden und eine genagelte Stiefelsohle trat auf sie. Knirschend schob sie der Fuß beiseite und der Mann, der die Stiefel trug, holte mit dem Eisenstab aus, um weitere Scheiben einzuschlagen, in denen sich die Flammen eines Gebäudes spiegelten.
Hinter ihm brannte es. Die Synagoge brannte und die Gaffer schauten zu. Niemand löschte...

Nein, es war keine große Synagoge, nur eine jener kleinen Gebäude, die man auch in den Provinzen fand. Versammlungsort und zugleich Treffpunkt der jüdischen Gemeinde.
Wieder zerbrach eine Scheibe und die Glassplitter fielen auf den Schaufensterinhalt des Ladens, der Franz Feldmann gehört. Ein Friseurladen, den er einst von seinem Vater übernommen hatte. Das blinde Glas ließ einen Blick auf die spärliche Dekoration der Schauauslage zu. Eine Perücke, schiefsitzend auf einen Holzkopf war zu sehen, sowie einige Bürsten und Kämme um die verschiedene Haarpflegemittel standen.
Der zuschlagende Mann trat mit dem Stiefel hinein und zugleich griff er den Puppenkopf, der die Perücke trug und schleuderte ihn an die Wand. Der Holzkopf zerbrach und das splitternde Knacken desselben erinnerte an einen brechenden Schädel.

Der Mann grinste und strich sich über die Uniform, die ihn als Mitglied der örtlichen SA kennzeichnete.
„Juden raus!" brüllte er in den Laden, den er als Kind einst selbst besucht hatte, um sich die Haare schneiden zu lassen... Damals, als ihm noch nicht bewusst war, was er heute zu wissen schien.

Dieser Feldmann war einer der Ausbeuter, vor denen der Führer immer gewarnt hatte.

Ja, der Führer wusste schon was er tat und so tat auch Walter Steiner seine deutsche Pflicht...

„Juden raus!" schrie er erneut und wieder zerbarst eine Scheibe und das Loch gab den Blick in die Wohnküche frei, dem einzigen Wohnraum neben dem Laden, in der sonst Sarah Feldmann stand und aus dessen Fenster er als Kind oftmals ein Stück Kuchen gereicht bekam.

Damals...

Damals wusste er noch nicht, was das für schreckliche Leute waren, aber jetzt wusste er es.

Der Führer hatte es ihm gesagt und der Führer war von Gott gesandt worden...

Er brüllte Schimpfworte und grinste, als er Franz und Sarah Feldmann sah, die zitternd auf dem alten Bett saßen und sich haltend umklammerten. Sarah weinte und Franz strich ihr mit der Hand über das Haar.

Angst sah er und das gefiel ihm. Ihm, Walter Steiner, der nun erkannte, wer er war:

Ein Arier, ein Mensch, der zur Herrschaft geboren war.

Zwar war er klein und sein Haar war schütter - nicht groß und blond, wie das des Franz Feldmann - doch das störte ihn nicht mehr. Jetzt war er war einer der Herren im Reich geworden. So fühlte er sich und sein Gehabe hatte sich diesem Gefühl rasch angeschlossen.

Im Jahr 1946 wird er sagen:

„Ich bin 1931 nur in die Partei eingetreten, um das Schlimmste zu verhindern. Außerdem wussten wir ja gar nicht was alles passierte". Tausende werden diesen Satz nachplappern und tausendfach würde man es akzeptieren, denn es war belegt durch kirchliche Schriftstücke, „Persilscheine" genannt.

[In Rom trug im Jahr 1946 noch immer Eugenio Maria Giuseppe Giovanni Pacelli als Papst Pius XII. unbeschadet die Tiara (Im Jahr 2009 mit dem

Titel „Ehrwürdiger Diener Gottes" versehen), trotz der Nähe zum Faschismus und seinen Verbindungen zu Deutschland (u.a. als Nuntius währen der Weimarer Republik in Deutschland), so, dass gar mancher Feldkaplan - romgesegnet - bereits auf Erden diesen Sündern vergab... Giovanni Montini - später als Paul VI. auf dem römischen Stuhl sitzend – organisierte die so genannten Klosterrouten nach Südamerika, so dass sich eine beträchtliche Anzahl der Schergen und Führer des NS-Regimes, sowie der kroatischen Ustascha nach Südamerika absetzen konnten. Der amerikanische Geheimdienst nannte diese Routen „Ratlines". Deutsch: Rattenlinien. Auch der Protestantismus bekleckerte sich nicht mit Ruhm, denn Reichsbischof Müller propagierte die Verbindung von Nationalsozialismus und Christentum. Das deutliche Zeichen hierzu war die Einbindung und Eingliederung der evangelischen Jugendorganisationen in die Hitlerjugend. Und dies waren etwa eine halbe Million junger Menschen, die er so auslieferte.

Persönliche Anmerkung:
Die evangelische Kirche bestand nicht nur aus der heutzutage oft erwähnten „Bekennenden Kirche" und einer Galionsfigur wie Dietrich Bonhoeffer. Das war nur ein verschwindend kleiner Anteil. Die evangelische Kirche bestand aus Leuten wie Müller---Aber das ist eine andere Geschichte---

Ein böiger Wind kam auf und die Funken des Synagogenbrandes wurden von ihm durch die Luft getragen. Einer davon setzte sich auf die Gardine, die neben dem zerborstenen Fenster hing und rasch entzündete er diese.

Wie eine Fackel wurde der Raum erhellt und er sah das Zittern der Frau und das Beben der Lippen des Friseurs.

Ja, dachte Steiner, fürchte dich!

Eure Ausbeuterzeit ist vorbei. Das Hakenkreuz wird auch euer Kreuz werden und ihr werdet davor kriechen. Ja, wir werden euch daran binden.

Der Brand hatte die Decke erreicht und die Tapeten fingen Feuer.

Franz und Sarah standen auf und unsicher tasteten sie sich an der Wand entlang in den Ladenraum, um von dort dem Brand zu entfliehen. Löschen wäre unsinnig gewesen, denn sie konnten keinen klaren Gedanken mehr fassen. Nur ihr Leben wollten sie retten...nur ihr Leben.

Knirschend schabte die Ladentür über die Glasscherben und sie traten auf den Gehweg vor dem Haus.
Walter Steiner stand bereits dort und zu ihm hatte sich sein Freund Berthold Rosen gesellt, der einen Antrag auf Namensänderung gestellt hatte, um den Namen „Rosen" loszuwerden, der ihm nicht arisch genug schien.
„Willkommen im Reich", brüllte Rosen Sarah an und zugleich schlug er zu. Die behandschuhte Faust färbte sich von ihrer gebrochenen Nase und dem herausquellenden Blut rot.
Walter Steiner grinste und die Eisenstange, mit dem er zuvor die Scheiben zerschlagen hatte, stieß hart in dem Magen von Franz Feldmann, der sich zuckend verkrampfte und dann einen Schlag auf den Kopf bekam.
„Dreckspack!" brüllte er und sah zu, wie Rosen dem Friseur ins Gesicht trat.
„Weiter!" schlug Steiner seinem Kameraden auf die Schulter, „in der Friedhofsgasse waren wir noch nicht."
Er trat noch einmal in den Körper, der sich auf dem Boden wandte und lachend drehten sich die beiden um.

Hinter ihnen brannte das Friseurgeschäft und ihre erregt-roten Gesichter beleuchtete der Brand der Synagoge.

... Damals, in der Nacht vom neunten auf den zehnten November 1938.
... Damals, als die Welt aus den Fugen gerissen wurde.
... Damals als Franz und Sarah noch nicht wussten, dass das erst der Anfang war...
Der Anfang von ihrem Ende! ... Nur damals?

Aber gab es nur diese Menschen, jene Mitläufer, Täter, Nichtswisser?
Nein, es gab auch andere Menschen. Ich möchte Ihnen jemanden vorstellen, den sie – so vermute ich – wohl nicht kennen werden: John Rabe.

Damit beende ich dann auch den Blick in das zwölf Jahre dauernde tausendjährige Reich, denn es ist auch heute noch allgegenwärtig. Wir tragen die Last. Nicht als persönlich Schuldige, sondern als jene, die darauf achten sollen und müssen, dass das alles nie wieder geschieht.
Seien Sie wachsam, denn der Faschismus und der Nationalsozialismus wird sich heute nicht mehr so nennen.

Der italienische Autor Ignazio Silone (1900-1978) prägte einen bezeichnenden Satz: „Der neue Faschismus ist der Antifaschismus". Er wird keine braune Uniform tragen, er wird sich freundlich geben, wird die Medien schleichend besetzen und neues Denken prägen. Er wird sich durch die Institutionen schlängeln und in den Parteien seine Umwandlung fortsetzen. Er wird sich tolerant geben, aber er wird bestimmen wie diese Toleranz aussieht und was toleriert wird.

Denken Sie ein wenig darüber nach, wenn Sie es mögen; dann folgen sie mir bitte.
Wir verlassen Europa und fliegen nach Osten. Wir betreten das Reich der Mitte.
Wir begegnen John Rabe in China.

John Rabe
Der vergessene Held

Wie, Sie haben den Namen noch nie gehört?
Der Mann ist Ihnen unbekannt?
Nun, man setzt oft voraus, eine historische Persönlichkeit muss zugleich jedem Menschen bekannt sein, aber - so sehe ich es - wenn jemand bekannt ist, so ist er noch lange keine Persönlichkeit.
In China sind Straßen nach ihm benannt, das „John-Rabe-Haus" in Nanking gibt es. Und hier in Deutschland? Wohl fast nichts.

John Rabe wurde am 23.11. 1882 in Hamburg geboren und verstarb am 05.01.1950 in Berlin. Er erlernte den Kaufmannsberuf, arbeitete zeitweilig in Afrika und betrat 1908 chinesischen Boden.
Dort arbeitete er von 1911 bis 1938 für die Fa. Siemens, ab 1931 als deren Geschäftsführer.

Im Spätherbst 1937 begann das, was als „Massaker von Nanking " in die Geschichte einging und John Rabe erscheint:
Japanische Invasionstruppen griffen die Stadt an und über dreihunderttausend Menschen fanden den Tod.
Die japanische Armee hielt sich an den Befehl des Kaisers Hirohito, das Haager Abkommen zu missachten. Gefangene wurden nicht gemacht, sich ergebende Soldaten wurden erschossen.
Der Soldat Tadokoro Kozo schrieb später in dem Buch „Abgründe der Gewalt":
(…)„Zu dieser Zeit war die Kompanie, zu der ich gehörte, in Xiaguan stationiert. Wir benutzten Stacheldraht, um die gefangenen Chinesen zu Zehnerbündeln zusammenzuschnüren und banden sie an Gestelle. Dann schütteten wir Benzin auf sie und verbrannten sie lebendig … Ich fühlte mich, als würden wir Schweine töten."(…)
Ich könnte mehr zitieren, belasse es aber dabei.

Als die japanischen Truppen die Stadt Nanking erreichten, flüchteten die Ausländer, wenige blieben, darunter John Rabe.
Man gründete das "Internationale Komitee für die Nanking Sicherheitszone", bestehend aus einigen Geschäftsleuten und Missionaren.
Zum Vorsitzenden wurde John Rabe gewählt.
Ihr Ziel war es, die Zivilbevölkerung zu schützen und man versuchte innerhalb der Stadt geschützte Sicherheitszonen zu schaffen.
Der Bürgermeister Nankings, Ma Chaochun, flüchtete aus der Stadt und de facto übernahm das Komitee die Leitung der Stadt und den Schutz der Menschen. Am 13.12.1937 fiel Nanking, eine Massenpanik brach aus.

Das Komitee tat was es konnte, versuchte – trotz einer Nachrichtensperre die Welt zu informieren.
Rabe und das Komitee glaubten, er - als Deutscher - könne Einfluss auf die deutsche Regierung nehmen, damit diese bei den verbündeten Japanern auf ein Ende des Mordens und der Vergewaltigungen drängen würden. Man irrte.
In China ahnte man ebenso wenig wie in anderen Ländern, welcher Böse Geist sich des Deutschen Reiches bemächtigt hatte.
Deutschland schwieg.
Amerika schwieg.
Russland schwieg.
England schwieg.
Frankreich schwieg...
Die Welt sah weg.

Rabe selbst nahm in seinem Haus in der Stadt und auf dem ungefähr fünfhundert Quadratmeter großen Grundstück knapp siebenhundert Menschen auf. Gespannte Fahnen mit dem Symbol des Roten Kreuzes versuchten einen Schutz gegenüber Tiefflieger zu erzeugen. Die Menschen hockten sich darunter, über sich die brummenden Motoren der Flugzeuge hörend, begleitet von den Einschlägen der Maschinengewehrsalven.

Nach seiner Rückkehr, 1938, nach Deutschland sandte Rabe an Hitler einen Bericht über die Vorfälle in Nanking.
Das Ergebnis:
Die Gestapo verhaftete ihn, seine Unterlagen wurden beschlagnahmt, er bekam Redeverbot.

Seine Gegenposition in China zu den Nazis (trotz angenommener NSDAP-Mitgliedschaft) nahm man ihm übel und der japanische Verbündete sollte nicht "verärgert" werden...
Nach dem Krieg wurde es nicht besser. Als Mitglied der NSDAP verweigerte man ihm die Entnazifizierung, ohne auf die Umstände zu sehen.

John Rabe starb verarmt an einem Schlaganfall.
Sein Grab befindet sich – unbeachtet - auf dem Kaiser-Wilhelm-Gedächtnis-Friedhof in Berlin-Charlottenburg, Fürstenbrunner Weg 69.

Im Jahr 2010 schenkte die Stadt Nanking der Stadt Berlin eine Bronzebüste mit Sockel, die man auf das Grab stellte...bis zum Jahr 2011... Danach verschwand sie.

Sie schütteln den Kopf, verstehen es nicht, besonders das die Büste verschwand?
Ach, viele Dinge geschehen, die sich dem Rationalen entziehen. Ich belasse es dabei. Vielleicht recherchieren Sie einmal selbst zu dem Namen „John Rabe". Er hat es verdient nicht vergessen zu werden.

Was erwarten Sie nun?
Ein Kapitel über das 3.Reich?
Nein, ein derartiges Kapitel wird es nicht geben, denn darüber liest und sieht man täglich etwas in den Medien. Auch herangezogen von Jenen die sich des Schlagwortes bedienen um ihre Ziele durch-

zusetzen. Das wird dieser grausamen Zeit nicht gerecht. Anders-
denkende werden sehr rasch mit dem Etikett „Nazi" versehen,
wenn sie sich gegen eine destruktive Zeitströmung stellt. Das ver-
harmlost die Zeit des Terrors. Mein Beitrag wäre nur ein Tropfen
in einem See und würde untergehen.

Ich wende mich direkt der Nachkriegszeit zu und wir betreten ein
Gebiet, welches einst einmal „SBZ" genannt wurde.
Sowjetische Besatzungszone.
Hieraus entstand ein Teilstaat namens „DDR"....

Geteilt
Momentaufnahmen eines zerrissenen Landes

Sie war plötzlich da.
Unverhofft, geahnt zwar, aber einschneidend wie die Eiskälte des Ostwindes.
Nicht die Haut spürte die Frost, sondern das Herz gefror, Schreie verstummten und eine Welt zerbrach ...
Das Band aus Eisen und Hass, Steinen und Gewalt legte sich - unsichtbar einem Leichentuch gleichend - über eine Stadt, dann über das Land und endlich auch über den Kontinent...die Welt...
Brüder und Schwestern waren sie, doch nun zerrissen und zugleich eingehüllt in das Tuch des Todes. Fassungslos standen sie da, protestierten, dachten an Flucht. Einer von ihnen steht stellvertretend für all Jene, die niemand kennt. Und diejenigen, die sie kennen wollen es nicht mehr wissen.
Flüchten, mit dem Tod als Begleiter.

Einer...

...Einer von ihnen war der Schneidergeselle. Er wollte nicht bleiben in den Räumen der Angst. Er wollte gehen. Das familiäre Band hielt ihn, doch seine Gedanken kreisten allein um ein Wort: Freiheit! Er wollte sie nehmen, mit den Händen greifen, mit jedem Atemzug in sich hineinsaugen.

Zögernd ging er... Einige Schritte nach vorn und dann wieder zurück. Er atmete, dachte nach, verwarf gerade gefasste Gedanken und ersann wieder und wieder Neue. Traumbilder, Phantasien, aber dann entschloss er sich: ‚Ich wage es'!
Sein Weg lenkte ihn zu den Gleisen des Lehrter Bahnhofs, im Schutz der Häuser gehend, spähend, schleichend, duckend...rennend.
Da, die Gleise, stählerne Schienen die den Weg in die Freiheit deuteten.

Er lief, rannte und das Blut schlug wie Trommelschläge in seinen Schläfen. Der Blick war auf die Gleise gerichtet, zusammenkneifend, den Biss der Schweißperlen unter den Lidern kaum spürend... Schottersteine trat er in seinem Lauf beiseite, aneinander schlagend, Spuren hinterlassend.

Schüsse...Schreie...
„Bleib' stehen"!
Er duckte sich, änderte den Lauf und rannte von den Gleisen weg, hin zur Brücke des Humboldthafens...
„Der Kanal" schrien seine Gedanken... „Spring' hinein in den Kanal... Spring' in die Freiheit...". Seine Schuhe glitten an dem rutschigen Ufer ab.
Das Wasser saugte sich in die Kleider, zog ihn in sich hinein, seine Hände teilten das Nass...
Da, das Ufer der anderen Seite... Nur wenige Meter noch...Neben ihm schlugen Kugeln ein. Dicht... Er sah sie nicht, achtete nicht darauf. ..
Schwimme! Schrie es in ihm. Schwimme...
... Nur wenige Meter noch...! Du schaffst es, halte durch!

Ein Schlag...Blitz...Dunkelheit...
Die Kugel traf seinen Kopf, zerschlug Knochen, splitternd und den tötete seinen Traum. Die Strömung nahm ihn mit. Ihn, der nur eines wollte, in Freiheit leben.

Der Soldat schaute auf seine Armbanduhr.
Sie zeigte 16:15 Uhr. Es war der 24. August des Jahres 1961. Ein Donnerstag.
Der Schneidergeselle war tot.
Er wurde vierundzwanzig Jahre alt.

Sein Name:
Günter Litfin, der erste der Toten, die an der Berliner Mauer erschossen wurde... Der Erste in der Reihe vieler Namen.

Ist er tot?

Ja, das ist er, aber ist er vergessen?

Ja, das ist er, wenn wir nicht daran denken.

Haltet kurz inne und gedenket.

Ihm und den anderen Toten, die nur einen Traum hatten und deshalb sterben mussten.

Und doch, bereits wenige Jahre zuvor starben Menschen. In dem gleichen Land, aus dem gleichen Grund.

Erinnern sie sich?

Aus den Kalendern wurde er gestrichen, in den Köpfen wird die Erinnerung daran blasser.

Heute Geborene werden das Datum kaum noch kennen. Es ist der 17. Juni des Jahres 1953.

Ein Mittwoch.

Der Tag, der die Woche teilt, aber hier das Land spaltete. Volksaufstand, Tote.

Unbekannt. Vergessen...

...Vergessen?

Kaum jemand erinnert sich.

Damals...

Fast ein Lebensalter ist es her. Nein, für viele Menschen ist es ein Lebensalter. Betrachtet man es in statistischen Dimensionen, so sind es bereits mehr als zwei Generationen. Die Geschichte der Großeltern.

Damals....

Sie sagten „Nein", wollten die Ketten zerreißen, standen mit bloßen Fäusten den Panzern gegenüber. In Halle, Magdeburg, Schwerin, Berlin und auch in Orten, die nur jemand kennt, der sie einmal betrat.

Knochen zerbrachen unter den Ketten, Blut spritzte an Häuserwände, Schlagstöcke zertrümmerten Schädel, Schreie vermischten sich mit Schüssen.

Menschen rannten.

Menschen fielen.

Menschen starben...

Stand"recht".

Volksaufstand .

Damals.

17.Juni 1953.

Das damalige Ost-Fernsehen berichtete über den Aufstand, dass er von westlichen Agitatoren inszeniert und durchgeführt worden sei. Indirekt gab man Unstimmigkeiten mit den Arbeitern zu, deren Klärung angeblich bereits in Angriff genommen worden seien.

Eine unfassbare Tatsachenverfälschung.

Demokratisch?

Demokratie?

Demokratie auf den Plakaten, nicht getragen durch den Volkswillen, ...Getragen auf Bajonetten, gestützt durch schlagende Gewehrkolben.

Rote Fahnen.

Arbeiterfahnen?

Rote Fahnen...Die Farbe des Blutes.

Blut.

Pflastersteine gegen Unterdrücker...

... Als Antwort: Kugeln gegen das eigene Volk...

...Maschinengewehrsalven...

Damals.

17. Juni 1953

Und es war – und wird – nicht das letzte Mal sein, das Kugeln in dieser Art fliegen.

Irgendwann danach - das Jahr 2000 liegt schon hinter uns - in einer deutschen Stadt.

In den „Neuen Bundesländern", eine Wortschöpfung welche die Teilung manifestiert.

Nennt irgendwer das Saarland „Neu", obwohl es erst am 1. Januar 1957 teil der Bundesrepublik wurde? Unsinnig.

...Wieder schreiben wir den 17. Juni:

„Warten Sie bitte noch einen Moment", sagte die Vorzimmerdame und ihre Hand wies in einen Nebenraum, dessen offen stehende Tür den Blick auf einige Polstersessel freigab. „Herr XY hat noch einen auswärtigen Termin und verspätet sich einige Minuten".
Ich nickte und mit einem Schulterstoß schob ich die Tür auf Durchgangsbreite und begrüßte das dort wartende ältere Paar.
„Einen wunderschönen guten Morgen wünsche ich".
Sie schauten kurz auf und murmelten etwas. Es sollte wohl eine Erwiderung sein und der Mann - gut gekleidet - vertiefte sich weiter in die Zeitung, die er vor sich hielt, derweil die Frau - überparfümiert und stark geschminkt - in einem Journal blätterte. Belanglos, überfliegend, nicht schauend.
Auf dem Tisch lag der politische Teil der Tageszeitung. Ein Eckbericht erinnerte an den 17. Juni.1953.
Heute.
Keine Titelzeile, mehr nur eine Notiz, darunter die Werbung eines örtlichen Elektroladens.

„Entschuldigen Sie, ist dies Ihre Zeitung", sprach ich den Herrn an.
Er nickte ohne zu antworten.
„Darf ich einen kurzen Blick in die Zeitung werfen"?
Er nickte erneut wortlos und lehnte sich ein wenig vor.
„Ja... der 17. Juni 1953", sagte ich halblaut, nachdem ich das Blatt gegriffen hatte. Mehr zu ihm als zu mir, denn ich komme gern mit Menschen ins Gespräch, erfahre so ihre Sichtweisen und zugleich reiße ich sie aus dem Tagesallerlei heraus. Provokativ, wach machend. Vielleicht irre ich in meiner Sicht, aber allein das in Gang setzen des Denkprozesses kann etwas bewegen. Ich gebe ihnen Impulse, weise sie auf Dinge hin, die sie oftmals übersehen oder ignorieren.

Der 17. Juni 1953 ist so ein stachliger Gedanke.
„17. Juni 1953", wiederholte ich und dann etwas lauter: „Sehr lange
her. Ob man sich noch erinnert"?

Meine Worte irritieren.
Das Paar sah auf, sie schauten mich an, den Mann, der vermeintlich
ein Selbstgespräch führte.
„Oh, ich bitte um Entschuldigung", nickte ich ihnen zu, „ich wollte
nicht stören, aber das Ereignis scheint vergessen."
„Von mir aus", brummelte der Mann, „das ist doch schon so lange
her."
„Ja", nickte ich „ aber man sollte die Ereignisse nicht vergessen. Sie
sind Teil unseres Lebens, Teil unserer Geschichte. Wer weiß schon,
wie es gekommen wäre, wenn die Panzer nicht alles zusammen ge-
schossen hätten."
„Das weiß man nie."
Der Mann sprach nun deutlicher und seine rechte Hand strich über
sein Knie.
„Wie hätten wir wohl reagiert"?
Mein Blick glitt zu der Frau, die das Journal senkte.
„Was sollen wir schon gemacht haben…?"
Die Frage und das beginnende Gespräch schien sie zu irritieren.
„Ich meine", erwiderte ich und ließ die Zeitung ebenfalls sinken,
„ich meine, wären wir mit in diesem Aufstand gewesen oder hätten
wir zugesehen? Vielleicht hätten wir uns einfach raus gehalten?"
„Das war doch von vornherein zum Scheitern verurteilt, " ließ sich
nun der Mann hören, „was soll man denn gegen Panzer machen"?
„Vielleicht war es nur eine Frage der Masse"?
„Welche Masse"?
„Ich meine die Masse, die Menge der Arbeiter, die sich erhoben ha-
ben".
„Dann wären bestimmt noch mehr Panzer gekommen".
„Ja. Sicher. Aber ist die Masse der Unterdrücker nicht unwichtig,
wenn man um die Freiheit kämpft? Geht es nicht darum sich nicht
unterdrücken zu lassen"?

„Ach, so schlecht ging es uns doch gar nicht. Wir hatten alle Arbeit und die Menschen kümmerten sich umeinander", warf die Frau ein, „man hätte das auch anders machen können".

Ihre nun etwas zugekniffenen Augen fixierten mich.

„Wie? Was meinen Sie? Was verstehen Sie unter diesem anders ‚machen'?"

„Ja anders".

„Könnten sie mir das genauer erklären, wie es anders hätte gehen sollen"?

„Genau weiß ich das auch nicht. Aber anders."

Man spürte förmlich, dass es ihr lästig war darüber zu sprechen.

Der Mann mischte sich ein:

„Ich war damals noch ein Kind. Ich war gerade in die Schule gekommen. Was hätte ich da tun sollen"?

„Ich meinte die Frage eher hypothetisch."

„Was"?

„Ich meinte die Frage als Annahme. Ein Was-wäre-wenn".

„Ach so. Das bringt doch nichts".

„Meinen sie nicht, dass Erfahrungen aus der Vergangenheit hilfreich für das jetzige Leben sein können"?

„Wieso? Das ist doch schon so lange her".

„Ja, aber schärft es nicht den Blick und bringt uns das Wissen, was totalitäre Regime anrichten können"?

„Wieso? Die DDR war doch kein totalitäres Regime."

„Nicht? Ein System welches Menschen erschießt, die nach Freiheit rufen"?

„Das waren doch die Russen".

„Russen? An der Grenze, auf den Wachtürmen?"

„Ach lassen sie uns doch in Ruhe".

Der Mann stand auf und stellte sich an das Fenster. Die Frau griff nach einem anderen Journal.

Ich schwieg.

Wenige Minuten später wurde ich in das Büro von Herrn XY gebeten.

Deutschland.

17. Juni Zweitausendirgendwas
Deutschland.
17. Juni1953.
Zu weit weg.
Zu weit weg?
Was glauben Sie?

Erinnern Sie sich noch an Günter Litfin? Vor wenigen Zeilen stellte ich ihn vor. Er, der an der Berliner Mauer starb.
Am 13. August 1961 wurde dieses Schandmal der deutschen Nachkriegsgeschichte errichtet.
Eine Mauer quer durch eine deutsche Stadt und rundherum um den Westteil, um die Sektorengrenze zu befestigen und ein Ausbluten der "DDR" zu verhindern.
Planwirtschaft und Sozialismus hatten schon frühzeitig versagt, sodass Abertausende ihr Heil in der Flucht in die Freiheit suchten.
Schon am 17. Juni 1953 zeichnete sich das Versagen des Systems ab, so dass es zu den Aufständen kam, die brutal mit Panzern und Schusswaffen niedergeschlagen wurden. Aber dies war nur das Vorspiel zu der unsäglichen Barbarei, die durch die SED der "DDR" an jenem Augusttag in Gang gesetzt wurde.

"Niemand hat die Absicht eine Mauer zu bauen."
So log Walter Ulbricht noch am 15. Juni 1961 der Weltöffentlichkeit ins Gesicht. Zwei Monate später zeigte sich das wahre Gesicht des Sozialismus.
Denn nicht die Sowjetunion, allen voran Nikita Chruschtschow, wie so gerne behauptet wurde und wird, steckte hinter diesem Verbrechen. Nein, es war die SED der "DDR" selbst, die dieses Verbrechen an der Menschheit vollführten.

In der UdSSR spielte man noch immer mit dem Gedanken, den Stalin am 10. März 1952 den alliierten Westmächten offerierte: Eine Wiedervereinigung Deutschlands. Historisch bekannt als „Stalin-Note...Obwohl – so glaube ich – wohl doch eher unbekannt, denn

die Kenntnis verursacht einige Kratzer auf dem gezeigten Schwarz-Weiß-Bild des Gut-Böse im historischen Sinne.
Der Preis für diese Wiedervereinigung war die militärische Neutralität und der Abzug der Besatzungstruppen aus ihren Zonengebieten.

(Zwischenbemerkung:
Der Westen lehnte das Angebot ab, denn die Existenz eines Pufferstaates,
in welchem man Militär stationieren konnte, schien wesentlich reizvoller
zu sein, zumal der damalige Bundeskanzler Konrad Adenauer seinen
Rheinbundtraum verwirklichen konnte und die Schaffung der Bundeswehr
weiter vorantrieb. Bereits am 24. Mai 1950 hatte er den ehemalige General
Gerhard Graf von Schwerin zum „Berater in technischen Fragen der Si-
cherheit" zur geheimen Vorbereitung des Aufbaus westdeutscher Streit-
kräfte ernannt. Ende 1956 bestanden bereits sieben Divisionen aus Freiwil-
ligen, im Jahr 1957 wurden die ersten Wehrpflichtigen eingezogen).

Zurück in das Jahr 1961:
Familien wurden voneinander getrennt, Freundschaftsbande zerrissen und für die nächsten Jahrzehnte legte sich Dunkelheit über einen Teil Deutschlands.
Der so genannte "antifaschistische Schutzwall", wie er in der "DDR" genannt wurde, war ein Monstrum. Scharf bewacht von Soldaten mit Schießbefehl.

Ein Todesstreifen der ausgeklügelter nicht sein konnte:
Eine Hinterlandmauer aus Beton oder Streckmetallzaun, etwa zwei bis drei Meter hoch; an vielen Stellen, vor allem im Innenstadtbereich, übernahmen Häuserwände (oft Brandmauern), die bis in die entsprechende Höhe geweißt waren, die Funktion der Hinterlandmauer, am Boden wurden Signalanlagen befestigt, die bei Berührung Alarm auslösten, dazu ein Kontaktzaun aus Streckmetall übermannshoch, mit Stachel- und Signaldraht bespannt, streckenweise gab es Hundelaufanlagen (pervertiert-ausgebildete Schäferhunde,

an Führungsdraht eingehängt, frei laufend), Kraftfahrzeugsperrgräben und Panzersperren (Tschechenigel aus kreuzweise verschweißten Eisenbahnschienen), die dann als Gegenleistung für bundesdeutsche Milliardenkredite abgebaut wurden.

Postenstraßen/Kolonnenwege zur Grenzpostenablösung und um Verstärkung heranholen zu können, Lichtertrassen zur Ausleuchtung des Kontrollstreifens (an manchen Stellen „östlich" des Kolonnenwegs), Postentürme (1989 insgesamt dreihundertzwei an der Zahl) mit Suchscheinwerfern, Sichtkontakt der Posten tagsüber, nachts zogen zusätzliche Grenzsoldaten auf, ein Kontrollstreifen (KS), immer frisch geeggt, zur Spurenfeststellung, der auch von den Grenzsoldaten nicht grundlos betreten werden durfte.

Ein weiterer übermannshoher Streckmetallzaun, nur schräg durchsehbar, eine Betonfertigteilmauer bzw. -Wand nach West-Berlin hin, 3,75 Meter hoch, (teilweise mit einer aufgesetzten Betonrolle, die beim Überklettern keinen Halt bieten sollte). Als Material dienten landwirtschaftliche Fertigteile wie sie zuvor als Lagerwände für Stallmist Verwendung fanden, davor befand sich noch ein, einige Meter breiter, Streifen des Hoheitsgebietes der DDR.

Jedem Mensch mit ein wenig Denkbegabung kommt unweigerlich die Frage hoch:
Eine Mauer soll doch vor Eindringlingen schützen, oder?
Nur, wer sollten diese Eindringlinge eigentlich sein?
Welcher Westberliner wäre freiwillig in die Arme der Unterdrückung und des Denkverbots „geflüchtet"?
Dem Monstrum musste ein Name gegeben werden, um diesen Wahnsinn zumindest vor sich selbst zu rechtfertigen, daher diese Unglaublichkeit des "antifaschistischen Schutzwalls".

Tausende Menschen versuchten im Laufe der Jahre zu fliehen, in die Freiheit zu entkommen. Einem System zu entkommen, welches seine Bürger einsperrt, entmündigt, bespitzelt, inhaftiert, foltert, ermordet … Viele Fluchttunnel wurden gebaut und durch sie wurden oftmals erfolgreich Deutsche nach Deutschland gebracht.

Waghalsigste Manöver wurden vollführt, um zu flüchten, per Boot oder Luftmatratze über die Ostsee oder mit einem selbst genähten Ballon.

Wie viele ihren Wagemut mit dem Tod bezahlten, ist bis heute nicht gänzlich geklärt. Das heutige Museum am Checkpoint Charlie geht von 1.613 Toten aus.

Eines der bekanntesten Opfer der Mauer und des „DDR"-Regimes war Peter Fechter. Ein siebzehnjähriger Jugendlicher, Maurergeselle und voll der Hoffnung die Freiheit zu erreichen, als ihm am 17. August 1962, beim Versuch die Mauer zu überwinden, mehrere Kugeln durchsiebten. Laut schrie er um Hilfe, doch niemand kam.

Die Amerikaner durften die Grenze nicht überschreiten und den „DDR"-Grenzern war es offensichtlich recht. Erst nach einer Stunde, als der junge Mann verblutet war, wurde sein Leichnam von Volkspolizisten zurückgeschleift. Entsetzte Zuschauer auf der Westberliner Seite schrien „Mörder! Mörder!"

Seiner Familie wurde niemals die Wahrheit erzählt, die Überreste Peter Fechters wurden spurlos beseitigt.

So viele Barbareien wurden im Namen dieses Monstrums und der SED der „DDR" begangen, dass sie jeden rechtschaffenen Menschen sprachlos werden lassen sollten.

Am 9. November 1989 fiel die Mauer endgültig.

Durch die überaus mutigen Proteste in der „DDR", den allseits bekannten Montagsdemos, war die SED der „DDR" letztendlich gezwungen die Grenze zu öffnen. Am Abend dieses Tages verkündete Günter Schabowski die Öffnung der Grenzübergänge. Schon am nächsten Tag war die Mauer fest in Händen der Bürger. Schätzungsweise 50.000 Menschen strömten über die Grenzübergänge in die Freiheit. Dies läutete auch das Ende der „DDR" ein.

Wie sich aber aktuell zeigt, sind es immer noch genug Ewiggestrige, die den Bau der Mauer als notwendig verteidigen.

Laut einer Umfrage betrachten 15 % der Berliner die Mauer als eine Notwendigkeit und fühlten sich damit wohl. Weitere 20 % fanden die Mauer nicht unbedingt schlecht.

Und heute? Führende Politiker bestreiten dass die DDR ein Unrechtstaat gewesen sei...

Wie sehr kann man sich selbst belügen und Geschichtsklitterung betreiben?

Aber wie die Umfragen beweisen, kann eben nicht sein, was nicht sein darf. Die vielen Toten, die Leiden der Menschen, das alles ist niemals geschehen oder maximal nebensächlich.

Ende.

Wie? So rasch sind wir am Ende?

Wo bleibt denn die Zeit des Wirtschaftswunders, wo der Mauerfall, wo das Wegbrechen der Außengrenzen Europas, wo die Umverteilung des Geldes, wo die Bankenrettungen, die man als Länderrettungen verkauft, wo der Zerfall des Balkans, wo ...

Ja, wo sind sie?

Sind sie nicht bereits aus unserem Gedächtnis getilgt, vergessen, wie so viele Dinge und Geschehnisse, die ich angerissen habe?

Jeder von uns schreibt sein Buch, seine Geschichte. Der eine mit der Feder, der andere nur in seinen Gedanken. Gehen wir, so geht auch die Erinnerung.

Was bleibt?

Ja, was bleibt von uns, die allesamt nur Rädchen in einem Uhrwerk namens Zeit sind? Bleibt diese Uhr stehen, wenn wir uns nicht mehr mitdrehen? Oder drehen wir uns mit, haben aber keinen Einfluss?

Vielleicht denken Sie darüber ein wenig nach.

Ich verabschiede mich nun und gehe, tauche ein in diese Buchgedanken und schon bin ich verschwunden...

Inhalt:

- *Bitte beachten Sie auch die folgenden Seiten.*
Der Schreiber nagt zwar gern am Federkiel, aber satt macht dieser ihn nicht. Vielen Dank.> >

Wolf von Fichtenberg „**Der Pfeifer**"

Packender Roman aus der Zeit des Interregnum

https://tredition.de/autoren/wolf-von-fichtenberg-1340/der-pfeifer-paperback-1966/

Erhältlich in jedem Buchhandel / Versandbuchhandel/Amazon

Bin ich es wert?" fragt Falk seine geliebte Guinevra, als sie auf der Flucht gen Norden eilen...

Was war nur aus ihm geworden?
Er, der seine Eltern verlor, durch die Lande vagabundierte und nun auf der Flucht war.
Alles hatte er verloren, alles... Aber Guinevra hatte er gefunden und mit ihr würde er neu beginnen.
Heimatlos, verfolgt und verzweifelt bedrängt ihn sein Schicksal.
Er, der in die Zeit geboren wurde, als das Reich keinen Kaiser hatte. Das Schwert regierte und fremde Herren bemächtigten sich des Landes.
Aberglaube beherrscht die Menschen und Raubritter drangsalierten das Volk, von ihren festen Burgen aus.
Was macht ein einfacher Mann in dieser Zeit? Wie lebt er, wie fühlt er, was hält das Schicksal noch für ihn bereit? Für ihn, Falk, der doch nur den Frieden sucht und als „Rattenfänger von Hameln" in die Geschichte einging.
War er der böse Mann, mit dem man Kinder erschreckt, oder war alles ganz anders?
Lernen sie Tile Kolup kennen, der sich zum Kaiser berufen fühlt und auch den Minnesänger Eckart, der sich großspurig „von der Vogelweyde" nennt. Aber auch die liebreizende Guinevra.
Tauchen Sie ein in eine Welt, in der die Menschen in ihren Handlungen denen von heute gleichen, aber die doch so anders ist.

Hier erzählt Falk Ihnen seine Geschichte.

19,99 €
Seitenanzahl: 292
ISBN: 978-3-86850-614-3

Rezension (bei amazon) ★★★★★ 5,0 von 5 Sternen

Spannend bis zum letzten Wort. Ein historischer Roman der Extraklasse. Wann wird er verfilmt?
Klare Kaufempfehlung!

Wolf von Fichtenberg **„Blickpunkt Religion"**
Kritische Schrift zur Religion

https://tredition.de/autoren/wolf-von-fichtenberg-24519/blickpunkt-religion-paperback-106627/

Erhältlich in jedem Buchhandel / Versandbuchhandel/Amazon

Haben Sie sich schon einmal Gedanken zur Religion gemacht?
Nein, es ist kein religiöses Buch, es ist ein Buch zum (Nach)Denken.
Sie halten eine Schrift in der Hand, die mit „Religion" betitelt ist. Ganz profan „Religion"
und jeder Mensch glaubt zugleich nun sofort zu wissen um was es sich handelt.
Dieses ist eine Streitschrift.
Gegen die Religion? Für die Religion? Wer kann dies schon sagen?
Sie werden das Thema von einem völlig neuen Standpunkt aus betrachten und... Vielleicht
erkennen Sie sich in den Gedankengängen sogar wieder...
... Oder aber Sie entzünden eine Brandfackel um mich, den Ketzer(?) zu verbrennen.

8,99 €
Seitenanzahl: 152
ISBN: 978-3-7469-6842-1

Rezension (bei amazon) ★★★★★ 5,0 von 5 Sternen

Völlig neue Ansichten. Sehr informativ und es ist zugleich eine
unterhaltsame Lesereise durch die Zeit. Der Autor verknüpft
seine Gedankengänge immer wieder mit geschichtlichen Ereignissen. Seine Sprache ist fast so, als säße jemand beim Leser
und plaudert. Das Wissen um historische Begebenheiten ist
sehr fundiert und seine Sicht wird manchmal erschütternd. Er
spricht ohne Umschweife und beschönigt nichts.
Absolute Empfehlung!

Wolf von Fichtenberg „**Der Spatz im Spiegel**"
Geschichten auch zum Vorlesen für Kinder, aber auch für Erwachsene.

https://tredition.de/autoren/wolf-von-fichtenberg-24519/der-spatz-im-spiegel-paperback-112317/

Erhältlich in jedem Buchhandel / Versandbuchhandel/Amazon

Sind Geschichten für Kinder immer nur Geschichten, die allein für Kinder bestimmt sind?
Oder sind Geschichten für Kinder nicht zugleich auch Geschichten für all jene Menschen,
die ein Stück der Kindheit in ihren Herzen bewahrt haben?
Wolf von Fichtenberg, (Sachbuch-u. Romanautor, Illustrator und Kunstmaler) hat einige
Geschichten verfasst, die Kindern vorgelesen werden können, aber auch (heimlich und un-
beobachtet, das versteht sich…) von Erwachsen gelesen werden dürfen.

7,99 €
Seitenanzahl: 92
ISBN: 978-3-7482-2838-7

Rezension (bei amazon) ★★★★★ 5,0 von 5 Sternen
Zuerst denk man…. Was macht ein Spatz im Spiegel? Dann,
beim Blick in das Inhaltsverzeichnis wird man neugierig. Eine
Bandbreite von Geschichten. Zum Nachdenken, zum Lachen,
zum Nachsinnen, aber nie profan und platt. Sprachlich ge-
schliffen, aber nicht abgehoben. Sehr gut lesbar und vorlesbar
für kleine Menschen, die sich ins Land der Phantasie entführen
lassen. Für große Menschen, die sich ihre Neugier und Liebe
auf Geschichten bewahrt haben. Das Lächeln bleibt und die
Seele entspannt. Einfach nur SCHÖN!

Wolf von Fichtenberg „**Rabenfeder**"
Gedichte-Gedachtes
https://tredition.de/autoren/wolf-von-fichtenberg-24519/rabenfeder-paperback-113049/
Erhältlich in jedem Buchhandel / Versandbuchhandel/Amazon

Gedichte und Gedachtes in heiterer aber manchmal auch zynisch-sarkastischer Form. Ungewöhnlich und nachdenklich.
Keine Reime zum Überlesen, sondern gereimte Denkanstöße.

7,99 €
Seitenanzahl: 68
ISBN: 978-3-7482-3692-4

Rezension (bei Tredition) ★★★★★ *5,0 von 5 Sternen*
Heiter, manchmal auch zynisch, aber immer auf den Punkt gebracht. Treffende Worte in einer wortlosen Zeit.
100% Kaufempfehlung!